跆拳道教程

宋 健 郑 帅 付鹏宇 编著

西北工业大学出版社

西 安

【内容简介】 全书共十章，内容包括跆拳道概述、文化解析、学科理论基础、教学基本理论、科学训练保障体系、身体素质训练、技术训练、战术训练、品势训练及竞赛规则。全书每章包括文化理论、跆拳道的教学课程实践以及方法，可以提升教师教学的实践能力，同时能够提高普通大学生的跆拳道技能。

本书可作为高等院校跆拳道教材，也可作为跆拳道培训教材及参考用书。

图书在版编目(CIP)数据

跆拳道教程 / 宋健，郑帅，付鹏宇编著. — 西安：西北工业大学出版社，2024.3
ISBN 978-7-5612-9236-5

Ⅰ.①跆… Ⅱ.①宋…②郑…③付… Ⅲ.①跆拳道-教材 Ⅳ.①G886.9

中国国家版本馆 CIP 数据核字(2024)第 058126 号

TAIQUANDAO JIAOCHENG
跆 拳 道 教 程
宋健 郑帅 付鹏宇 编著

| 责任编辑：付高明 | 策划编辑：付高明 |
| 责任校对：李阿盟 | 装帧设计：董晓伟 |

出版发行：西北工业大学出版社
通信地址：西安市友谊西路 127 号　　邮编：710072
电　　话：(029)88491757，88493844
网　　址：www.nwpup.com
印 刷 者：西安浩轩印务有限公司
开　　本：787 mm×1 092 mm　　1/16
印　　张：11.125
字　　数：278 千字
版　　次：2024 年 3 月第 1 版　　2024 年 3 月第 1 次印刷
书　　号：ISBN 978-7-5612-9236-5
定　　价：68.00 元

如有印装问题请与出版社联系调换

前　言

跆拳道是一项风靡世界的体育运动,深受当代年轻人的喜爱。通过跆拳道运动训练,人们可强身健体,提高身体的协调性、柔韧性和爆发力,促进身体发育和心肺功能的加强,提高专业技能和实战能力。另外,跆拳道又包含着深厚的礼仪文化,人们在学习技能的同时,又能掌握一些礼仪,受到文化的熏陶,这对于道德修养和文化涵养的提高,对于忍耐、谦虚和坚韧不拔等精神的培养与塑造具有积极的影响。不管是跆拳道爱好者,还是专业运动员,都要加强训练,以使跆拳道对人体各方面的积极影响能够真正落实,从而在训练中全面获益。

本书以跆拳道理论及教学为主题:第一章到第三章阐述了跆拳道的基础理论,包括跆拳道的基本概念、文化底蕴以及学科理论基础;第四章、第五章介绍了跆拳道教学与训练的基本理论,包括跆拳道教学基本要求、阶段、方法以及训练的科学保障体系等内容;第六章到第九章探讨了跆拳道的训练方法,包括身体素质训练、基本技术战术训练以及品势训练等;第十章介绍了跆拳道竞技竞赛与品势竞赛的规则。总体来说,本书紧扣主题、重点突出、内容全面、结构合理、逻辑清晰,从理论与实践两个方面对跆拳道训练与实战能力提高进行了系统且科学的研究。跆拳道爱好者通过学习此书能够科学参与到跆拳道训练中,从而达到强身健体、防身自卫、修养身心、培养精神的目的。跆拳道专业运动员学习本书,不仅能够达到以上几个目的,而且能够有效提高技战术水平和实战能力,从而为提高比赛成绩奠定坚实的基础。

在编写本书的过程中,参考和借鉴了有关专家和学者的研究成果,在此表示感谢。

由于笔者水平有限,书中难免存在不妥之处,恳请广大读者批评指正。

编　者

2023 年 5 月

目　　录

第一章　跆拳道概述 ··· 1
　　第一节　跆拳道的概念与发展 ······································· 1
　　第二节　跆拳道的特点及功能 ······································· 2
　　第三节　跆拳道基本动作术语与礼仪 ································ 3

第二章　跆拳道的文化解析 ·· 9
　　第一节　跆拳道的表层文化 ··· 9
　　第二节　跆拳道的中层文化 ·· 12
　　第三节　跆拳道的深层文化 ·· 16

第三章　跆拳道的学科理论基础 ··· 21
　　第一节　跆拳道训练的运动生理学和生物化学基础 ·················· 21
　　第二节　跆拳道训练的运动营养学基础 ····························· 31
　　第三节　运动心理学基础 ·· 34
　　第四节　运动技能的掌握 ·· 38

第四章　跆拳道教学基本理论 ··· 43
　　第一节　跆拳道教学的基本特点与要求 ····························· 43
　　第二节　跆拳道技能教学的阶段与步骤 ····························· 45
　　第三节　跆拳道教学方法与手段 ···································· 48
　　第四节　跆拳道教学的原则 ·· 56
　　第五节　跆拳道教学的组织与实施 ·································· 61

第五章　跆拳道科学训练保障体系 ··· 65
　　第一节　跆拳道训练与运动保健保障 ································ 65
　　第二节　跆拳道训练与科学医务监督 ································ 71

  第三节 跳拳道训练过程的科学监控 ………………………………………… 75

第六章 跳拳道身体素质训练 …………………………………………………… 87
  第一节 力量素质训练 ……………………………………………………… 87
  第二节 速度素质训练 ……………………………………………………… 101
  第三节 耐力素质训练 ……………………………………………………… 108
  第四节 柔韧素质训练 ……………………………………………………… 113
  第五节 灵敏素质训练 ……………………………………………………… 116

第七章 跳拳道技术训练 …………………………………………………………… 120
  第一节 跳拳道进攻技术训练 …………………………………………… 120
  第二节 跳拳道防守技术训练 …………………………………………… 134

第八章 跳拳道战术训练 …………………………………………………………… 138
  第一节 跳拳道战术的基本形式 ………………………………………… 138
  第二节 跳拳道战术的训练方法 ………………………………………… 142
  第三节 跳拳道战术的实战能力训练 …………………………………… 145

第九章 跳拳道品势训练 …………………………………………………………… 151
  第一节 跳拳道品势教学 ………………………………………………… 151
  第二节 跳拳道品势的基本功 …………………………………………… 156

第十章 跳拳道竞赛规则 …………………………………………………………… 168

参考文献 ……………………………………………………………………………… 172

第一章　跆拳道概述

第一节　跆拳道的概念与发展

一、跆拳道的概念

跆拳道是指一种起源于朝鲜半岛的格斗术,主要利用手脚等部位进行搏击对抗,是一项注重礼仪修养的体育运动。

在跆拳道中:"跆"是指用脚踢;"拳"是指用拳击打;"道"是指运用方法,是一种体育文化的心得与修养。跆拳道是一种拳脚并用的运动,在竞技跆拳道中,主要是以脚为主,因此又将其称为"脚的技术"。

二、跆拳道的发展

20世纪80年代末,跆拳道运动由韩国跆拳道项目组织以及从事中韩文化体育交流的友好人士通过各种不同的渠道传入中国,此后跆拳道运动在我国的部分省、市和体育院校尝试开展。1992年10月,中国跆拳道协会筹备小组在北京成立,这标志着我国的跆拳道运动已经开始由民间走向有计划、有组织、有体系地纳入国家"全民健身计划"和"奥运争光计划"的序列。

1994年5月,第1届全国跆拳道教练员和裁判员学习班在河北正定举办;同年9月,在云南昆明举办了第1届全国跆拳道比赛,共150余名运动员代表15个单位参加。从严格意义上来说,本次比赛只能算是"摸底考试",让我们了解到我国当时跆拳道运动开展的现状,包括普及程度、参赛队伍的地域分布、师资力量、运动技术水平、裁判员的执裁能力及组织竞赛管理等,为今后的教学、训练、竞赛工作提供依据。1995年5月全国跆拳道锦标赛在北京体育大学举行,有22支队伍、250余名运动员参赛。从此,跆拳道运动在中国迅速发展起来并不断壮大,呈现出蓬勃生机。1995年8月,中国跆拳道协会正式成立;同年11月,中国跆拳道协会被世界跆拳道联盟接纳为正式会员。

自我国开展跆拳道运动以来,经过广大教练员、运动员、科研人员的辛勤努力和顽强拼搏,在起步晚、底子薄的情况下,发展至今,取得了包括奥运会金牌在内的辉煌战绩。跆拳道比赛目前已经列入全国运动会、全国学生(青年)运动会等国家综合性运动会。每年除举办全国跆拳道锦标赛、冠军赛、青年赛、少年赛以外,还会举办一系列的精英赛、公开赛、邀请赛、分区赛、对抗赛及国际性大赛。同时全国各大体育院校(系)相继开设了跆拳道本科教育专业课程,在一些院校当中还设置了跆拳道硕士研究生教育课程,并且已经形成了教学、训练、科研、竞赛的完整体系。

第二节 跆拳道的特点及功能

一、跆拳道的特点

1. 手脚并用,以腿为主

跆拳道主要以腿法为主,腿法在跆拳道运动中占70%。根据运动生物力学的理论,腿的力量要比手臂的力量大得多,而且腿法攻击威力大、攻击的路线长,能够有效地保护自身容易遭受攻击的部位(如头和躯干等),并使这些部位更好地远离对手的攻击范围。此外,踢法的使用在跆拳道规则中得到更好的倡导和鼓励,如在比赛中限制拳法攻击的部位,限制拳法使用的种类。

以上这些都使得腿法成为跆拳道比赛中最主要的得分方法与手段,跆拳道也因其腿法的丰富精妙与灵活多变而闻名。

2. 直来直往,以刚制刚

在跆拳道比赛中,以躲闪作为防守方法很少运用,大多采用手臂、手掌、拳进行格挡防守,直接接触,以刚制刚,方法更加简练、硬朗。在进行反击或者进攻的过程中,直线的连续攻击是经常被采用的,并配以连贯快速的腿法组合来对对手进行击打,注重击打的实效性,增加了对手的防守难度。

3. 功力测试,方法独特

跆拳道练习者经过系统的训练,其四肢能够发挥出巨大的威力,令人生畏。因此,不能在竞技比赛中直接进行运用或将人体作为实验对象,而只能用石块、木板、砖瓦等没有生命的物体作为目标,以此来对练习者的功力程度进行检验。无论是在跆拳道表演、晋级考试以及在比赛或训练中,功力测试都是一个非常重要的内容,这同时也是跆拳道的一项重要特点。

4. 发声扬威,以气催力

无论是进行跆拳道品势练习还是相应的训练或比赛,练习者都应该具备威武的气势。

练习者发声要洪亮,要具有威慑力,这样才能将自身的能量完完全全地表现出来。通过发出声音,能够提高自身的兴奋度,并使自身的注意力得以增强,能够将全部精力投入训练或比赛之中;通过发声,可以增强身体的爆发力,达到以气催力、提高攻击和杀伤力的目的;通过发声,可以促使自身的斗志提高,从气势上压倒对手,从心理上给对手造成更大的压力;在演练和使用进攻技术动作的同时,通过发声可以在一定程度上提高击打的效果,以此得到裁判员的认可,从而获得较高的得分。

5. 内外兼修,身心合一

跆拳道运动不仅强调身体的外在训练,同时还非常注重心智的内在修炼,要求内外兼修,身心合一。

在跆拳道运动中,不管是进行实战比赛实践还是品势练习,技术动作的运用只是其中的一种形式,它所承载的是跆拳道所蕴含的精神、意念和文化,能够将练习者对跆拳道的理解和认知程度准确地反映出来。同时,在练习中,强调内力与外力的协调统一,以意引力,以气催力,才能使技术动作发挥出无坚不摧的威力。

6. 礼始礼终,谦和恭让

"礼"是跆拳道中最为重要的训练内容,它贯穿跆拳道训练的整个过程。

"礼"所强调的是所有的跆拳道训练都应该从礼开始并以礼结束,要求将自己对队友、师长及竞技对手的感激和尊敬之情,通过行礼表达出来。此外,对自己的行为和习惯每时每刻都进行培养,如培养自己和蔼、谦虚、忍让、谨慎等良好的礼仪习惯和行为规范。

二、跆拳道的功能

1. 修身养性,完善人格

跆拳道运动不仅推崇"以礼始、以礼终"的尚武精神,同时还将"礼义廉耻,忍耐克己,百折不屈"作为自身的宗旨。

跆拳道运动能够对人身心和机体锤炼,有助于培养坚毅、果断顽强的精神,使自身摒弃懦弱、软弱,从而培养良好的意志品质;同时,也能够促使人养成仁爱、谦虚、宽容、礼让的美德,以及高尚的爱国主义情操。可见,跆拳道在对人的品行培养等方面具有重要的作用。

2. 健体防身,磨炼意志

跆拳道运动具有很强的对抗性,它紧张激烈,对于人的力量、速度、耐力、灵敏和柔韧等身体素质的提高具有积极作用,能够提高人体内脏器官的机能,尤其是能够明显提高神经系统的灵活性。

跆拳道的攻防训练,可以对一定的格斗技术进行学习和掌握,从而达到自卫防身的目的。在训练过程中,强负荷的训练除需要良好的体能外,还应具备顽强拼搏的精神和坚韧不拔的意志。因此,跆拳道的修炼过程,就是一个意志品质培养的过程。

3. 娱乐欣赏,陶冶情操

跆拳道是一项具有高强度对抗性的运动形式,参与跆拳道比赛的双方运动员除了要斗勇之外,还更加侧重于较量技能和斗智,特别是跆拳道腿法高超精妙,具有很好的观赏价值。

人们在观看跆拳道比赛时,可以欣赏到一种击打艺术的美,这同时能够有效激发人们的斗志,鼓励人们奋发向上的精神,陶冶人们的情操。

第三节 跆拳道基本动作术语与礼仪

一、跆拳道基本动作术语

1. 拳法

拳法在跆拳道运动中主要有正拳(也称"平冲拳"或"直拳")一种,在品势中则有正拳、勾拳、锤拳等。

(1)正拳。正拳的握法是将手的四指并拢并握紧,拳面要平,然后拇指压贴于食指和中指的第二指节上。使用正拳时,用拳正面的食指和中指部分击打(见图1-1)。

(2)勾拳。勾拳的握法同正拳手法。使用时用食指和中指关节根部的突出部分击打(见图1-2)。

(3)锤拳。锤拳的握法同正拳手法。使用时用小指和手腕间的肌肉部分击打(见图1-3)。

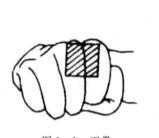  

图1-1 正拳　　　　　图1-2 勾拳　　　　　图1-3 锤拳

(4)平拳。平拳是向前平伸拳,然后把手指的第二指节弯曲,指尖贴紧手掌,拇指弯曲紧贴食指尖,用第二指尖击打(见图1-4)。

(5)中突拳。中突拳是中指或食指从正拳的握法中突出,主要是击打太阳穴和两肋部(见图1-5)。

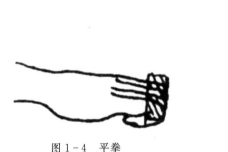 

图1-4 平拳　　　　　　　　图1-5 中突拳

2.掌法

(1)手刀。手刀要求四指伸直,拇指弯曲靠近食指,用小指侧的掌外沿攻击对方;只局限于在品势中使用(见图1-6)。

(2)背刀。背刀的手法与手刀相对,用食指侧攻击对方;只局限于在品势中使用(见图1-7)。

(3)贯手刀。贯手刀的手形与手刀基本相同,要求微屈拇指,主要用四指指尖戳击对方的要害部位,如戳击对方的眼睛、喉部等。但贯手只局限于在品势中使用(见图1-8、图1-9)。

图1-6 手刀　　图1-7 背刀　　图1-8 贯手刀(一)　　图1-9 贯手刀(二)

3.臂法

(1)腕部。腕部指腕关节的四周部位,主要用于防守格挡。

(2)肘部。肘部用肘的鹰突关节攻击,只局限于在品势中使用(见图1-10)。

(3)前臂和上臂。前臂和上臂主要用外侧进行格挡防守,其中前臂的格挡在竞赛跆拳道比赛中经常被使用。

4.脚法和膝法

跆拳道比赛中,运动员主要以腿攻为主,所采用的脚的部位是脚面、足刀、脚尖和脚跟。

(1)脚面。脚面击打法是用脚的正面部分攻击对方,主要用来踢击对方髋关节以上、锁骨以下被护具包围的部位和头部的侧前剖面(见图1-11)。

(2)足刀。足刀是用脚外沿侧蹬对方,多用于侧、推踢(见图1-12)。

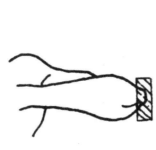  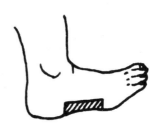

图1-10 肘部　　图1-11 脚面　　图1-12 足刀

(3)脚尖。脚尖法主要用脚趾前端的部位攻击对方。

(4)脚跟。脚跟法主要用脚跟后踢和推踢对方(见图1-13)。

(5)脚前掌。脚前掌法主要用前脚掌攻击对方,多用于劈腿(见图1-14)。

(6)膝部。膝部法是用膝盖顶击对方,只局限于在品势中使用。

图 1-13 脚跟　　　　图 1-14 脚前掌

二、跆拳道的精神

具体来讲,跆拳道的精神可以概括为礼节、廉耻、忍耐、克己、百折不屈等方面。

1. 礼节

在人际交往中,礼是以一定的、约定俗成的程序方式来表现的律己敬人的过程。节为自然之道、忠义之道。

2. 廉耻

参与跆拳道的运动者应该学会分辨是非,如果做错了事,心中应该会感到惭愧,从而知耻而后勇。

3. 忍耐

忍即是德,指的是把痛苦的感情或者内心的感受控制住不让其表现出来,经受困苦或艰难。跆拳道运动的参与者无论遇到什么困难,都应该做到忍耐。

4. 克己

克己精神是指在跆拳道修炼过程中,运动者能够克服生理与心理方面的极限并战胜它。运动者在跆拳道实战中自身处于比分落后的情况下,如果不能有效克制自己的心理情绪,感情用事加以攻击,将会造成事故。克制自己是一种非常重要的生活智慧。

5. 百折不屈

真正有毅力的人,不管遇到怎样的困境都不会感到任何畏惧,坚持向着目标迈进,以百折不屈的精神对目标倾注自己所有的精力。即使受到无数的挫折都不屈服、不动摇,并以坚定的意志去完成任务,最终达到自己的目的。

三、跆拳道的礼仪

在跆拳道运动中,对练习者的行为、精神以及礼仪规范方面的教育是极其重要的,这不仅是跆拳道精神的基本体现,同时也是所有跆拳道练习者对跆拳道由衷的敬意。跆拳道是一项对抗性很强的体育项目,无论跆拳道比赛以及训练的对抗度有多么激烈,它自始至终都是一种载体,是对跆拳道深厚文化内涵的承载;它自始至终是一个形式,是进行人格完善和养性修身的过程,通过这种形式来磨炼练习者坚强的意志品质,同时提高练习者的运动竞技水平。

在跆拳道整个训练的过程中都贯穿着"以礼始、以礼终"的思想。跆拳道训练可以培养练习者敢打敢拼、勇猛善战的意志品质,同时培养练习者坚韧向上的良好作风,以及健康完善的人格,使其讲究修养与礼仪。

在练习跆拳道之前,首先要向国旗敬礼,心中装着时刻为祖国争夺荣誉的信念,充分体现出爱国主义的精神;教练与队员之间相互敬礼,体现出尊师爱生的崇高品德;队员之间相互行礼,体现了集体主义、团结一致、互助友爱的高尚情操;竞技者之间的相互行礼,体现着尊重和友谊第一、比赛第二的体育精神。一颗忠于祖国的爱国心,是修炼跆拳道的最高境界。

跆拳道的礼仪具体体现在人的一切行为规范中。在平时遇到老师与长辈时应该行礼问候;在训练场,从坐姿到站姿都有一定的规范要求;对老师的指导、教诲,要敬礼并立正聆听;在进行跆拳道训练的过程中,尤其是在进行自由对抗或踢靶练习时,先要向对方行礼,对其为自己的训练所付出的辛勤劳动表示感谢。在尊重前辈、恪守诚信的前提下磨炼技艺是对我们修炼的基本要求,也是我们必须遵循的原则。

(一)跆拳道的站姿、坐姿及敬礼

1. 站姿

并脚而立,使两脚脚尖正对着对方,收腹、挺胸、抬头,两手手指并拢并自然地贴在大腿两侧中间,两眼向前方平视,并保持自然神态。

2. 跨立

两脚开立略同肩宽,两脚尖外转约30°,抬头、挺胸、收腹,右手握拳,左手五指握住右手腕部置于身后腰部,两眼平视前方,神态自然。

3. 坐姿

两只脚相互交叉,右脚放在前方,在地上盘坐,抬头、挺胸、收腹,两手成握拳或自然掌形放在两膝上,两手肘自然下垂内收,两眼向前方平视,并保持自然神态。

4. 敬礼

(1)向国旗敬礼。保持立正姿势,右手成掌形放在左胸前,向着国旗目视约3 s,神态要庄严、恭敬,然后将手放下。

(2)个人敬礼。保持立正姿势,将身体向前倾并弯腰成30°~45°,同时头部向前屈45°鞠躬敬礼,将右手放在胸腹间或者两手自然下垂放在身体两侧,并停顿1~2 s,然后将身体还原成原来的立正姿势,保持神态祥和。

(3)相互敬礼。保持立正姿势,使身体向前倾斜并弯腰成30°,同时头部向前屈45°鞠躬敬礼,两手自然地放在身体的两侧,停顿约1 s,然后将身体还原成立正姿势,保持神态祥和。

在相互行礼时,双方应该注意保持一定的距离,从而防止发生身体的碰撞。

(二)各种场合的礼节程序

在不同的场合,跆拳道的礼节有着不同的要求与形式。跆拳道运动的主要礼节具体如下。

1. 进入训练馆时的礼节

第一,跆拳道练习者进入道馆(场)训练,必须身着道服,衣着整洁,神态恭敬,服从指挥,要抱着相互学习、共同提高的心态去学习、训练。

第二,进入道馆(场)后,首先应该向国旗敬礼,然后再向老师敬礼。

第三,两人一组进行练习时,首先相互行礼,练习结束后,再次相互行礼,以表谢意。

第四,训练中如果有事,须先向老师敬礼,说明理由,经老师同意后方可离开。

第五,在进行训练的过程中,如果护具或服装脱落,应背对着国旗和老师,在整理好护具或服装之后再进行训练。

第六,结束训练之后,要集合整队,先向国旗敬礼,再向老师敬礼,等到离开训练馆时,再向国旗和老师敬礼、道别。

2. 比赛时的礼节

(1)比赛开始前。在比赛开始前,运动员走进比赛场地时,要向裁判员和教练员敬礼,等听到裁判员发出"立正""敬礼"的口令后,参赛双方运动员相互敬礼;待主裁判员发出"准备""开始"的口令之后才能开始进行比赛。

(2)比赛结束时。比赛结束后,参赛双方运动员要在各自的位置站好,待主裁判发出"立正""敬礼"的口令后,双方运动员相互敬礼,然后再面向裁判长等待其宣布比赛的结果;在比赛结果宣布之后,运动员要向裁判长席、主裁判、副裁判(边裁)及对方的教练员、观众敬礼,到此本场比赛结束。

在进行一些友谊赛、对抗赛或进行跆拳道品势、功力、特技表演时,在开始前和结束后,多以集体形式出场向嘉宾、裁判员、观众及对方的教练员、运动员敬礼。

第二章 跆拳道的文化解析

第一节 跆拳道的表层文化

一、跆拳的身体文化

1. 身体文化的定义

体育与身体是紧密相连的。身体并不只是一种生物性的构成，还有政治、历史、经济、地理、文化对它的影响和制约。社会学范畴对身体的研究成为当代学者议论的焦点。人类社会形成以来，人都是通过身体的动作完成自身意识所下达的指令，满足人的日常生活需要。根据马克思主义辩证唯物论中物质决定意识的基本原理，可以推断出人类以身体作为手段适应自然、改造自然，发展到一定阶段，身体文化就应运而生了。

身体文化是一种以身体活动为基本手段的"动"的文化。伴随时代的进步和社会的发展，人们在追求健康体魄的同时，与体育运动相关的身体文化内涵也在不断更新和丰富，并在体育项目的发展过程中以及历史选择中优胜劣汰。

2. 跆拳道身体文化的定义

根据身体文化的定义，我们认为跆拳道身体文化的定义是，跆拳道本体属性在跆拳道练习者身上的存在和体现，成为练习者身体的跆拳道范畴。它是指跆拳道本体属性的方方面面进入跆拳道练习者身上；它是跆拳道专业属性的基础平台的建立，属于跆拳道文化最基本的面貌；它是指一种以跆拳道运动为基本手段，由身体作为媒介的"动"的文化。

3. 奥林匹克精神对跆拳道身体文化的影响

第一，西方体育的起源对跆拳道发展的影响。奥林匹克以身体运动为载体，由于西方主导着奥林匹克精神方向，我们只能以西方身体文化作为研究对象来解析其对于跆拳道进入奥运会项目前后的影响。与东方社会未对身体研究相比，身体文化研究早已成为西方社会学者的研究热点，并形成了相应的研究体系。从早期对生理学进行解析的维萨留斯（Andreas Vesalius）的《人体的构造》、哈维（William Harvey）的《心血运动论》开始，人们对身体的探索从未停止。西方著名学者梅洛·庞蒂（Maurice Merleau-Ponty）曾说，世界的问题可以从身体的问题开始，其实际上是对"本我"的自我界定认识，也是对客观世界的本我反应。西方社会对身体的重视大大高于东方社会，德国著名哲学家尼采（Friedrich Wilhelm

Nietzsche)在《权利意志》中说道:"要以身体为准绳。因为身体乃是比陈旧的灵魂更令人惊异的思想。"但西方社会对身体文化普遍认定:人类自诞生起就为生存与自然作斗争,人类想要获取生产资料就需要运用自身身体条件,不断通过体能、智能的完善来达到更高的追求。20世纪40年代后,韩国亟须用强大的精神鼓动本国人民投入国家建设。为了重塑顽强拼搏的民族精神,跆拳道运动应运而生。这项运动催人积极向上,培养人的意志质量,最重要的是激发人的爱国热情。全球进入和平与发展的时代,全球化的社会不得不使得各国适应"物竞天择"的道理,跆拳道运用身体和精神内外融合去激发人类本能的生存意识,产生欲望,以达到某种目的。人的身体作为跆拳道的承载物,它的形态、姿势、变化都体现了跆拳道文化元素形成、演化和发展。

第二,跆拳道身体文化加入了西方"身体"的理解。西方身体文化经过启蒙运动和文化复兴,重在对真理的追求和对美学的评价。西方体育强调竞技、功力和娱乐作为基本模式,以"更高、更快、更强"作为最高追求。从古希腊对世界本质追根究底的探索开始,到近代身体"多元性、多层次"的确立,是西方人不断怀疑、不断推翻自我以达到追求真理的目的。西方身体文化崇尚实现个人最大价值,体育作为奥林匹克运动的载体,只有要求其形式更多样,变化更吸引人,才能完成其对文化的承载能力。现代跆拳道为了适应奥林匹克运动,在技术层面上不断出新,要求动作不但有效,还要求腿法在审美角度上更为飘逸和流畅,进而提升观赏度。

第三,西方身体文化对跆拳道身体竞赛的影响作用。西方身体文化以个人为本位,个人的自我发展和不断完善成了西方社会普遍关注的热点。西方身体文化的起点是本体的认识:梅洛·庞蒂用"身体—主体"的概念,说明身体和主体统一于存在和感知的范畴。在跆拳道的规范性上,它不再仅仅是从自身出发,而是加入了对手评价体系作为训练和比赛的内容。从跆拳道竞技比赛过程中两名队员(甲方、乙方)的状态来分析,当甲方与乙方碰触时,甲方有碰触到乙方的感觉,乙方有碰触到甲方的感觉,但是两种感觉却混沌不可分开,竞技双方互为对方的主体,也互为对方的客体。甲方显示乙方的同时,也显示了甲方自身,乙方在显示甲方的同时,也显示了乙方自身。因此,跆拳道修炼过程中不可缺少对手的存在,并且因为对手的存在而感知到自身的存在与发展,所以竞技跆拳道比品势跆拳道更适应现代体育和奥林匹克运动,这也是西方体育对身体理解的基础,崇尚个体和尊重对手相互统一的存在。奥林匹克精神加强了跆拳道身体力行的教育功能,奥林匹克精神以教育作为文化核心,其早期是为了向古希腊后代传授武术技艺,和朝鲜民族早期为了延续子孙生命有着天然的联系。现代奥林匹克之父顾拜旦(Le baron Pierre De Coubertin)对于奥林匹克的恢复,最根本的原因是他认为雅典人发现体育是最有魅力的教育形式,即通过身体的锻炼达到人的全面发展,它能促使人体的均衡发展,促使身心的平衡,促使人们感到生活更加美好。

第四,奥林匹克精神和跆拳道身体文化之间的相互影响。每种文化都有其自身的价值取向,它隐藏在其物质承载的背后。跆拳道的身体文化就是在其飘逸的腿法和果敢的进退中所蕴含的东方文化。在当今世界和平与发展的背景下,全球化成了社会发展的主流,这也是跆拳道能在世界范围内得到充分发展的前提。跆拳道和众多项目一样,为了发展和传承尝试融入这一发展趋势,并且伴随着这一趋势不断地壮大和完善,呈现出空前的繁荣,而"体育无国界"的理念更加推动了世界各国文化的交流。跆拳道融入奥林匹克运动之后,为西方文化所主导的国际体育盛典加入了东方体育的元素,将东方文化通过对身体的展示和锻炼带入了国际舞台,并使得跆拳道这一蕴含东方文化的运动项目逐渐进入世人的视野中。

4. 跆拳道身体文化的表现

跆拳道自开展以来,赢得了成千上万人的喜爱,尤其是通过每年的世界跆拳道比赛,有许许多多的人开始关注跆拳道。跆拳道身体文化的表现主要有三个方面。第一,力量美的展现。在跆拳道比赛中,有一个项目叫击破,主要是以击破木板和大理石为主。曾有比赛结果显示,运动员最多可击破36块木板。在一项两人对打表演中,一个人可以忍受10 cm厚的木板击打。第二,柔韧美的体现。在跆拳道的特技表演中,运动员通过刻苦训练,可以在原地起跳将2 m高处的木板击破。第三,形态美的显示。跆拳道是以肢体练习为主的运动项目,结合不同技术内容练习,可以使青少年的形体变得更好、更标准。物质是第一性,精神是第二性,通过肉体的完善,灵魂才能变得更高贵。

二、跆拳道的礼仪文化

跆拳道练习者始终把"礼"作为训练内容之一,这就是为什么我们能看到跆拳道练习者会在不同的场合行礼鞠躬。"礼义廉耻,忍耐克己,百折不屈"是跆拳道的精神宗旨:礼,礼貌、仪容、仪表;义,义理,正确的事;廉,廉明清白;耻,知己错而羞耻并改正;忍耐,隐忍,忍耐痛苦和耻辱;克己,克服困难易,克服自己难;百折不屈,经历百般挫折仍不屈不挠。尊师重道是跆拳道的精神体现,"以礼始,以礼终"是其风格特点。

跆拳道在现代社会的宗旨是:开发人的智力、体力与精神的潜能,增强人的信心、勇气和正义感,陶冶人的情操,磨炼人的意志,振奋人的精神。通过跆拳道训练,可以培养练习者坚韧不拔、勇敢无畏、顽强坚毅的意志品质,可以使练习者养成"谦虚、宽容、礼让"的高尚品德和尊师重道、讲礼守信、见义勇为的情操。跆拳道的"道"的体现主要是"礼义",礼义不只是形式上的表现,更重要的是在长期的练习和比赛中逐渐将礼仪的形式转化为心理动力,养成谦虚、友好、忍让的作风,不断提高自己的道德修养。

跆拳道技击形式为激烈对抗,以猛烈攻击对方为主,但双方努力追求的目标为提升技击技艺、修炼精神品格。人们历来都唾弃斗狠逞凶和骄狂自大的行为,赞扬学习和尊重对方的行为,因此在跆拳道比赛场上,竞赛双方的心态应充满敬意和谦虚,倡导尊重对手、重视对手及感激对手的风格。在练习或比赛前,双方频频鞠躬礼仪就是请教对手等内在心理要求的外在体现,鞠躬礼仪看起来简单,却把跆拳道练习者修炼内在精神和外在肉体的成果体现出来。练习者日复一日地进行着艰苦训练,不仅真正强健体魄,还使自己的攻防技艺不断上升,同时塑造了自身完美的人格。因此,在练习跆拳道的过程中,长期坚持的礼仪教育就是对自身精神的修炼。礼仪属于跆拳道的重要组成部分,在跆拳道学习过程中,一系列的礼节是必不可少的,是作为行为规范和准则必须具备和遵守的,练习者要清醒地认识到这一点。礼仪学习不能仅停留在动作的表现形式上,练习者还要充分学习并透彻了解跆拳道品势的特点,以及在演练过程中所要表达的寓意,不管是上课前后还是配合练习时,每练习完一个动作,都需要向队友和教练行礼,表示尊敬。这些要求是跆拳道礼节的体现。行礼动作具体要领为:表情肃穆,两腿跟并拢,双手下垂置于体侧。在进入场馆之后,先向国旗敬礼,再依次按辈划分,向教练、队友和馆长等敬礼;在进入馆内后,应始终保持安静,并保管好自己的物品;运动过程中需要调整服装时,动作马上停止,转身与国旗和会旗以及教练同伴形成背向状态,快速整理好自己的服装,整理完成好后向原来方向转回。综上所述,跆拳道练习者要时刻牢记谦逊和礼让,在个人作风上注重虚心好学。跆拳道礼仪不能仅仅停留在形式上,而要发自练习者内心,自觉执行,把这种礼仪作为一种习惯,内化为心理动力去努力学习跆拳道。

三、跆拳道服装文化

运动服饰是运动项目的外在标志,不同的运动项目在服饰上有着明显不同的要求。

跆拳道的服装主要以白色服装为主,以黑色、红色、蓝色为辅。运动员和教练员主要穿白色服装,教练员有时穿黑色服装。服装美的评定是以不妨碍身体运动为前提的。跆拳道由于比赛时间短、场地较小而其下肢服装要受到猛烈牵拉,因此服装要宽松而坚韧,尤其是在夏天,白色跆拳道服装给人一种清爽、纯洁、干净的感觉。跆拳道专业训练服适合跆拳道练习者、跆拳道运动员、教练员穿着。跆拳道服装以"简约大方、独特个性、舒适"为设计主线,其款式、颜色都是特定的,系扎道服用的腰带颜色各异,不同的颜色可以区分运动员的段位级别,一般分法是:十级白,九级黄,八级黄绿,七级绿,六级绿蓝(或蓝),五级蓝,四级蓝红(或褐),三级红,二级红黑(也称太极带),一级黑,(一段至十段及一品至四品)。

第二节 跆拳道的中层文化

跆拳道的中层文化就是制度文化,关于制度文化的定义多来自企业文化的制定和规范中。制度文化是人类为了自身生存、社会发展的需要而主动创制出来的有组织的规范体系。跆拳道的制度文化是指跆拳道为了自身生存和发展需要主动创造出来的有组织的规范体系。这个体系分为两大类,即物质层面和精神层面。跆拳道制度文化的物质层面是指为维持跆拳道健康发展的一切物质手段,包括典籍、书刊、道馆、道服(道带)、练习工具等。跆拳道制度文化的精神层面是指为促进跆拳道健康发展的一切精神制度层面的建构和设置,包括跆拳道机构设立、等级设立、规则设立和道馆制度的健全等,它直接影响跆拳道给普通受众的直观印象,有规范和推广作用。

一、跆拳道的制度

(一)跆拳道段位制

跆拳道的"段""级""品",实质上是一种秩序的建立,而跆拳道段位制的根源是对跆拳道水平的量化评价标准。跆拳道的段位制是指评价跆拳道技术水平和道德修养的统一的完整体系下所规定的学习内容和总体能力的制度。

跆拳道有着严格的技术水平等级制度和晋级升段考核要求,跆拳道练习者水平的高低以"级""品""段"来划分。级位分为十级至一级,品位分为一品至三品,段位分为一段至九段。十级选手是最初级的练习者,通过一段时间的训练,逐步上升至九级、八级、七级……直至达到较高水平的一级。一级以后进入段位(黑带)。黑带是跆拳道技术水平超过了一级后的标志,黑带具体细分为一段到九段,一段至三段为黑带新手的段位,四段至六段属高水平段位,七段至九段只授予具有很高造诣和对跆拳道的发展做出重大贡献的人。如果15周岁以下的未成年选手达到了一段至四段的水平,那么授予相对应品位,一品等于一段,未成年人最高可考至四品(成年以后自动升为同级段位)。

1. 跆拳道段位制设立的意义

韩国国技院为了提高跆拳道技术的规范度,使跆拳道符合西方的体育制度的价值规范(定量和定性),建立了跆拳道的段位制度。跆拳道段位制的划分对年龄、练习时间、考核标准都有严格的标准。品和段的设立为跆拳道提供了简单明了的直观评价标准,很大程度上促进了跆拳道在国际上的推广。

2. 跆拳道段位制的方式

跆拳道的提升方式是"先晋级,再晋段",按照跆拳道晋级考试的相关规定,练习者必须完成相应的学习时间、学习内容,并达到一定的程度才能参加考核,同时将练习者的德育也纳入评价范围内,这样互为补充和发展,综合评价其个人素质。

(1)跆拳道级位及其文化内涵。白带(十级)→白黄带(九级)→黄带(八级)→黄绿带(七级)→绿带(六级)→绿蓝带(五级)→蓝带(四级)→蓝红带(三级)→红带(二级)→红黑带(一级)。

跆拳道从白带(十级)开始学习,代表入门阶段,所佩戴的腰带为白带,意为空白。练习者通过训练,掌握跆拳道章程所规定的基本技术后,经过考核可以获得级别提升,与之相应的是道带颜色的渐变。

每个级别的道带颜色都代表了对练习者相应的期望和要求。白带表示空白,意味着入门阶段,有纯洁之意,穿戴者对跆拳道的技术和知识一窍不通,尚待磨炼。白黄带,白带与黄带之交界,表示系上此色带的练习者已掌握一些跆拳道的基本知识及技术。黄带,黄色所代表的是大地,表示大地中的植物正在生根发芽,意味着学习基础阶段,希望练习者能学习大地"厚德载物"的精神,打好基础,努力训练,进而达到新的高度。黄绿带,黄带与绿带间的交界,进入此阶段后练习者开始训练搏击技巧。绿带(6级),表示成长中的绿色草木,代表着新生,意味着技术的进步阶段,练习者的跆拳道技术开始枝繁叶茂,并且不断地完善,欣欣向荣地发展。在这个阶段,练习者会练习一些较高难度的脚法,并且进行搏击。绿蓝带,绿带与蓝带间的交界,练习者的水平处于绿带与蓝带之间。蓝带,蓝色是天空的颜色,练习者的技术像大树般一直向着天空,渐趋成熟,代表练习者通过不断修炼,达到了较高的水平,但需要以天空作为奋斗目标,不断向上地蓬勃发展。蓝红带,蓝带与红带间的交界,在这个阶段,某些道馆开始准许练习者在搏击训练中踢击头部。红带,红色意味着练习者有一定的危险程度,属于警戒程度,即运动员已经具备相当的实力,但是修养和控制能力仍需提升。红黑带,红带与黑带间的交界,通常也是佩上最久的一条色带,因为黑带的训练至少要一年。

(2)跆拳道段位及其文化内涵。黑色代表沉淀和回归,表明练习者经过长时间的修炼,其技术水平和思想修为已达到一定的境界,只有高级入段选手或专家才有资格系结。取得黑带一段即获选手资格,可参加全国性或国际性跆拳道比赛,也可担任跆拳道教练。跆拳道黑带四段有资格开设道馆,担任馆长或总教练,并具备申请国际教练、国际裁判的资质。黑带四段称为"师范",五段以上可称为跆拳道"大师"。一段至三段为黑带新手的段位,四段至六段属高水平段位,七段至九段只授予具有很高造诣和对跆拳道的发展做出重大贡献的人。

跆拳道练习者可以从中国跆拳道协会或香港跆拳道总会等国家或地区协会注册认可团体考取一段至三段,而四段至六段则必须由世界跆拳道联盟或国际跆拳道联盟的晋委会考核。如果要晋升为七段至九段,必须由世界跆拳道联盟或国际跆拳道联盟特委会进行精密且详尽的评审。

通过上述可知,要取得跆拳道黑带必须经过科学系统的长时间(至少三年)训练,除了功夫水平要高,还要达到一定的年龄和训练年限,对文化素质、礼仪修养等方面也要进行综合评估。

3. 跆拳的晋级晋段内容

韩国国技院对跆拳道的晋级和晋段采取了规范且统一的考评内容。跆拳道的考评内容从品势、击破、竞技、理论(笔试和面试)等几个方面进行,伴随着级别的提高,难度也相应提高,尤其在高段位的考核上,更是采用了各国家和地区官方跆拳道协会(韩国国技院所承认的)的委托小组集中进行评价和审核,并且把跆拳道的理论和个人德行修养以及个人对跆拳道所做的贡献作为参考标准,全面考察练习者的综合素质,为跆拳道的规范晋级打下了制度层面的基础。

(二)跆拳道的机构设置

从世界的角度看跆拳道的机构,主要设置为国际跆拳道联盟和世界跆拳道联合会,而我国最高的机构就是中国跆拳道协会。

1. 国际跆拳道联盟

国际跆拳道联盟(International Taekwon-do Federation,ITF),于20世纪60年代由韩国、越南、马来西亚、新加坡、德国、美国、土耳其、意大利、埃及的9个协会在汉城(首尔)正式成立。跆拳道由韩国陆军二星少将崔泓熙将军创立,套路名称为特尔,一共24套,从天地到统一,象征一天的24 h,各特尔名称取自朝鲜半岛历史上从未侵略过他国的杰出历史人物和民族英雄;技术方面强调对肢体的控制和发力;对打比赛允许使用拳腿组合技术获得得分点;比赛时选手戴拳套、脚套以保护对方。ITF比赛分为特尔、对打、特技、威力、护身术等五大部分。20世纪80年代,跆拳道开始被介绍到朝鲜民主主义人民共和国,朝鲜政府在人力、物力和财力上给予了国际跆拳道联盟极大的支持与帮助。

根据韩国跆拳道协会宣传领事陈述,21世纪初,国际跆拳道联盟一分为三,其管理和推广能力也随之下降,但国际跆拳道联盟通过有计划地向东南亚派遣师范和跆拳道教练员,统一了韩国国内跆拳道众多派系,并制定了跆拳道发展的总体策略:以竞技为中心,大力推广跆拳道规范化体系建设。国际跆拳道联盟为跆拳道的独立和发展做出了重要的贡献。

2. 世界跆拳道联合会

世界跆拳道联合会(World Taekwondo Federation,WTF)于20世纪70年代在韩国汉城(现首尔)成立。20世纪80年代,该组织得到国际奥委会的承认。目前,世界上有多国领导人获得过WTF颁发的跆拳道黑带九段的荣誉,其中包括美国、俄罗斯、印尼、洪都拉斯、西班牙和巴基斯坦等国的领导人。

世界跆拳道联合会的最高权力机构是代表大会,每两年举行一次,在代表大会闭会期间,由执行理事会行使权力。该组织设有技术委员会、财政委员会、医务委员会、公众信息委员会、妇女委员会、学校委员会、法律委员会、运动员委员会、裁判员委员会、大众体育委员会和青少年委员会等专门委员会,还有协助主席工作的咨询理事会。世界跆拳道联合会主办的活动主要有世界跆拳道锦标赛、女子世界跆拳道锦标赛、世界青年跆拳道锦标赛、世界少年跆拳道锦标赛、世界跆拳道表演锦标赛、地区性跆拳道锦标赛、世界大学生跆拳道锦标赛、世界军人国际跆拳道锦标赛。此外,该组织还主办国际裁判研讨会、国际教练课程班,并出版跆拳道期刊,出版物有《联合会通讯》《跆拳道季刊》,总部设在韩国。

3. 中国跆拳道协会

中国跆拳道协会经中华人民共和国民政部正式批准,于21世纪初在北京成立。该协会是在中华全国体育总会领导下的群众性非营利体育社团,是中国奥委会承认的、代表中国参加国际跆拳道活动的唯一合法组织,协会依法对中国跆拳道运动活动管理。

中国跆拳道协会的宗旨是在遵守国家宪法、法律的前提下,团结中国跆拳道工作者、运动员和跆拳道爱好者,在中国推广和普及跆拳道运动,增强国民身体素质;提高跆拳道运动技术水平,攀登世界跆拳道高峰;增进同各个国家和地区跆拳道人士的友谊;加强与世界跆拳道联盟和亚洲跆拳道联盟等国际体育组织以及世界各国跆拳道协会的联系与合作。

主要业务范围:

第一,宣传和普及跆拳道运动,推动群众性跆拳道运动的开展,通过组织广大群众和青少年参加跆拳道运动,增强人民群众的体质和提高跆拳道运动技术水平。

第二,研究、拟定跆拳道运动的重大方针政策、发展战略等,制定跆拳道项目的竞赛制度、竞赛规程、裁判法、教练员、运动员和裁判员管理制度、段位考试与审批及俱乐部管理办法等法规性文件,报体育行政主管部门审批后实施。

第三,按照国家体育行政主管机关和国际体育组织的有关规定,负责举办国际性竞赛,向有关部门提出国际活动有关事项的建议,获批准后负责全面实施,促进国际交流,增进与其他国家和地区跆拳道协会的友谊。

第四,负责协调、组织全国性各类、各级跆拳道竞赛和训练工作,加强协会、道馆、俱乐部之间的联系与交流,增进运动员、跆拳道工作者之间的团结和友谊。

第五,负责协调组织培训教练员、裁判员、运动员工作,制定运动员、教练员、裁判员技术等级制度,负责运动员资格的审查和跆拳道运动的大众传播媒体的管理工作。

第六,根据国家体育行政管理部门和国家体育总局、中国奥委会的有关规定选拔和推荐国家队教练员和运动员;负责组织国家队、国家青年队和国家青少年队的集训工作及参加国际跆拳道比赛。

第七,负责跆拳道各类外事活动以及教练员出国任教的选拔、运动员个人到境外训练和比赛的归口管理工作。

第八,负责协调和组织跆拳道运动的科学研究工作。

第九,对全国各类跆拳道的培训活动、道馆(场)、俱乐部等进行业务指导服务和归口管理。

二、跆拳道制度文化的特征

跆拳道制度文化是一个不断变化、发展和完善的过程,制度的两个层面相互影响、相互作用,促进跆拳道的健康发展,并且存在统一性和矛盾性。跆拳道自 20 世纪 80 年代开始在东南亚各国进行推广和表演,在韩国政府的支持下得到了进一步的完善。但跆拳道制度文化的历史性依旧存在,如跆拳道的规则和段位划分具有强烈的东方文化特性,无论是跆拳道精神要求的"礼义廉耻,忍耐克己,百折不屈",还是跆拳道宗旨强调的"以礼始,以礼终",都表现了朝鲜半岛文化以及东方文化的丰富内涵,展现了东方人民善良朴实的文化情操和"和谐"的基本文化理念内涵。跆拳道制度文化形成了自身完整的体系,但同样存在着制度文化的双重性,一方面它是跆拳道社会实践中所形成的产物;另一方面,它制约了跆拳道个人行为的不规范。跆拳道作为一种体育运动,其承载的文化象征以身体为基础,受到人类社会活动的制约。跆拳道运动以奥林匹克运动会为展示舞台,以大众体育为基础平台,双轨制运行,谋求社会利益和经济利益的共赢。跆拳道制度文化的基本层面是自发性的约定俗成,以反映不同民族和国家的价值选择、道德伦理、民俗习惯、政治经济等文化因素。

第三节 跆拳道的深层文化

一、跆拳道名称的确立及其内涵

跆拳道早期并没有形成统一的武术技艺体系,加上战乱等历史原因,导致其并没有统一的名称,因此跆拳道的称谓较多,如"跆跟""手搏""花郎道"等不同历史时期的名称。

跆拳道是 20 世纪 50 年代由崔泓熙命名的,其中"跆"指踢击(脚法),"拳"指拳击,"道"则代表道行、对礼仪的修炼、艺术等意思。从跆拳道的最终命名可以看出中华传统思想对它的影响。"道"从命名上来说,也是跆拳道文化的侧面反映。"道"的意思有三层:浅层面上来讲是"人世间所要行走的道路";进一层是"代表抽象的法则、规律以及实际的规矩,也可以说是学理上或理论上不可变易的原则性";最深层的道则是靠人所修炼的"形而上的道"。这种道德上的要求被延伸至文化范畴,表现了韩国人对跆拳道的"道"的基本理解。因此从命名来看跆拳道的结构,"跆""拳"皆是手段,最后的落脚点是对"道"的领悟和提高。跆拳道的"道"狭义上理解是跆拳道练习者必须遵守的最高伦理道德规范,广义上还包括社会、自然、宇宙的规律。

二、跆拳道核心文化

(一)跆拳道的文化沃土

传统文化为跆拳道运动提供了适合的土壤,跆拳道运动则以其独特的方式诠释了传统文化,它一方面汲取了中国武术技战术和文化内涵,另一方面凝聚了中国传统文化与韩国文化的合力,形成了被世界认可、被大众接受并喜爱的跆拳道运动体系。跆拳道运动的崛起、成立、发展直至完善的过程,深受传统文化的沐浴和浸染,并从不同的角度、不同的层面深刻诠释了传统文化的精髓。

1. 忠诚爱国的崇高品质

孔子曰:"君使臣以礼,臣事君以忠。"《孟子》说:"诚信,天之道也;思诚者,人之道也。"早期的爱国思想只限于对君王的忠诚,它是古代人的一个重要伦理道德标准,也是国家政治生活的基本原则。经过漫长的探索,到了清代,"开国儒师"顾炎武提出"天下兴亡,匹夫有责"的口号,意义和影响深远,成为激励中华民族奋进的精神力量。顾炎武把孔孟的忠君思想加以提升,摒弃封建专制,注入启蒙思潮,以此激发全社会的爱国热潮。

跆拳道的训练场地必须悬挂国旗,训练前后都要向国旗敬礼,其目的是进行崇高的精神教育,使队员能够舍小利、顾大局,时刻以国家利益为重,培养他们的民族自豪感和集体荣誉感,激发全社会的凝聚力。

2. 坚韧不拔的人生态度

孔子《论语·为政》有云:"吾十有五而志于学,三十而立,四十而不惑,五十而知天命,六十而耳顺,七十而从心所欲,不逾矩。"这不仅是对孔子一生实践的总结,也是他不懈努力的光辉写照。孟子云:"天将降大任于斯人,必先苦其心志,劳其筋骨,饿其体肤,空乏其身,行拂乱其所为,所以动心忍性,曾益其所不能。"传统文化中处处洋溢着顽强不息、发奋不止的精神。跆拳道的宗旨是"礼义廉耻,忍耐克己,百折不屈",其深刻意义为:一个真正的跆拳道者要懂得分辨是非;要设定明确的目标并为之奋斗终生;要善于隐忍和自制;要毫不犹豫,有胆识,富有正义感。跆拳道的训练课或比赛中,运动员会发出清脆响亮的呐喊声,这种发声不仅是力量的展示、自信的体现,更是精神的宣泄与鼓舞,意志的坚持与顽强;这种呐喊声可以培养运动员刚健有力、奋发进取的精神品质。跆拳道不仅把人类生存的本能意识用肢体语言表现出来,而且把人们精神的欲求具体化,使之成为一项高尚的体育运动。跆拳道的所有动作都以自我防卫作为基础,并逐渐从消极的防御发展到积极进攻的形态,直至达到绝对自动化的行为阶段。

3. 修身养性的唯美情操

孔子提出"礼"的主张,认为"夫礼所以制中也",礼是人们社会化的重要途径,"不知礼,无以立也"。王阳明也提出"欲修其身者,必先正其心",强调注重身心修养,意在要求待人处事彬彬有礼,大度谦和,适度得体。"礼"既是修身养性的文化行动,也是跆拳道运动的精神实质。跆拳道运动强调"以礼始,以礼终",见到教练、家长、队友及长辈,先要问好,同时鞠躬行礼表示尊重,在得到他们帮助后,要用语言和行动表示感谢。尽管跆拳道运动是一种"打斗",但赛前均有严格且规范的保护措施,胜利只是通过身体的适度交流来获得精神的宣泄和愉悦。随着社会经济的高速发展,生活节奏的日益加快,人们的欲望不断膨胀,产生了一定的浮躁心理,这就需要一种有力度的冲击来实现心理的平衡和精神的释放。在跆拳道的"克己"精神下,练习者不断提高内心修养和技艺水平,自内向外逐步达到随心所欲的状态。

跆拳道的宣言是:我遵守跆拳道精神;我尊敬前辈;我决不乱用跆拳道;我要成为自由与正义的使者;我要创造更加和平的社会。

从这些文字中既可窥见跆拳道对练习者的严格要求,也折射出修身养性的最高境界——"中庸之道"。

4. 有序公平的法则规章

古时的法则规章即"礼仪制度",孔子将"礼"推广为人文世界的行为规范,即"父子有亲,君臣有义,夫妇有别,长幼有序"(《孟子·滕文公上》)。这些等级有序思想在跆拳道的腰带制定上也得以充分展示,跆拳道对腰带有着严格的等级要求:腰带从白到黑、由浅入深,即白带、白黄带、黄带、黄绿带、绿带、绿蓝带、蓝带、蓝红带、红带、红黑带、黑带,分别代表了由低到高的十个等级水平。黑带段位分一段至九段,一至三段称为"副师范",四段至六段称为"师范",七、八段称为"师贤",九段称为"师圣",四段以上才有资格申报国际教练、国际裁判等。在跆拳道的训练过程中,队伍是按照带位的高低排列的,带位高的处于左侧,带位低的在右侧。这些等级有序的规定不仅反映了跆拳道者的技术水平,也体现了他们的努力程度。《荀子·王制》中说"公平者,职之衡也",指出了公平是衡量官职的标准,因此在制定和执行政策时要公平。跆拳道比赛的规则也处处体现传统文化的公平思想,如每次击打有效部位时,需要参赛者发出非常清脆而响亮的声音,就是在时时提醒参赛者比赛技击有效部位的准确性,从而展示比赛的公平性。

5. 兼收并蓄的宽广胸怀

孔子主张"君子和而不同",包含着对多元文化并存的承认与宽容,协调与平衡;明代王阳明进行进一步深化,提出"知行合一、知行并进"的主张;清代儒学大师黄宗羲在此基础上又阐明"学贵履践,经世致用"的理论,主张实践并重的教育学习观点。传统文化的这种兼收并蓄的能力和胸襟使跆拳道运动的文化发生了微妙的变化,随着人们对竞技体育欣赏水平的逐步提高,为满足人们健身、竞技和娱乐等需求,跆拳道步步探索,不断充实、改进、创新。

(二)跆拳道精神

跆拳道的精神一直是跆拳道文化的内核和驱动器,它所代表的是体育文化中直观表现的运动风气、运动品格以及运动道德水平,也是跆拳道深层文化的核心。跆拳道的精神是崔泓熙提出来的,即"礼义廉耻,忍耐克己,百折不屈",而这些精神品质是韩国传统思想的核心文化要素。

1. 礼仪

礼仪是人类要遵守的道德规范,是教化人类的手段。跆拳道的首要精神品质是"礼仪",礼是一种次序,是传统文化等级制度的观念。传统伦理的核心构架为"三纲五常",而这种次序的遵守一方面对人产生文明教化的作用,另一方面满足跆拳道核心领导层集权要求,有利于跆拳道的管理工作。跆拳道练习者是在不断练习中强化"礼仪"的规范,甚至把它的地位提升至跆拳道技术层面之上,一切以"以礼为先"。

这些"礼仪文化"意识源于中国古代学者朱熹的理论,朱熹为了达到巩固和维护当时社会秩序、规范人际关系的目的,制定了一系列的规范,包括"三纲五常"和"世俗五戒"等。当前的韩国政治表面上奉行的是"三权分立"的运作机制,实质上是以总统为"纲",进行国家行为规范的要求和决策;在韩国社会生活中,父母与子女是上下从属的关系,个人需要遵从家庭礼制的规范要求。跆拳道制度将"礼仪"贯入始终,既可以是看得见的"敬礼",也可以表现为内心对长者、对手以及求教者的尊重和理解。跆拳道礼仪规范制度的"唯上"是对父母的尊重,"唯长"是对跆拳道人际关系的横向管理,以"长幼有序"的传统伦常次序来界定跆拳道业内的人际关系,从精神文化层面上对段位制进行了完善和补充。

礼仪是跆拳道运动必不可少的重要组成部分,具体到细节的表现有要求跆拳道练习者在练习时衣着端正、头发整洁,对教练、同伴时要体现出恭敬、服从、谦虚、互助互学的心态。谦逊和正确的言语、谦让和友好的态度、虚心和好学的作风也是跆拳道练习者需要遵循的重要礼仪。礼仪不只是形式上的表现,更重要的是要在长期练习和比赛中逐渐将礼节形式转化为心理动力。跆拳道最常用的礼节表示方式是向教练、同伴敬礼,敬礼动作的具体要求是:面向对方直体站立,上身向前屈15°,头部前屈45°,此时两手紧靠两腿两侧,脚跟并拢。进入道馆后,以端正姿势向国旗敬礼,然后向长辈依次敬礼,馆内始终保持肃静气氛;运动过程中服装松开时,应停止运动,转身背向国旗、会旗和教练、同伴整理,整理好后再转回原来方向。跆拳道最具标志性的就是道服了,在训练的时候,穿着全套的整齐洁净的道服是最基本的要求。比如,在系道带时,要取腰带的中间,伸直,用两手将它置于身体前方,并与腰部同宽,使腰带等长的两端垂向地面。训练之余,无论是在学校或家中谈话、用餐、打电话、介绍他人或访问亲友时,都要按一定的礼节进行,将礼仪意识带到生活、学习及工作中,培养克己礼让、宽厚待人和恭敬谦逊的道德品质。

2. 廉耻

跆拳道精神的"廉耻"通常指的是跆拳道练习者的自尊心和羞耻心。传统文化的主旨是以"仁"爱人,而知"廉耻"正是对"仁"的评价标准维护的精神道德层面的手段和方式。跆拳道对"廉耻"的定义是韩国民族长期发展过程中逐渐为各种社会集团普遍认同的,最终演变为具有民族性的道德价值观。

知耻就是知道羞愧和荣辱,是人应具有的基本的道德感。孟子说:"羞恶之心,义之端也。"故《礼记》言:"夫义者所以济志也,诸德之发也。"有义者,乃有德之宜(道德的准则),事之宜(立身处事的依据),天理之所宜(顺乎天道自然的法则)。只有明礼,才会知耻;只有知耻,才能守礼。"耻",从心,耳声,乃羞愧之称,羞愧乃心有惭而生,故从心。又以耳为听闻之器官,人每因闻过而耳赤面热,故"耻"从耳声。从"廉"所组成的常用词(如清廉、廉洁、廉明、廉正、廉直),就可以体会出"廉"是指气节清高。《孟子·离娄》:"可以取可以无取,取伤廉。"按人之本性,谁不喜清高而恶污浊?但往往有许多人过不了贪欲和私利这一关而身败名裂,这就叫作不知廉耻。

3. 忍耐

忍耐可以避免纠纷,使社会变得更加和睦。在生活、工作中,"忍"字很重要,因为一个人不可能在任何时间、任何场合下都事事如意,有些事情无法解决,有些事情不能很快解决,所以只能忍耐。

历史上有名的能"忍"之例就是韩信忍受的胯下之辱。当时的韩信落魄潦倒,无心也无力与恶少相争,只好忍辱从恶少胯下爬过。孙膑忍辱负重在历史上也很有名。这二位忍受大辱后的结果如何呢?韩信留下有用之身,终于成为大将;孙膑保住一命,终于赢了庞涓。还有越王勾践,卧薪尝胆20年,为的就是东山再起。

韩信、孙膑、越王勾践都能"忍一时之气,争千秋之利",这一点值得当今年轻气盛者好好学习。如今,有不少年轻人,动辄与人出口相骂,大打出手,稍遇不公就奋力相争,当然他们并不是没有道理,但是一定要考虑后果。

作为跆拳道练习者,无论是持有高段,还是有完美的技术,想做成一件事,首先要设定目标,再以持久的忍耐力不断向目标迈进,才能如愿以偿。

4. 克己

克己,即克制和约束自己,严格要求自己。不论在道馆内还是道馆外,克制自己是非常重要的。假如在自由对打时,因某些失误被下级或同僚打到,若不能克制自己,而是予以还击,将会造成事故。在生活中被人误解或误会时,年轻人往往克制不住自己的情绪,会做出一些不理智的事情,进而导致不好的后果。孔子认为"克己"是实行"忠恕之道"的先决条件,也是爱人的先决条件。要克制凡事专从自己利益出发的行为,应该考虑别人的利益。只要严格遵循"礼"所规定的标准,约束自己的言行,使之合乎"礼"的规范,就可以达到最高的伦理道德境界——"仁"。孔子还把"克己"作为"复礼"的条件,提出了"克己复礼"的观点。《论语·颜渊》:"克己复礼为仁,一日克己复礼,天下归焉,为仁由己,而由人乎哉!"

同样,跆拳道人如果不谦虚、不节制,盲目羡慕他人、爱慕虚荣,会失去作为跆拳道人的资格。其实,跆拳道人克己也是隐身,把自己的实力隐藏,默默无闻,一旦爆发则惊天动地。

5. 百折不屈

百折不屈是指人受到无数挫折都不屈服、不动摇,意志坚强。挫折是一个人的炼金石,精彩的人生是在挫折中造就的。我们在日常的学习和生活中,经常会遇到一些困难和挫折,有时我们本能地选择了逃避,但是逃避往往会让我们走进更大的困难和挫折之中。如果我们用跆拳道百折不挠的精神勇敢地迎上去,就会发现一切挫折、失意、磨难都可以使我们变得更强大。

"天行健,君子以自强不息",跆拳道鼓励练习者在实战和训练中遇到挫折始终如一地坚持自己的信念,从而达到对顽强意志品质的锻炼。跆拳道项目之所以给人留下勇猛果敢和健康坚毅的印象,是因其文化指引下所形成的长期固定的行为模式带给社会群体的固定印象。

第三章　跆拳道的学科理论基础

第一节　跆拳道训练的运动生理学和生物化学基础

一、跆拳道训练中机体的新陈代谢

在人的生命过程中,新陈代谢是基础,包括物质代谢和能量代谢。机体从事任何形式的运动都离不开物质代谢和能量代谢,在跆拳道训练中也是如此。在训练的过程中,人体的新陈代谢活动变得比安静状态时更加积极,良好的新陈代谢能为运动员从事科学的跆拳道训练提供重要的物质和能量保障。

(一)跆拳道训练中的物质代谢

1. 糖代谢

糖类是人体生命活动所需的重要营养素。人体摄取的糖类,不管是植物性食物中的还是动物性食物中的,它们都会在消化酶的作用之下,逐渐转变为葡萄糖分子(果糖可直接被吸收,不需经转变),是可以被人体直接吸收的,经小肠黏膜的上皮细胞葡萄糖运载蛋白转运进入血液,成为血液中的葡萄糖,也就是所谓的血糖。血糖可以合成糖原,成为大分子的糖。一般来说,可以将糖原分为两类:一类是肌糖原,即肌肉中合成并储存的糖原;另一类是肝糖原,即在肝脏中合成并储存的糖。除此之外,肝脏还能够将体内的乳酸、丙氨酸、甘油等一些非糖质物质合成葡萄糖或糖原,这一过程就是所谓的糖的异生作用。可见,人体中糖的合成代谢是由两个过程组成的,即人体合成糖原的过程和糖异生的过程。

一般来说,人体内糖原和葡萄糖的分解代谢主要是通过有氧氧化过程、糖酵解过程、乙醛酸途径、戊糖磷酸途径等实现的。糖分解代谢过程释放的能量能够满足机体运动对能量的需要。

运动员在进行跆拳道训练的过程中,其机体肌肉中的磷酸原,即 ATP(三磷酸腺苷)、CP(磷酸肌酸)首先被快速消耗,肌糖原无氧分解功能逐渐增强,肌细胞内钙含量增多。生长激素、甲状腺激素、雄性激素、儿茶酚胺激素等也会发生相应的一些变化,从而对肌细胞产生一定的影响和作用,进行使肌细胞不断地产生适应性变化。因此,运动员在进行系统的跆拳道训练后,机体在运动中消耗的 ATP、CP 和肌糖原,在运动后的恢复期往往会出现超量恢复的现象,能够有效增加肌肉中 ATP、CP 和肌糖原含量,提高 ATP 的无氧再合成的速率,进而增大无氧代谢酶(EK、PFK、磷酸化酶等)的活性。

运动员在进行跆拳道训练过程中,当氧供应充足时,机体的肌糖原或葡萄糖就会被彻底氧化分解成水和二氧化碳,并释放大量能量的过程,即糖的有氧代谢过程。一般情况下,运动员参与跆拳道训练主要通过糖的代谢提供机体运动所需能量。在运动后的恢复期或长时间运动过程中,机体又可以重新合成糖来提供所需的能源。

2. 脂代谢

脂肪也是人体重要的能量来源,脂代谢与人体健康之间有着非常密切的关系,有规律、有计划地进行运动训练能够使机体的脂代谢状况得到有效的改善,而且还能够有效防治运动员心血管疾病的产生。

脂肪具有一定的疏水性质,要想在体液的水环境中被酶解,就需要借助机体自身以及随食物摄入的各种乳化剂,形成乳浊液。由此可见,脂肪的吸收和转运过程要比糖复杂一些。在机体内部,脂肪的吸收方式主要有两种:一种是小肠上皮细胞直接吞饮脂肪微粒;另一种是脂肪微粒进入小肠上皮细胞,分解产物又重新合成脂肪,形成乳糜微粒,再转移进入淋巴管,经过吸收后扩散入毛细血管。简言之,脂肪通过淋巴和血液两种途径被机体吸收,相较来说,前者为主。人体吸收的脂肪主要在皮下、大网膜、肌肉细胞中等脂肪组织内储存。除此之外,人体的脂肪还可以通过其他方式进行转化储存,比较常见的有以下三种:第一,合成磷脂,成为细胞膜的组成成分;第二,合成糖脂,成为细胞膜和神经髓鞘的组成成分;第三,合成脂蛋白,存在于血液中。

在运动员进行跆拳道训练的过程中,脂肪分解代谢可为人体运动提供必要的能量,具体来说,脂肪分解代谢产生的能量能够提供给多种生命活动过程,能够作为长时间中低强度运动的主要供能物质。人体内贮存的脂肪作为细胞燃料参与供能是通过有氧代谢途径进行的。

3. 蛋白质代谢

蛋白质是构成机体细胞的主要成分,也是人体重要的能源,人体中构成蛋白质的最小单位是氨基酸。人体组织蛋白质及一些含氮物质总是处在不断分解与再合成的过程。一般情况下,可以通过测定食物中的氮含量和尿中排出的氮量,将人体蛋白质的代谢状况确定下来。通常来说,人体蛋白质的代谢状况与组织的生理活动是相符的。

正常成年人体内的蛋白质分解与合成处于一种动态平衡状态,也就是摄入氮等于排出氮,这种状态被称为氮总平衡;正处于生长发育期的儿童少年运动员,其组织细胞中的蛋白质的合成大于分解,也就是摄入氮大于排出氮,这种状态被称为"氮的正平衡";而饥饿者或消耗性疾病患者的组织细胞中的蛋白质的分解就明显地加强了,也就是排出氮大于摄入氮,这种状态这被称为"氮的负平衡"。

运动员在进行跆拳道训练时,机体的蛋白质代谢主要表现在两个方面:一方面,机体运动时蛋白质可提供一部分能量;另一方面,运动导致骨骼肌蛋白质合成增加,主要表现为外在生理肌肉壮大。

4. 维生素代谢

维生素是维持人体代谢的重要营养素。尽管人体对维生素的需求量非常小,但是,维生素也是必需营养素,是需要通过食物供给的。各种维生素在结构上没有共性,通常情况下,以溶解性质为主要依据可以将维生素分为包括维生素 B 族(如维生素 B_1、维生素 B_2、维生素 B_6、维生素 B_{12} 及烟酸、叶酸和烟酰胺等)和维生素 C 在内的水溶性维生素与包含维生素 A、维生素 D、维生素 E、维生素 K 在内的脂溶性维生素两大类。

虽然维生素不是组织细胞的结构成分,也不能直接为机体参与运动提供能量,但它们对机体的能量代谢及调节过程有着非常重要的作用。在人体中,大多数维生素都会参与辅酶的组成,因此,如果缺乏维生素就会对酶的催化能力产生重要的影响,引起代谢失调,从而使机体运动能力有所降低。

在跆拳道训练的过程中,如果运动员体内缺乏维生素,就会影响其机体内部酶的催化能力,从而导致机体的代谢失调,进而影响机体的运动能力。但是,过多地摄入维生素,并不会提高运动员的运动能力。

5. 无机盐代谢

在食物中存在着大量的无机盐,在日常膳食中,人们就会吸收一定的无机盐,食物中不同的无机盐被人体吸收的程度有所不同,比如:人体吸收很快的是钠、钾、铵盐等一般单价碱性盐类;人体吸收很慢的主要是多价碱性盐类;而人体不能吸收的主要是硫酸盐、磷酸盐和草酸盐等能与钙结合而形成沉淀的盐。如 3 价的铁离子不易被吸收,要想增进其被吸收率,就需要与维生素 C 有机结合起来,因此维生素 C 能够使高价铁离子被还原为 2 价的亚铁离子,从而促进人体对铁的吸收。

在人体内,无机盐的存在形式主要是磷酸盐(如钙、镁、磷元素等),其主要在骨骼中存在,作为结构物质,其他少量的无机盐(如钙、镁等)的存在形式主要是离子。在体液中解离为离子的无机盐,称为电解质,其在调节渗透压和维持酸碱平衡等方面有着非常重要的作用。体液中的离子有阳离子和阴离子之分,这些物质在人体的细胞代谢活动中具有十分重要的作用,是维持人体生命代谢的基础。

跆拳道运动训练过程中,训练强度较大导致大量出汗时,要注意及时补充含钠、钾等电解质的运动饮料,避免运动员因丢失电解质而出现肌肉抽搐等现象。

6. 水代谢

水是人体重要的组成成分,是维持生命活动所必需的物质。保持体内水分代谢平衡是维持机体正常生命活动的重要保证。通常来说,体内大部分水分是从食物和饮料中而来的,只有小部分是由体内物质代谢过程中产生的。人体内水的排出形式主要是通过肾脏以尿液的形式排出体外,其次是通过皮肤、肺以及随粪便排出。人体剧烈运动时,体内产热量增加,水分排出及维持体温恒定的主要途径就是出汗。运动员在参与跆拳道训练以及比赛时,应重视机体水分供给变化情况,注意保持机体的水分平衡。

(二)跆拳道训练中的能量代谢

通过新陈代谢,机体分解能源物质,为机体活动提供运动所需能量,运动员的机体能量代谢直接决定运动员的运动能力和机能水平。一般情况下,把人体能量代谢分为磷酸原供能系统、糖酵解供能系统和有氧氧化供能系统三大类。

1. 磷酸原供能系统

在供能代谢中,ATP、CP 都通过高能磷酸基团的转移或水解释放能量,通常把 ATP、CP 这种含有高能磷酸基团的物质称为磷酸原。将 ATP、CP 分解释放能量和再合成的过程,称为磷酸原或 ATP-CP 供能系统。

ATP 是人体内瞬时能量的供体,而不是能量的储存形式。运动时,肌肉内 ATP 分解直接供能,这是人体内能量代谢的中心环节。

ATP 水解的放能反应可以为各种需要能量的生命过程供能,完成各种生理功能,如肌肉收缩、生物电活动、物质合成及体温维持等。具体来说,磷酸原供能系统特点大致为:供能总量不大,持续时间很短。但是它供能快速,是细胞唯一能直接利用的能量来源,其能量输出的功率最高。

2. 糖酵解供能系统

糖酵解供能系统能为机体的长时间运动提供能量,一般情况下,当机体运动持续的时间在 10 s 以上且强度很大时,磷酸原供能系统供给的能量就无法使机体所需能量得到满足。在这一过程中,以支持运动所需的 ATP 再合成的能量就主要靠糖酵解来提供,而不能靠磷酸原供能系统供给。

在糖酵解供能系统中,肌糖原是糖酵解的原料,在强烈的跆拳道训练中可分解供能并产生乳酸。作为一种强酸,乳酸在体内积聚过多会对内环境的酸碱平衡产生一定的破坏作用,使肌肉工作能力下降,造成肌肉暂时性疲劳。这样一来依靠糖原无氧酵解供能也只能使肌肉工作持续几十秒。无氧酵解供能时不需要氧,但会产生乳酸,因此被称为乳酸能系统,在缺氧情况下仍能产生能量,以供体内急需,是其重要的生理意义。

在氧供应不足的情况下,人体骨骼肌糖原或葡萄糖酵解,生成乳酸并释放出能量合成 ATP,从而使运动中消耗的 ATP 得到有效的补充,维持运动的继续进行。在无氧情况下,糖原或葡萄糖代谢理论上可产生 2 mol 或 3 mol ATP 和 180 g 乳酸的过程,就是所谓的糖酵解途径或糖酵解供能系统,此过程是在细胞质中进行的一连串复杂的酶促反应。

磷酸原供能系统和糖酵解供能系统供能过程都是不需要消耗氧的无氧代谢过程,它们是人体运动时的无氧代谢供能系统的重要组成部分,为短时间人体进行极量运动提供所需的能量。在极量强度运动中,随着 ATP、CP 的迅速消耗,糖酵解供能过程在数秒内即可被激活,当运动持续 30 s 左右时其供能达最大速率,可维持 1~2 min,随后供能速率下降,其主要表现为运动强度下降。

3. 有氧氧化供能系统

运动员在进行跆拳道训练的过程中,当其机体内氧的供应比较充足时,运动所需的 ATP 便主要由糖、脂肪的有氧氧化来供能。有氧氧化能提供大量的能量,从而使肌肉在较长的工作时间内得到有效的维持,这种有氧氧化供能系统就是所谓的有氧氧化系统。

(1)糖的有氧代谢。运动期间,当氧供应充足时,肌糖原或葡萄糖可被彻底氧化分解成水和二氧化碳,并释放大量能量,这被称为糖有氧代谢。

(2)脂肪的有氧代谢。作为细胞燃料,人体内储存的脂肪参与供能只能通过有氧代谢这一途径,有氧运动可有效达到燃烧脂肪的目的。

(3)蛋白质的有氧代谢。在长时间大强度运动中,人体内存在蛋白质降解和氨基酸参与供能的情况。但即使食物中供糖不足或糖被大量消耗后,蛋白质供能也很少。蛋白质供能代谢不是人体运动所需能量的主要来源。

有氧氧化系统是人进行长时间耐力活动的主要耐力系统。有氧代谢能力和人体心肺功能有着非常密切的关系,是耐力素质的基础。而良好的耐力素质是跆拳道训练员专项耐力提高的重要基础。

二、人体运动系统基本构成

(一)骨骼肌

肌肉是人体运动系统的重要构成,其最基本的组成单位是肌纤维,许多肌纤维通过有机的排列组成肌束,表面有肌束膜包绕,许多肌束聚集在一起构成一块肌肉。肌肉中,大约占 3/4 的是水,能量物质、蛋白质、酶等固体物质占 1/4。另外,肌肉中还有着丰富的毛细血管网及神经纤维,其主要功能在于为肌肉供应所需的氧气和养料,使神经协调得到有力的保证。

骨骼肌是肌肉的一种,其附着于骨骼上的肌肉,是运动系统的主体部分。通常来说,人体的骨骼肌有 400 多块,由于性别、年龄不同,其占体重的比例也会有一定的差异性。一般来说,成年男性约占 40%,成年女性约占 35%。骨骼肌在神经系统支配下,通过收缩牵动骨骼,或维持人体处于某种姿势,或产生人体局部运动及整体运动,最终对机体完成运动所需的各种动作起到积极的促进作用。

人体肌肉的组织构成十分复杂,肌组织和结缔组织分别构成肌肉的收缩成分和弹性成分。其中:肌组织是肌肉的收缩成分,人体通过肌纤维的主动收缩和放松,从而使各种运动得以实现;结缔组织是肌肉中的弹性成分,它与肌肉中的收缩成分并联或串联着,因此也被称为并联(或平行)弹性成分或串联弹性成分。

运动员在进行跆拳道训练时,肌肉进行各种收缩以完成各种动作。以肌肉收缩的长度变化为主要依据,可以对肌肉的收缩形式进行分类,通常可以分为三种,即肌肉的向心收缩、肌肉的等长收缩(肌纤维虽积极收缩,但肌肉的总长度没有改变)、肌肉的超等长收缩(肌肉先进行离心收缩后,紧接着进行向心收缩的形式)。肌肉的收缩形式能为跆拳道训练的力量素质练习提供一定的理论依据,肌肉由离心收缩快速转向向心收缩是拉伸—缩短训练模式实现的方式,这一过程中,人体的爆发力得到相应的增强。快速离心收缩能够储存一定的弹性势能,从而使得肌肉爆发出更强的力量。

(二)骨

骨也是人体运动系统重要的构成,它在运动员参与跆拳道训练之中起着非常重要的作用。骨有着非常多的功能,如支持功能、造血功能、储备钙和磷的功能、运动功能等。

1. 支持功能

骨与骨相互连接,从而使人体坚固的支架得以构成。骨的支持功能主要体现在两个方面:一方面,支持机体的各种柔软组织,使人体得到一定的身体轮廓和外形;另一方面,其支持功能还体现在对身体局部或整体质量的支持。

2.保护功能

骨通过构成体腔的壁,对腔内的重要器官进行保护。其中,比较具有代表性的有脊柱对脊髓的保护、胸廓对心和肺的保护、骨盆对膀胱和子宫的保护等。

3.运动功能

作为运动的杠杆,骨在神经系统的调节下,当肌肉收缩时,能够通过对骨绕关节的运动轴进行牵引而产生各种运动。

(三)关节

人体运动离不开关节的活动,人体的运动都与关节有着不可分割的密切联系。在骨骼肌的牵引下,运动环节(指两个相邻关节之间的部分)可绕关节的某一轴运动,从而使人体完成各种运动。关节运动的基本形式主要有以下四种:

第一,屈和伸运动环节在矢状面内绕冠状轴的运动。

第二,外展和内收运动环节在冠状面内绕矢轴的运动。

第三,环运动。

第四,旋转运动环节在水平面内绕垂直轴的运动。

对于跆拳道运动员来讲,通过提高增强参与关节运动的原动肌力量,能提高对抗肌的伸展性,同时,也进一步提高关节囊、韧带的伸展性,从而使关节的运动幅度有所增大、灵活性有所提高,这对运动员跆拳道专项移动技能的提高具有非常重要的作用。

三、影响跆拳道运动员身体训练的生理学因素

(一)力量素质

影响跆拳道运动员力量素质训练的生理学因素主要包括最大肌肉横断面积、肌肉初长度、肌纤维类型、神经因素,以及其他包括性别、年龄、激素等多方面因素。

1.最大肌肉横断面积

最大肌肉横断面积指横切某块肌肉所有肌纤维所获得的横断面面积。最大肌肉横断面积是由机体肌纤维的数量及肌纤维的粗细来决定的,其通常用平方厘米表示。大量的生理学研究表明,人体每平方厘米横断面积的肌肉在最大用力收缩条件下可以产生 3~8 kg 的肌力。机体肌肉的最大横断面积与该肌肉的力量存在正比例的关系,即肌肉的最大横断面积越大,肌肉力量也就越大。

在跆拳道训练的过程中,运动员为了增强肌肉力量通常会进行相应的力量训练。力量训练的原理就是最大限度地增大运动员力量肌肉的横断面积。但值得注意的是,肌肉横断面积并不能完全解释力量训练中所表现出的所有生理学现象。

2.肌肉初长度

肌肉收缩前的初长度与运动员的肌力大小密切相关,二者呈正比例关系。通常情况下,肌肉收缩前的初长度越长,肌肉收缩的张力及缩短的程度越大。原因主要表现在以下两个方面:一方面,肌肉本身具有弹性,在受到快速牵拉时可弹性回缩。另一方面,肌肉拉长时,肌梭感知肌纤维长度变化而产生冲动,通过牵张反射机制提高了肌肉的对抗力,即用肌纤维

的回缩形式对抗肌肉被动拉长。

3. 肌纤维类型

依据肌肉的收缩特性进行分类,肌纤维可分为快肌和慢肌两种类型。二者相比,快肌产生的收缩力更大。因此:运动员的骨骼肌中快肌纤维百分比高、横断面积大、直径大,则肌肉收缩力量大;反之则肌肉力量小。通常情况下,人体肌纤维的发展状况会在一定程度上受到遗传因素的影响,但是先天条件的影响较小,最重要的是受后天训练因素的影响。

4. 神经对肌肉的控制

首先,中枢驱动对肌肉活动的影响。中枢驱动是指人体中枢神经系统动员肌纤维参加收缩的能力。在跆拳道训练中,运动员肌肉收缩力的大小与参与运动的肌纤维的数量多少具有密切的关系,但并不是所有的肌纤维都在肌肉进行最大用力收缩时参加收缩。对于普通运动员而言,机体只能动员肌肉中60%的肌纤维参加肌肉的收缩活动,优秀的运动员在运动中,肌肉的收缩可以同时动员肌肉中90%以上的肌纤维。

其次,神经中枢对肌肉工作的协调及控制能力。机体动作的完成是机体不同肌肉的共同工作的结果,机体的不同的肌肉群是在相应的神经中枢的支配下进行工作的。因此,运动员应注意改善机体神经中枢对肌肉工作的协调和控制能力,提高主动肌与协同肌、固定肌、对抗肌等之间的协调能力,使不同的肌肉群能协调一致地共同工作,才能发挥肌肉群的最大力量。

最后,中枢神经系统的兴奋状态。中枢神经系统的兴奋状态会促使机体大量释放肾上腺素、乙酰胆碱等生理活性物质,进而促使肌肉力量增强。研究发现,人在极度激动或危险紧急情况下会发挥超大力量。产生这种现象的原因主要有两方面:一方面,人的情绪极度兴奋,导致肾上腺素分泌大量增加。另一方面,大量增加的肾上腺素提高了肌肉的应激性,同时,神经中枢发出了强而集中的冲动,机体的"储备力量"得到了迅速的动员。相关研究表明,在儿童少年时期,力量训练能引起肌肉力量的大幅度增加,但肌肉力量增大的同时,肌肉体积的增长速度较为滞后;但是在力量训练的后期,机体肌肉力量的进一步增加会在很大程度上更加依赖肌肉体积的增长。这些内容表明,机体的神经系统功能的完善对肌肉功能的发育有重要的影响作用,而且适应机制在人体力量训练的不同时期表现也各不相同。

除以上因素,性别、年龄、激素等也是影响跆拳道运动员力量素质的重要生理因素。

(二)速度素质训练

根据速度素质的具体分类(反应速度、动作速度和位移速度),分析影响速度素质训练的生理学因素也需要从这三个方面入手,各速度素质的生理学影响因素具体如下所述。

1. 影响反应速度的生理学因素

(1)中枢神经的兴奋状态。机体的反应速度受中枢神经系统兴奋状态的影响,其兴奋度越高机体的反应速度就会越快。当然,如果运动员中枢神经系统的兴奋程度降低,或者运动员处于过度疲劳状态或休息不好等,那么运动员的反应速度就会下降。

(2)反射活动的复杂程度。反射活动的复杂程度决定反应时的长短,其对机体的反应速度起着重要的影响。反应时是机体接受刺激与做出肌肉动作之间的应答时间。反应时的长短主要取决于感受器的敏感度、中枢信息加工时间以及效应器的兴奋性。

(3)刺激强度。机体的反应速度受刺激信号强度的影响。一般而言,信号对机体的刺激越强,机体对信号的反应越大。

(4)遗传因素。反应速度受遗传因素的影响较大。根据相关调查研究,机体的反应速度中遗传力高达75%或以上。

2. 影响动作速度和位移速度的生理学因素

(1)身体形态和发育。运动员的身体形态和发育状况在很大程度上对其速度素质具有重要的影响,二者具有十分密切的关系。一般认为,运动员的手或脚离轴心的距离越远,下肢越长,跟腱越长,踝关节越细,动作速度和位移速度就越快。

(2)能量供应。运动员在参加跆拳道训练时,机体肌肉收缩的速度主要受以下几个因素的影响较大,即肌纤维中动用化学能的速度与强度、兴奋从神经向肌肉传导的速度与强度、机体化学能转变为收缩机械能的速度与强度、机体释放和分解ATP的数量与速度。

相关研究证明,在人体的三大代谢供能系统中,动作速度和位移速度的能力主要取决于磷酸原(ATP-CP)系统的无氧代谢供能能力。通过科学的体能训练,改善ATP-CP系统的供能能力,能有效地提高运动员的动作速度和位移速度。

(3)肌肉力量。力学研究表明,加速度是影响一定时间内速度大小的决定性因素,而加速度大小取决于克服阻力做功的力量,力量越大,加速度就相应越大。对于人体来说,体重是需要克服的最大阻力,因而人体质量(体重)与加速度成反比。如果想要提高动作速度,运动员可以通过提高力量素质和减少人体质量带来的阻力两个方面实现。而人体力量与体重之比是相对力量,因此,相对力量才是决定动作速度和位移速度的决定性因素。

(4)肌纤维百分比。人体肌肉快肌纤维百分比与机体快速运动的能力成正比。一般来说,运动速度较快的运动员,其肌肉快肌纤维百分比可高达95%。

(5)神经系统的功能特点。神经系统对肌肉活动具有支配和控制作用。运动生理学认为,人体是在神经中枢活动高度协调的支配下,进行的各种形式的快速运动,即机体所表现出来的动作速度和位移速度。提高神经中枢活动的高度协调,能保证运动员在提高动作速度和位移速度的过程中,促进机体迅速组织肌肉协作参与,从而提高运动速度。

(三)耐力素质训练

耐力素质主要受其个性心理特征、运动技能水平以及战术应用等多种因素的影响。其中,影响机体耐力的生理学因素主要包括有氧耐力和无氧耐力。有氧耐力和无氧耐力又受一些具体生理活动和机能水平的影响。

1. 有氧耐力

(1)氧运输系统的功能水平。呼吸系统、血液、循环系统共同构成了人体的氧运输系统。氧运输系统的功能和任务主要完成运输氧气、营养物质和代谢的产物,对机体的有氧耐力有重要的影响作用。氧运输系统的功能水平也称最大氧运输能力,主要受以下两方面因素的影响:

1)血液的载氧能力。血液中血红蛋白含量会对血液载氧能力产生影响,研究表明,1 g血红蛋白可以结合1.34 mL氧气,血红蛋白含量与血液结合的氧气量成正比例关系。一般来讲,成年男性机体每100 mL血液内,含有血红蛋白约为15 g,氧容量约为20 mL,女性和少年儿童则较少。优秀的耐力项目运动员的血红蛋白含量可达 16 g/100 mL 血液,血液的载氧量也比一般人多。

2)心脏的泵血功能。最大心输出量(即心脏每搏输出量与心率的乘积)对心脏泵血功能具有较大的影响。最大心输出量与肌肉组织在单位时间内获得的血流量及单位时间内氧气的运输量成正比。研究表明:和一般的运动员或普通人相比,优秀的耐力项目运动员的心室腔容积大、心室壁厚;心脏每搏输出量也更大(优秀运动员为 150~170 mL,普通人为 100~120 mL),即使在高达 200 次/min 的心率时,每搏输出量仍不减少;心肌收缩力也较大,射血速度也较快。

(2)神经系统的调节能力。对于运动员而言,良好的耐力基础需要具备以下几方面的要求:①神经系统可长时间保持兴奋性;②神经系统具有良好的抑制节律性转换能力;③运动中枢与内脏中枢具有较好的协调活动能力,以保持肌肉收缩和舒张的良好节律;④运动器官和内脏器官之间应有良好的协调与配合。

因此,有效改善神经系统的调节功能,使运动员神经系统的活动以更加适应耐力运动的需要,是运动员提高耐力素质的重要生理学基础和原因之一。

(3)骨骼肌的氧利用。骨骼肌的氧利用情况对耐力素质训练也具有一定程度的影响。运动员的氧利用状况主要表现为以下几个方面:

1)人体的肌肉组织主要是从流经其内部的毛细血管的血液中摄取和获得氧气。因此,生理学认为,肌纤维类型、肌纤维的有氧代谢能力对机体肌肉组织摄取和利用氧气的能力有重要的影响作用。在机体的肌纤维中,Ⅰ型肌纤维比例与其所在的肌肉的有氧代谢酶的活性、肌肉摄取和利用氧的能力成正比。实践证明,优秀的耐力项目运动员的慢肌纤维比例高,氧化酶的活性高,线粒体的数量多,毛细血管分布密度大,肌肉摄取和利用氧气的能力高。

2)在影响耐力的机体机制中,心输出量是其中的核心影响因素,肌纤维类型的比例构成及其有氧代谢能力是次要的影响因素。

3)机体在运动时,骨骼肌的氧利用能力受无氧阈的影响。以无氧阈的最大吸氧量比值为例,比值越高,肌肉的氧利用能力越强。

(4)能量供应水平。大量的研究与实践表明,运动员在参加运动训练时,机体的大部分能量都来源于机体内部肌糖原和脂肪的有氧氧化。因此,机体的肌糖原含量不足可以明显影响运动员的耐力水平。在运动前或运动过程中,通过合理训练而使机体的肌糖原储备增加、有氧氧化的能量利用效率提高、肌糖原利用节约、脂肪利用比例提高等,对提高运动员的耐力素质十分有益。

(5)能量利用效率。一般情况下,在单位耗氧量条件下,机体在运动中做功的能力就叫作能量利用效率。相关研究证实,如果运动员的其他机体因素相同或相似,那么耐力素质的差异更多的是来自机体能量的利用效率,影响率最高时可达 65%。

2. 无氧耐力

(1)骨骼肌的糖无氧酵解供能能力。骨骼肌的糖无氧酵解供能能力对运动员的无氧耐力具有重要影响。肌糖原在运动中的主要作用是通过无氧酵解为机体提供能量,这也是运动中无氧耐力的主要能源来源。在跆拳道训练中,肌糖原的无氧酵解能力主要受肌纤维百分构成以及糖酵解酶催化活性的影响。有研究表明,不同代谢性质的运动项目中,运动员的肌纤维百分构成和糖酵解酶活性明显不同,这也是构成运动员无氧耐力差异的重要原因之一。

(2)肌肉对酸性物质的缓冲能力。对个体而言,肌肉对酸性物质的缓冲能力影响着其耐受能力。细胞内以及机体内环境的理化性质的改变会影响机体的运动能力,尤其是影响机体的耐力。机体内部的理化性质的变化主要是由肌肉糖酵解引起的,肌肉糖酵解的产物可以在机体的肌细胞内大量累积,甚至可以扩散到血液中改变血液的酸环境,进而导致肌肉中酸性物质增加,影响机体的耐力素质水平的正常发挥。

机体内环境pH值的稳定是由肌肉和血液中存在的缓冲酸碱物质来维持的,这种缓冲物质是一种混合液,由弱酸与强碱生成的盐按一定比例组成。研究表明,提高机体的耐酸能力是提高机体的无氧耐力水平的有效途径之一。当然,无氧耐力训练并不能直接提高运动员机体对酸碱物质的缓冲能力,而是训练提高和强化了运动员对因酸碱物质产生的不适应感,从而提高了运动员的耐受能力。

(3)神经系统对酸性物质的耐受能力。神经系统对酸性物质的耐受能力在一定程度上也影响着运动员的无氧耐力素质。从总体上来讲,人体的内环境是酸性的,安静状态下,人体血液的平均pH值为7.4,骨骼肌细胞液的pH值约为7.0。这是因为酸性物质在机体内积累的速度很快,肌肉和血液中存在的能缓冲酸碱的物质来不及进行足够的缓冲以维持酸碱平衡。在运动状态下,机体的骨骼肌细胞内和血液pH值会有所下降。

大量的实验证明,机体的神经系统不仅可以协调运动肌的驱动,还可以协调不同肌肉群之间的活动。这能有效提高运动员的无氧耐力水平。有研究表明,神经系统的以上两个协调功能会受到机体大量酸性物质的影响,合理与科学的无氧耐力训练有助于提高运动员神经系统的耐受能力,而在跆拳道对抗训练中,运动员机体内会产生大量的酸性物质,有利于运动员耐力水平的发挥和提高。

(四)柔韧素质训练

1.肌肉与韧带的弹性

一般情况下,影响运动员柔韧素质训练的直接因素主要是肌肉组织、韧带组织的弹性。当然,不同年龄段、性别和训练程度的人,其机体肌肉组织、韧带组织的弹性是不一样的。另外,中枢神经系统的兴奋性也会在一定程度上影响肌肉组织的弹性变化,如在跆拳道正式比赛中,由于运动员的情绪比较高涨,因此其柔韧性通常会比平时要好。

2.神经过程转换的灵活性

神经过程转换的灵活性对运动员的柔韧素质也具有十分重要的影响。人体在运动过程中,一方面,肌肉的基本张力与神经系统兴奋、抑制过程转换的灵活性有关,中枢神经系统对抗肌间协调性的调节、中枢神经系统对肌肉紧张和放松的调节等都能有效地提高肌肉的张力。另一方面,肌肉的张力与神经过程分化抑制的发展也有密切的关系。

因此,运动员要想提高自身的柔韧性,必须重视对机体神经过程转换的灵活性的训练。

3.关节的柔韧性

个体关节的柔韧性与关节周围组织的大小密切相关。关节周围组织(韧带、肌肉、皮肤等)的大小与伸展性、关节生理结构都会影响关节的柔韧性。在关节周围的组织中,肌腱与韧带有助于加固关节。一方面,肌肉可以从外部给予关节一定的加固力量;另一方面,韧带的抗拉性能将关节的活动限制在一定的范围内,避免关节在运动中受伤。

对于运动员来说,发展关节的柔韧主要是对限制关节活动的对抗肌施加影响,使关节的对抗肌可以主动牵拉伸展,从而减少对关节活动范围的限制,提高关节的伸展度和柔韧性。此外,增进跨过关节的韧带肌腱和皮肤的伸展性则是运动员提高机体关节柔韧性的有效方式和重要方法。

4.性别差异

从生理学角度分析,与男子相比,女子的柔韧性普遍较好。这是因为:男子的肌纤维长、强而有力,横断面积大,对关节活动范围限制较大;女子的肌纤维细长,横断面积小,伸展性好,对关节活动范围的限制较小。因此,在柔韧素质训练过程中,应区别对待。

5.年龄特征

一般情况下,运动员的柔韧素质受年龄因素的影响较大,不同年龄阶段的运动员,机体的柔韧性存在着较大不同。

(1)0~10岁。从人的自然生长规律来看,初生婴儿的柔韧性最好。人体的骨骼在随着年龄递增的过程中,其韧性不断得到加强,同时柔韧性会有所降低。可见,在10岁以前就应给予一定的柔韧素质的训练,以不断提高人体自然增长的柔韧性。

(2)10~13岁。人体的柔韧性相对降低。尤其是胯关节随着腿的前后活动多、肌肉组织增大而使左右开胯幅度明显下降。该年龄阶段,虽然人的骨的弹性增强,但是肌肉韧带的伸展性仍有较大的可塑性,因此应重点训练肌肉韧带的伸展性,以提高关节的柔韧性。

(3)13~15岁。该年龄阶段为人体的生长发育期,人体的骨骼生长速度很快,肌肉的生长速度相对较慢,机体的柔韧性有所下降。这一年龄阶段应多做伸展性训练,以免造成运动拉伤。

(4)16~20岁。在这一时期,人体的生长发育趋于成熟,在柔韧性训练中,可以适当地增加运动负荷和难度,为机体获得专项运动所需的柔韧素质打好一定的基础。

第二节 跆拳道训练的运动营养学基础

针对跆拳道训练与科学营养保障,这里主要从训练期间的饮食和饮食搭配两个方面进行阐析。

一、训练期的饮食

(一)时间和食物的选择

在跆拳道运动训练前,如果吃一些易消化的食品会有利于运动能力的提高,较快消除疲劳。由此可见,不同食物在体内的消化时间,对于一个人的运动能力有着重要的影响。食物中脂肪的消化时间最慢,糖最快。训练前应以高糖类、低脂肪的食物为主,如面包、饭、面和水果等。这些食物既容易消化,又能提供糖原。如果训练超过1 h,应以单、双糖食物,如水果、奶、米饭为主,这些食物易被消化并及时供能。高纤维的食物也含糖类,如全麦面包,但这些食物消化时间长,容易造成训练时肠胃不适。

在进行训练前进餐,进餐的时间应根据训练的时间和不同食物的消化时间来决定。但基本原则是训练前所食用的食物能供给运动所需的充足的营养和能量,而又不会在运动过程中造成肠胃不适。高热量或高脂肪的食物往往需要较长的时间才能被消化。一般而言,正常的一餐食物需 3～4 h 的消化时间,才不至于使人在运动中感到肠胃不适,而食量较少的一餐需 2～3 h 的消化时间。少量的点心只需 1 h 就能被消化。

人在运动时对胃中的食物的感觉还会因运动的不同而会有差异。如果是身体上下振动较大的运动,过量的食物就会令人感到饱胀不适,那么就需要在运动前更早的时间进食,让食物有更长的时间被消化,或者减少对食物的摄取,以减轻这些症状。因此,训练前的饮食和进食时间应因人而异。每个人都需要在练习时进行体验,找出最合适、最有效的食物和进食时间。

(二)饮食方案

1. 训练前

早上训练前,很多人习惯不吃早餐,这样参加训练时可能会感觉很累、无力。因为经过一个晚上,人体内糖类的供应量不足,所以早上进行训练应适当补充一些能量,可以吃苹果、全麦谷片等低升糖指数的食物,喝些牛奶、果汁、豆浆等饮品,既可以补充水分,又可使人有饱足感。如果还想再多吃一点,那么可以加一片高纤维饼干或吐司。补充糖类的最佳时间应是在进行训练前 10～30 min,但在训练前和训练间要避免吃太多的脂类食物。而如果训练前已吃过轻食(以碳水化合物为主的食物)了,那么训练后的早餐分量不妨少一些。"不过饱"应当被视为饮食的原则。

经过一早上的训练,为避免午间训练时"饿得头晕眼花",在接近中午时,可以先吃些轻食,以维持血糖的浓度。如果不是太饿,暂时不吃也无妨,可在训练后再吃午餐,但在训练前后需补充水分。一般来说,训练前吃含碳水化合物的轻食,能使人在训练时精力充沛。结束训练后,不妨吃点含碳水化合物的食物,这是帮助肌肉燃烧脂肪的动力来源,如谷类、豆类等,都可以维持肌肉中的肌糖原。

晚间训练前,可在下午 4:00—5:00 点时或下班前吃些点心,以维持血糖的浓度,储备运动精力。为此,可以先准备一些小包装的轻食,如高纤维饼干、葡萄干、麦片等,但不可以大吃大喝。由于训练后的几小时内,身体正忙着移除肌肉中未用完的肌糖原,此刻可以吃些富含糖类的食物,如谷类、新鲜水果、淀粉类、蔬菜等。晚餐则应该少吃一些,因为在晚上新陈代谢率较低,为避免囤积多余的卡路里,应该对食量有所控制。

2. 训练后

训练后应主动积极地补充运动时所消耗的能量和营养以促进恢复,为明天的活动做好准备。因此,在跆拳道训练后的营养补充应重点从以下几方面着手。

(1)补充水分。跆拳道运动会使人体内大量的水分经出汗流失而导致脱水,因为即使只流失体重的 1% 的水分,体温也会变得更高,使人比较容易疲劳,如损失体重的 3% 的水分,就会显著地影响运动的表现,所以在跆拳道训练后,绝大部分的运动员都处于不同程度的缺水状态,需要积极地补充水分。

(2)补充糖原。跆拳道训练后,应迅速地补充运动中体内消耗的肝糖原。具体方法有:在激烈训练后的 30 min 内,摄取含高碳水化合物的餐点;依照自己的体重,每 2 h 供给约等于体重 1% 质量的碳水化合物,直到恢复正常的饮食;在恢复期进行训练时,对碳水化合物的需求将会增加,所以每千克体重每天需摄取 8~10 g 的碳水化合物,以维持肌肉最佳的肌糖原储存量;肌肉受伤会影响体内肌糖原的储存量,所以可于恢复期最初的 24 h 内,增加碳水化合物的摄取量;含碳水化合物的饮料、运动营养补充品以及单糖类食物,可以为参与训练提供一个实际及综合的碳水化合物来源;营养密度高的碳水化合物食物及饮料,因其可以提供其他的营养素,所以这类食品对于训练后的恢复过程是很重要的。

(3)补充电解质。汗液中主要的电解质是钠和氯离子,还有少量的钾和钙。长时间训练,或者在酷热的天气下连续剧烈运动数小时,一般只会流失体内非常小部分的电解质,而体内储存的电解质会自动释放到血液中,以维持电解质的恒定。因此,在一般性训练后,不需要特别补充电解质。大量出汗后可以稀释的盐水或含高钠的运动饮料来补充水分和电解质。但一些含有酒精或咖啡因的饮料会增加人体的排尿,不仅会降低人体内的水分,减少肝糖原的合成,而且还会影响受伤组织的复原,对训练后的恢复有非常大的副作用,所以并不是理想的水分补充饮料。然而,一些训练有素的运动员,或是常在酷热天气下运动的人,其汗液中的电解质含量也会变得较少,因此,即使他们的流汗量和平常人一样多,其流失的电解质要比平常人少。

二、饮食的搭配

合理的饮食搭配,对于人体的生长发育、增强免疫力、健身塑形都有着十分积极的影响。在进行跆拳道训练时,运动员由于体力消耗较大,往往更需要进行合理的饮食以及时补充能量,在维持机体正常需求的基础上保持正常运动训练的供能。因此,训练期间的饮食搭配要保证所含营养素数量充足、种类齐全、比例适当,并与机体的需要保持平衡。只有各种食物搭配合理,才能最大限度地满足身体需要,从而达到促进健康的目的。

(一)饮食搭配的基本要求

合理搭配的饮食应该能提供足够的热能和各种营养素,满足人体正常生理的需要,还可以保持各种营养素之间数量的平衡。因此,饮食搭配要求能够达到热量的平衡和维生素供给充足。

1. 热量平衡

热量是人体进行活动的能源,热能的供给应以消耗为准,热能供给过多或不足都会影响健康,甚至引起疾病。长期热能不足,会导致营养不良症的发生,表现为基础代谢降低、逐渐消瘦、精神不振、皮肤干燥、对疾病的抵抗力下降,等等;而热能过剩,则可造成脂肪在体内积累而形成肥胖。因此,饮食搭配中热量必须恰当。热能是否恰当,可用体重的变化做粗略估计。饮食搭配中蛋白质、脂肪和糖的比例对机体的代谢状况和工作能力也有一定影响。一般情况下,脂肪含量应少,糖和蛋白质相对较多。蛋白质、脂肪和糖的合适比例按质量计为 $1:0.7:5$。

2.维生素充足

饮食搭配中的维生素十分重要。一方面,可以补充机体在运动时损失的维生素;另一方面,合理增加维生素的供给量,可以改善机体的工作能力,提高运动水平,保证运动质量,加速机体疲劳的消除。但维生素的摄入量亦不应过多。摄入过多的维生素,对机体有不良影响。长期摄入过多的维生素,机体的维生素代谢提高了,一旦饮食中摄取的维生素突然减少会产生维生素缺乏症。机体摄入维生素时,最好从天然食物中摄取。应用维生素制剂时,最好用复合维生素。

按照热量和营养素标准,选择食物的种类和数量,即可组成平衡的饮食。食物可以简单分为以下几类:粮食类,供给人体淀粉、蛋白质、无机盐、B族维生素和纤维素;肉、蛋、鱼及大豆类,供给人体优质的蛋白质、脂肪、部分无机盐和维生素;奶或奶制品类,供给人体优质的蛋白质、脂肪、维生素A、维生素B_2和钙等;水果和蔬菜类,供给人体维生素、无机盐及膳食纤维素。

(二)饮食搭配的注意事项

第一,在训练时,由于代谢旺盛,激素分泌增加,排汗量增多,维生素的缺乏会提前出现,这时容易出现运动能力下降、疲劳等不良反应;因此,早餐应含丰富的蛋白质和维生素。

第二,合理地摄入热量,通常比不训练时稍多些。

第三,训练前的进食,食物不宜过多,但要提供一定的热量,要易消化,含有较多的糖、维生素和磷,少含脂肪和纤维素;训练后的进食量可以大些。

第四,晚餐不宜过多,且不宜吃含脂肪和蛋白质过多以及刺激性较强的食物,以免影响睡眠。

第五,在冬天进行训练时,由于能量消耗过多,所以要加强能量和维生素的摄入,可适当增加脂肪的摄入;在夏天进行训练时要注意适时适当饮水。

第三节 运动心理学基础

一、影响运动员跆拳道训练的心理因素

在跆拳道运动员训练过程中,运动员主要受以下几方面因素的影响,即运动知觉、心理定向、思维、认知、注意力、情绪、意志、精神活动特点与个性特征等。

1.心理定向

心理定向是指动作开始以前以及完成动作过程中心理的准备状态和注意的指向性。心理定向对于掌握和提高技术动作非常重要。心理定向能够造成诸多积极的综合反应,并且促进心理活动的调整。准确的心理定向能够帮助人的动作在内容、结构等方面调整得完全符合技术特点,这样运动时就能够及时在头脑中设计完成动作的模式,并依据模式进行自身的全部行动。

在跆拳道运动训练过程中,运动员选择的训练方法和手段不同,会引导其形成不同的心理定向,而不同的预先心理定向对形成不同的技术特点和技术风格会产生重要的影响,因为

不同运动员的注意力集中点不同。

2. 运动知觉

运动知觉是一种十分复杂的知觉状态,它是一种由许多感觉要素构成的复杂知觉,如重力感觉、速度感觉、肌肉感觉、用力感觉等。人脑对外界事物的运动状态的反映称"客体运动知觉",人脑对自身运动状态的反映则被称作"主体运动知觉"。这两种运动知觉在个体的跆拳道训练中各有其独特的作用。

在跆拳道训练中,如果运动员参与的是复杂的动作技术训练,运动员的运动技术是以运动操作为基础实现的,而准确、协调的运动操作,是以高度分化的运动知觉为基础的。因此,精确分化的运动知觉在运动技术练习中的作用非常重要,良好的运动知觉能够保证运动员掌握各种技术动作。

3. 情绪

心理学研究表明,情绪对个体对动作技术的掌握起着非常重要的作用。一般来说,良好的情绪可以起到"增力"作用,如明显地增强人的活动能力,使人体运动能力进一步提高等。而不良情绪的"减力"作用则是显而易见的,具体表现为精神不振、无精打采、心灰意冷、注意力不集中等。因此,情绪在运动员跆拳道训练过程中的影响作用很大。

跆拳道训练往往是枯燥的,同一动作技术反复练习,如果运动员没有良好的耐心,情绪焦躁,就很难掌握好动作技能,而错误动作练习对运动员的跆拳道训练是不利的,不仅不利于运动员运动水平的提高,还会对运动员的机体正常运行产生损害。

4. 意志

意志与行动之间具有密切的关系,它是人为了实现既定目标而支配自己的行动,并且在行动时自觉克服困难的一个心理过程。参与跆拳道训练能使运动员拥有坚强的意志品质,运动员坚强的意志品质对于其掌握动作技能、完成训练任务、提高身体素质水平和运动水平等具有重要作用。

第一,在跆拳道训练中,运动员机体肌肉有时会处于非常高的紧张状态之下,并且需要完成各种不同难度的动作,此时意志坚定能够满足完成动作的需要。

第二,运动员在跆拳道训练过程中需要高度集中注意力,在意志作用下,克服外部和内部刺激的不良影响。

第三,在跆拳道运动训练的过程中,需要运动员的机体各系统全面运转,因此容易导致疲劳,甚至是运动损伤,意志坚定者能够克服由于疲劳和运动损伤而产生的消极情绪,并坚持完成训练任务。

第四,跆拳道训练初期,对于一些基础比较薄弱的运动员来说,有时一些动作比较难完成,容易使运动员增添畏惧心理,而坚定的意志则能帮助运动员建立完成动作的信心,顺利地参加训练。

5. 注意力

注意力是个体心理活动对一定对象的选择性指向和集中,是个体的一种心理状态。大量的研究和实践表明,长期坚持参与系统的跆拳道训练,能够逐渐改善运动员的身体素质,同时能使大脑细胞更加柔韧,细胞之间的相互联系也更加紧密。大脑细胞之间的联系越紧密,对于运动员接受新的跆拳道训练知识和技能知识的速度加快具有越重要的帮助作用。同时,进行系统的跆拳道训练还有助于改善过度训练对机体产生的巨大压力感,有助于运动员放松身心、解除训练负担,集中注意力参加到跆拳道运动训练之中。

6. 认知

经常参加跆拳道训练能有效地提高人的认知能力。运动者在运动训练的过程中能够对外界物体做出迅速而准确的判断,同时也能迅速感知和调整自己的身体,从而更好地完成动作。长期参与跆拳道训练不仅能够使人体变得灵活,同时还能有效地提高人的反应能力和判断能力。

另外,长期参加跆拳道训练还可以提高个人的智力水平,也可以提高个人的记忆、注意、思维、反应和想象等能力,还可以稳定情绪、使性格开朗、延缓衰老等。反之,认知的提高对运动员的跆拳道训练是十分有利的,这些非智力成分对于提高和发展人的智力水平有着非常重要的作用。进而促进个体在跆拳道训练中快速学会技术动作和领会动作要点,顺利完成训练任务,并提高运动水平。

二、运动员参与跆拳道训练动机的培养

运动员在跆拳道训练过程中,心理因素具有重要的影响和作用,这种作用在某些时候甚至要大于生理因素上的影响,因此跆拳道运动员要高度重视心理素质的培养和提高。

(一)动机的概念与分类

1. 动机的概念

动机是个体的内在过程,具体是指推动个体从事各种运动的心理及内部动力。

2. 动机的分类

根据不同的分类标准,可以将动机分成不同的种类。

(1)根据动机来源分。一般情况下,根据动机的来源,可将动机分为内部动机和外部动机两种。

1)内部动机。内部动机以生物性需要为基础,如在运动过程中体验到强烈满足感的动机。内部动机能够从内部驱动运动员的运动行为,对人起到一定的激发作用,其行为的动力就是运动员内部的自我动员。

2)外部动机。外部动机是通过参与运动而获得奖励来满足自身社会性需要的动机,其行为的动力来自外部的动员力量。

运动员在参加跆拳道训练的过程中,运动员的内部动机与外部动机是相互影响、相互促进的。外部动机对内部动机的影响可能是积极的,也可能是消极的。外部动机既能起到对内部动机加强的作用,也能削弱内部动机。

(2)根据兴趣分。根据兴趣来划分,动机可分为直接动机和间接动机两种。

1)直接动机。直接动机是指以直接兴趣为基础,指向运动本身的动机。对运动项目本身感兴趣,认为在运动过程当中能够将其潜力显现得淋漓尽致,使自己获得极大的满足,受这种思想驱动的动机就是直接动机。

2)间接动机。间接动机是指以间接兴趣为基础,指向活动结果的动机。如运动员为提

高运动水平、获得荣誉而积极参与跆拳道训练,这就是间接动机的结果。

(二)跆拳道训练动机的培养

在跆拳道训练中,如何提高运动员的训练兴趣,调动运动员的训练积极性,就涉及运动员训练动机的培养,具体应从以下几个方面做起。

首先,要满足运动员的乐趣需要。跆拳道训练过程中,运动乐趣性和艰苦性兼而有之,如果运动过程非常枯燥,就会导致运动员失去运动乐趣,导致其运动动机的下降。因此,在跆拳道训练初期,一定要合理选择训练内容,科学安排训练时间和负荷,以保持运动员训练的乐趣和积极性。

其次,可以通过强化手段培养动机。正确使用强化手段可以激发运动员的外部动机,同时也能很好地培养内部动机。但如果运用不得当,强化手段可能又会对内部动机和外部动机造成破坏。因此要合理选用。

最后,运动员还可以通过自我调整以引发动机。运动员如果能够学会自己制订训练计划那么可能使训练计划变得更加完善。因为,运动员往往对自身的各种情况更加了解。运动员应树立良好的心态,正确看待跆拳道训练,培养和激发自己的训练热情。

三、运动员运动技能学练的心理过程

(一)感知过程

1.运动与感觉系统

(1)动觉。动觉,又称"运动觉""本体感觉",这一感觉负责将身体运动的信息传输给大脑,使机体对身体各部位的位置和运动有所知觉。动觉主要包括肌觉、腱觉、关节觉和平衡觉等四个部分。当身体参与活动时,肌肉与肌腱的扩张与收缩,以及关节之间的压迫,都能够产生刺激并引起神经冲动,传入中枢神经系统而引起动觉。动觉是发展高水平运动技能的关键。

(2)视觉。视觉对于跆拳道训练来说是非常重要的,其中最重要的一点就是与同伴或训练器材的配合离不开视觉的帮助。

(3)听觉。听觉刺激能够有效诱发动觉中枢的兴奋,使人产生强烈的节奏感,引发听觉和动觉的联合知觉,这种联合知觉有助于运动员学习新的动作技术,感知新的技术动作。

(4)触压觉。触压觉是由于非均匀分布的压力在皮肤上引起的感觉,分为触觉和压觉两种。触觉是指因外界因素刺激接触皮肤表面造成皮肤的轻微变形而引起的感觉,压觉则是指使皮肤明显变形而引起的感觉。良好的触压觉是运动员掌握正确动作的基础。

跆拳道运动员的训练过程是运动员对不同技术动作的学习和练习过程,这一过程需要运动员多个感觉器官的共同参与。

2.运动与知觉系统

(1)空间知觉。空间知觉主要包括两种,即方向知觉和距离知觉,这两种知觉能帮助运动员确定动作的正确空间位置。

(2)时间知觉。时间知觉是对时间长短、快慢、节奏和先后次序关系的反映,时间知觉能够揭示出客观事物运动和变化的延续性和顺序性。自然界的有规律的周期性变化和人体内部自然的生理变化是人类能够产生时间知觉的主要依据,准确地把握时间知觉是完成身体动作的关键因素。

(3)运动知觉。运动知觉主要分为自身运动知觉与对外界物体运动知觉两种。在技术学练中,良好的运动知觉有助于运动员把握正确的动作要领以及动作时间、空间变化,可促进运动员运动技术水平的提高。

(二)记忆过程

运动员训练过程中,每一个动作的完成都与运动记忆有着密切的关系。而运动记忆又与人体的肌肉活动密切相关,因此它和形象记忆、情绪记忆等有明显的区别。

1. 短时运动记忆与长时运动记忆

短时运动记忆是指停止某一个动作的练习后,其遗忘的速率会随着时间的变化而发生一定程度的变化,遗忘的进程先快后慢,但其记忆的内容并不会全部忘记。

长时运动记忆是指学习一项运动技能后,在熟练掌握后能够记忆相当长的一段时间。运动员的长时记忆能使其形成良好的动作自动化。

2. 运动表象

运动表象分为内部表象与外部表象。前者是指以内部直觉为基础,以内心体验的方式感受自己的运动操作活动,其实质是动觉表象或者肌肉运动表象;后者是指表象时可从其他人的角度看到其表象的内容,其实质是视觉表象,并没有感受到身体内部的变化。内部表象时的肌肉活动往往要高于外部表象时的肌肉活动。

3. 信息加工

大脑是一个十分复杂的生理器官,可以实现对个体所接受到的各类信息的加工和整理。对个体来讲,在短时间单纯依靠记忆是很难准确地记住太多内容的,这时就需要在大脑中进行某种组合加工,将学习内容储入短时记忆,这是个体在跆拳道训练中学习动作的重要认知过程。

(三)思维过程

相关研究和实践表明,运动员的操作思维能够有效反映肌肉动作和操作对象的相互关系,因此运动员对运动技能的掌握及表现都离不开发达的操作思维。在跆拳道训练中,正是由于思维意识的存在,运动员才能正确认识动作并准确完成各种复杂的跆拳道技术动作。

第四节　运动技能的掌握

所谓的运动技能,是指人体在运动中掌握和有效地完成专门动作的能力,也就是在一定的时间和空间里大脑精确支配肌肉收缩的能力。在跆拳道训练中,运动员要想提高自己的训练水平,首先就要了解和掌握与运动技能有关的科学理论,以更好地提高运动水平,进而达到增强训练的效果。

一、运动技能的生理本质

(一)运动条件反射与运动技能

1. 运动的反射本质

运动生理学理论认为,人的所有运动都是从感觉开始的,随之产生心理活动,最后成为肌肉效应活动的一种反射。还有学者认为运动的生理机理是以大脑皮质活动为基础的暂时性神经联系,学习运动技能,其生理本质就是建立运动条件反射的过程。

2. 运动条件反射形成的生理机理假说

运动条件反射的形成是通过很多简单的非条件反射综合而成的。随着大脑和各个器官的发育,在这些非条件反射的基础上,通过听觉、视觉、触觉和本体感觉与条件刺激物多次结合,就形成了简单的运动条件反射。运动员在运动训练的过程中,形成的运动技能就是形成连锁的、复杂的、本体感受性的运动条件反射。

运动技能与一般运动条件反射并不是等同的,运动技能的区别在于其复杂性、连锁性和本体感受性。

(1)复杂性。一般而言,运动技能是由多个中枢参与形成运动条件反射活动(运动中枢、视觉中枢、听觉中枢、皮肤感觉中枢和内脏活动中枢)。

(2)连锁性。运动员在训练过程中,运动技能的反射活动是连续不断的,也就是说前一个动作的结束便是后一动作的开始。

(3)本体感受性。在条件反射过程中,肌肉的传入冲动是非常重要的,如果没有这种传入冲动,条件刺激就得不到强化,同时由运动中枢发放神经冲动传至肌肉效应器官引起活动的复杂过程条件反射就不能形成,运动员也就无法掌握运动技能。

综上所述,运动技能与条件反射的关系为:运动技能就是建立复杂的、连锁的、本体感受性的运动条件反射。

(二)运动技能的信息传递与处理

所谓的信息处理就是人受到外界环境刺激到发生反应的过程。在这个过程中人就是信息处理器,人受到外界环境的刺激到发生反应的过程就是信息处理的过程。这一过程对运动技能的学习也是至关重要的。一般来说,形成和再现运动技能的信息源(刺激)的来源分别来自体外和体内。

第一,体外信息源来自对运动学习的过程中,教练或教师发出信息,传输给运动者。运动者通过感觉器官,经大脑皮质分析综合形成初步的概念。

第二,体内信息来自大脑皮质一般解释区。大脑的一般解释区由躯体感觉、视觉和听觉的联合区组成。一般解释区位置在颞叶后上方,角回的前方。一般解释区是视觉、动觉、听觉的汇合区,具有各种不同的感觉体验和分析能力,信号则是由这里转移到脑的运动部位以控制具体的运动。

二、影响运动技能的因素

1. 运动水平

在跆拳道运动中,运动员水平的提高一般都是先快后慢,主要是因为在学习新技术初期,过去已经掌握的与新技术有关的相似动作及动作经验,具有一定的迁移作用,有助于新技术的掌握,而且初期技术动作的分化都是非常粗糙的,新技术对于身体素质的要求也不高。但发展到后期,随着运动员技术水平的提高,对运动条件反射的精确性要求越来越高,与运动初期形成的运动条件反射差距很大,这就相当于需要重新建立新的运动条件反射,而且要求对技术进行精细的分化,对身体素质的要求也越来越高。因此,运动员运动水平的提高速度就会逐渐减慢。

2. 大脑皮质机能的状态

在运动训练中,运动员大脑皮质机能的状态对运动技能发挥的熟练程度有着非常重要的影响。通常情况下,人体大脑皮质兴奋性过高或过低都会影响正常水平的发挥。大脑皮质的技能状态一般通过应激水平反映出来,疲劳可以导致应激水平降低,在进行运动前,初学者可能会出现紧张的现象,这种现象可以导致应激水平提高。通过调整运动前状态和准备活动可以调整应激水平达到最佳状态。研究应激水平的方法,目前主要应用脑电图、心率、呼吸、肌电、皮电等。

3. 各感觉机能间的相互作用

在跆拳道训练中,运动员运动技能的形成过程,就是在多种感觉机能参与下同大脑皮质动觉细胞建立暂时的神经联系。感觉支配肌肉产生肌肉感觉,继而形成运动技能。因此在运动实践中只有勤学苦练、反复实践,才能建立精确的分化,区别正确动作和错误动作的肌肉感觉,才能巩固正确动作,消除错误动作。

在形成正确的跆拳道运动技能时,运动员训练除了受到听觉、视觉、位觉、皮肤感觉的作用外,还受到内脏感觉的影响。因此,运动员在完成任何动作时各感觉机能都同时起作用,只不过某一个技能动作对某一种感觉机能的要求更高一些。故运动员在跆拳道训练中,一定要充分发挥各感觉机能的作用,反复练习,以形成正确的技能动作。

三、运动技能的分类

有关学者将运动技能划分为闭式技能和开式技能两类。

1. 闭式技能

闭式技能是完成动作几乎不因外界环境的改变而改变,只是千篇一律地重复动作,反馈信息也来自本体感受器。一般来说,闭式技能多是单人项目。

2. 开式技能

开式技能是技能动作因外界环境的改变而改变,动作多种多样,有多种分析器参与工作,并综合总的反馈信息,其中往往以视觉分析器起主导作用。开式技能多是对抗性项目,跆拳道运动就属于此种技能。

四、形成运动技能的过程

运动技能的形成,要从简单到复杂,并有其建立、形成、巩固和发展的阶段性变化和生理规律,只是每一阶段的长短随动作的复杂程度而不同。一般来说,可划分为三个阶段,即泛化阶段、分化阶段、巩固自动化阶段。运动技能形成后,就会得到不断的发展,达到动作自动化。

1. 泛化阶段

运动员在训练过程中,如果学习某一动作,最开始都是要从教练员或教师的讲解示范开始,再到自我实践,然后获得一个感性认识,这时,运动员对运动技能内在规律的认识并不全面。由于人体对外界的刺激,通过感受器(特别是本体感觉)传到大脑皮质,引起大脑皮质细胞的强烈兴奋,另外,因为皮质内抑制尚未确立,所以大脑皮质中的兴奋与抑制都呈现扩散状态,使条件反射暂时联系不稳定,出现泛化现象。这个阶段表现在肌肉的外表活动往往是动作僵硬,不协调,不该收缩的肌肉收缩,出现多余的动作,而且做动作很费力。这些现象是大脑皮质细胞兴奋扩散的结果。对此过程,教练员应示范给运动员正确的动作定型,纠正学生的错误动作。

2. 分化阶段

跆拳道运动员在初步掌握了基本的动作技术后,就进入了动作的分化阶段。在这一阶段中,大脑皮质运动中枢兴奋和抑制过程逐渐集中,由于抑制过程加强,特别是分化抑制得到发展,大脑皮质的活动由泛化阶段进入了分化阶段,因此训练过程中的大部分错误动作得到纠正,能比较顺利连贯地完成完整动作技术。这时就初步建立了动力定型。但定型尚不巩固,如果有新异刺激产生,多余动作和错误动作有可能就会重新出现。在这一阶段中,教练员要特别注意纠正运动员的错误动作,帮助其学习和掌握正确的技术动作。

3. 巩固阶段

在跆拳道训练中,进入技术动作的巩固阶段后,运动条件反射系统已经基本巩固,大脑皮质的兴奋和抑制在时间与空间上更加集中和精确。此时,不仅动作优美、准确,而且某些环节不需要意志支配就能做出动作,即动作自动化。在环境条件变化时,动作技术也不易受破坏,同时由于内脏器官的活动与动作配合得很好,完成练习时也感到省力和轻松自如。

综上所述,形成运动技能的整体发展阶段,每一个阶段都没有明显的界限。训练水平高的运动员在学习掌握新动作时泛化过程很短,对动作的精细分化能力很强,形成运动技能也就越快。相比之下,初学者在学习新动作时,泛化过程较长,分化能力较差,掌握动作较慢。动作越复杂,泛化过程就越明显,分化的难度也就越大,形成运动技能所需要的时间就越长。

4. 动作自动化发展阶段

跆拳道运动员在训练过程中,随着学习掌握了基本的跆拳道技术动作后,在经过了技术动作的泛化、分化、巩固阶段后,就会进入动作技能的自动化发展阶段。所谓动作的自动化,就是练习某一套动作时,可以在无意识的条件下完成一种行为。自动化的特征是,对整个动作或对动作的某些环节,暂时变为无意识的。例如,走路是人类自动化的动作,在走路时可以谈话、看报,而不必有意识地想应如何迈步,如何维持身体平衡;又如熟练的篮球运动员在比赛时运球等动作往往也是自动化的动作。

在运动技能基本巩固后，第一、第二信号系统之间的联系已经成为运动动力定型的统一机能体系。第一信号系统的兴奋可以选择性地扩散到第二信号系统，因此运动员可以精确地意识到自己所完成的动作，并可以用语言表达出来。

当动作出现自动化现象时，第一信号系统的活动已经从第二信号系统的影响下相对地"解决出来"。完成自动化动作时，第一信号系统的兴奋不向第二信号系统传递，或者只是不完全地传递，这时的动作是无意识的，或是意识不完全。动作自动化的程度对提高运动成绩有着很大的影响，但是不应认为动作达到自动化后质量就得到保证。虽然动力定型已经非常巩固，但由于进行自动化动作时第一信号系统的活动经常不能传递到第二信号系统中去，因此，如果动作出现细微的错误，很可能一时不能觉察，等到一旦觉察，可能变形的动作已因多次重复而巩固下来。可见，在动作自动化的发展中，也要时刻保持动作质量的检查和纠正。

第四章 跆拳道教学基本理论

第一节 跆拳道教学的基本特点与要求

跆拳道技术动作简单、实用、易学,集搏击、规范、教育于一身。通过跆拳道的训练,学生可以在行为规范、道德修养和完善人格诸方面得到提高与发展,达到健身、防身、修身的目的。跆拳道的教学具有其他体育教学的共性,也具有其鲜明的个性特点。它是以教育学和体育理论为指导,遵循运动技能的形成规律和人体机能活动变化的规律,通过学生身体的反复练习,不断激发学生思维并与身体练习紧密结合,掌握跆拳道运动的技能与技巧。在教学实践中,跆拳道逐渐形成了自己的项目教学特点和一整套适合跆拳道运动特点的教学阶段、步骤以及独特的教学方法与手段。

1. 道德修养为体、礼仪礼节为用

跆拳道运动是通过身体的练习和磨炼来达到修身养性、完善人格的崇高目的。

身体行为是外在的表现,其透视出的内涵不仅仅是跆拳道的技艺与技巧,更是人的内心世界,包括情感、情操、行为、品质的反映。武德是每一个从事跆拳道学习与训练的人在一切社会活动中必须具备的道德修养和行为规范。跆拳道的教学与训练是强身健体、培养一定的自卫防身技能的过程,更是陶冶情操、培养一个人高尚道德品质的有效手段。因此,在跆拳道教学与训练中,礼仪礼节的学习与训练,始终是我们每堂课的必修科目,并贯穿于每个动作练习的全过程。

作为一个跆拳道教授者,不仅要"授业"与"解惑",更需要"传道";不但要具备良好的专业技术水平,更应在行为规范上严格要求自己,做学生的楷模;是学生的良师更是益友,营造出一个和谐活泼的教学环境,教学相长,磨炼技艺,在潜移默化中不断培养、提高学生良好的道德品质和坚韧不拔的拼搏精神。

2. 合理规范、强调实效

合理的规范基本技术是构成万千变化的技战术动作和保证击打实际效果的基础。它既是人体生物力学原理在跆拳道运动中的真实反映,也是跆拳道运动实践经验的总结。

因此,在跆拳道教学中应重视技术动作的规范性,要强调动作的技术要领、运行路线、发力顺序等,对每一个动作要素应做到精益求精,对每一个动作细节要精雕细刻。一丝不苟地反复练习,才能使技术动作的击打真正做到路线明确、方法清晰、力点稳准、劲力顺达。训练中一旦出现错误的动作和方法,要及时、反复地予以纠正,直至改正错误并形成正确动作的动力定型。

任何技术动作都是为实战比赛服务的,只有经过实战比赛检验的技术动作,才能证明其实效性。作为直接交手对抗的项目,跆拳道的一切技术动作的教学训练都应围绕实战比赛而进行。因此,跆拳道教学必须要从"对抗"的本质特征出发,使学生在学习过程中,清楚地明确每一个技术动作在实战比赛中的作用和应用价值;要使学生清楚地了解、掌握每一个技术动作在不同的情势下不同的运行路线、不同的方向角度、不同的运用方法等。每一个技术动作的变化都是实战比赛变化规律和特点的需要,只有紧紧抓住这个变化规律与特点,我们的教学训练才能真正做到练战结合,技术动作的实效性才能在实战比赛中真正地充分体现。

3. 循序渐进、因人而异

由初学到娴熟、精巧,再到运用自如,这样一个逐步学习、逐渐适应的过程,是任何一个运动项目技术动作形成的必经之路。跆拳道的技术动作学习也概莫能外,同样要遵循运动技能形成的规律而循序渐进地进行学习。学习时一定要从最基本的拳法、腿法、步型、步法学起;从单个技术动作到两个或多个技术动作组合;从原地练习到行进间练习再到自由移动练习;从踢固定靶到踢自由靶;从条件实战到实战;品式学习从基本架式到太极一章、高丽、汉水直至一如,无不是由简而繁,循序渐进、脚踏实地一步一个脚印走过来,切不可操之过急,揠苗助长则会适得其反。不同的学生有着不同的身体机能水平、运动素质、心理品质、接受能力及承受负荷刺激的能力,因而在跆拳道教学中,既要根据学生的平均水平制订相应的教学计划、任务和达到的目标,也要考虑到个体差异。要有针对性地采用不同的教学方法,区别对待,以充分发挥学生的自身条件,形成自己的技术特点与风格。值得注意的是,即使是同一个学生在不同的学习阶段,其运动素质、心理品质、接受能力等个性特征方面也有所不同。所有这些都要求教师必须根据教学对象和学习阶段的不同,区别对待,有针对性地采用不同的教学方法和练习形式,使之更加符合学生的实际情况。

4. 相互配合、共同提高

跆拳道比赛是两人同台竞技的对抗性项目,因而跆拳道练习中两人配合来共同提高技战术水平是跆拳道学习训练的重要形式之一。两人配合的练习形式多样,如相向空击、踢靶练习、一攻一防的攻防技术练习、喂靶或喂护具靶练习、条件实战、以及比赛实战等。这种配合练习主要是根据教学训练课的任务以及技战术动作的具体要求,有计划、有目的地合理安排。跆拳道的本质特征是"交手"与"对抗",比赛中的一切行动总是围绕攻与防这个永恒的、矛盾的主题而进行;双方总是在攻与防的反复交互中,体现出最高的技能技巧和心智水平。如何提高主体练习者技战术动作的运用能力和临场的应变能力就成为两人配合练习的重点所在。基于此,在练习时,一定要教育学生树立为对方服务的良好品质,要清楚地认识到在服务对方的同时,也是在提高自己的技战术水平,要一切从对方的实际水平出发,尽可能地满足练习对象的不同需求;无论是动作的速度、力度、方向、角度,还是技术动作变化的难易程度都要以对方的最佳适应性为度,这样才能达到最佳的练习效果。同时我们应清楚地认识到,配合练习不仅是提高、完善技战术动作的有效途径与手段,更是培养学生团队精神和甘愿奉献的崇高品质的最佳形式与方法。

5. 突出重点、举一反三

跆拳道动作简洁但要求甚高,对每一个技术动作都要精雕细刻,讲究技巧,比赛中多以心智取胜。虽然跆拳道腿法众多,但彼此之间都有着千丝万缕的联系,训练中若能抓住它们的共性和规律,无疑对教学训练有着事半功倍的作用。基于此,我们在教学中要从基本动作抓起,结合学生的实际情况如身体形态、运动素质、技战术能力与水平等,选择有针对性的技战术动作进行强化训练,使他们逐步形成自己的擅长的技术动作,进而以此来带动其他技术动作的全面发展。特别是在战术动作的训练中,无论采用何种腿法、拳法进攻反击,它们的战术原理是相通的,都需要良好的战术意识和快捷的应变能力;都需要提高与完善学生对时机、距离乃至空间的掌控能力;都需要缜密准确的预判对方能力和巧于心思的智慧计谋;更需要临难不恐的良好心理品质。可通过一些典型、实用、简单而具有共性与规律的技战术动作,进行练习或实战,随着教学训练的不断深入,学生的技战术能力与水平逐渐提高后,再不断丰富、完善攻防技术动作的内容与方法,直至学生全面掌握跆拳道的技战术动作内容与运用技能和技巧。

6. 跆拳道教学应注意的问题

跆拳道比赛和实战是双方相互进行攻击的对抗性项目,对抗练习者的中运动损伤会时常发生,因此尽量减少和杜绝伤害事故是跆拳道教学中的主要任务之一,教师要对学生进行安全教育,必须严格课堂纪律,遵守课堂常规,保持良好的教学秩序;无论进行何种练习,都要注意力高度集中,认真对待,严禁开玩笑(特别是在两人配合练习或实战对抗中)。练习时要使学生明确练习的目的、任务、方法和要求。切实落实安全措施,做好准备活动,确保练习时学生的安全。

第二节 跆拳道技能教学的阶段与步骤

教学过程是学生在教师的组织和指导下,通过教学活动掌握知识、技术和技能的过程。跆拳道教学分为品式教学和竞技跆拳道技能教学。因此,在教学过程中,必须以技术动作的规范性和从实战的角度出发,使学生在反复的练习中规范基本技术动作和品式技术动作,提高技术运用能力和实战技能。跆拳道教学无论是品式教学还是实战技能教学都可分为三个阶段。

一、跆拳道教学的阶段划分

跆拳道教学和一般教学过程具有共同点,表现形式都是教师有目的、有计划地指导学生积极地掌握一定的知识技能,并在这个基础上发展学生的认知能力,提升学生思想道德品质的过程。

1. 泛化阶段的教学

泛化阶段是初步建立动作的运动表象的过程。其主要任务是通过教师的讲解、示范等,让学生对所要学习新的技术动作有初步的概括性了解,获取感性认识,并粗略地掌握动作。在此阶段内,学生的大脑皮层的神经联系处于泛化阶段,学生完整的动力定型尚未形成,表现出动作紧张不协调、完成某一个动作时极易出现多余动作等。

基于此,我们在教学过程中不宜过多地强调技术动作的细节,而应以技术动作的主要环节为教学重点和突破口,紧紧抓住学生在掌握技术动作过程中的主要问题,通过教师简练的讲解、正确的示范,来加深学生对正确技术动作的理解,从而促进学生尽快地形成动作的正确概念。教师要注意从不同的方向、角度、部位来进行示范,使学生能够清楚地观察到技术动作运行的路线与过程、方向与角度的变化、发力的部位与顺序以及击打的部位与落点等,以期达到初步掌握动作的目的。

2. 分化阶段的教学

在此阶段内,教学的主要任务是使学生巩固正确的技术动作,提高技术动作的协调性和动作质量,逐渐形成动力定型。在教师的指导下,通过在一定条件限制下的两人配合练习,不断提高对技术动作的运用能力,其中包括对时机、距离、空间的判断能力等,进一步培养进攻、防守和反击的实战意识,以及提高临场应变能力。

在练习过程中,学生对运动技能的内在规律有初步的了解,逐步消除了部分动作的不协调和多余的动作。此时大脑皮层的条件联系由泛化进入分化阶段,大部分错误和不合理的技术动作得以纠正,基本上能较顺利地、连贯地完成技术动作,初步建立了正确的动力定型,但定型不稳定,此时如果遇到新的刺激或干扰,错误的、不合理的动作可能还会出现。因此,教师在教学中一定要抓住学生存在的主要问题,反复强调并进行反复练习。对错误动作的纠正要及时,可采用对比和综合分析的方法,帮助学生体会动作的细节,促进分化抑制的进一步发展,使动作日趋规范准确。此时要结合对技术动作各个要素的分析,强化、提高学生对技术动作的理性认识。

3. 巩固和自动化阶段的教学

此阶段是通过进一步的反复练习,把已经建立的条件反射不断巩固与强化,从而建立正确良好的动力定型,使大脑皮层的兴奋和抑制在时间和空间上更加集中和精确。此时的技术动作不仅精准、熟练,更有较好的协调性、连贯性,而且随着运动技能的进一步巩固和发展,在暂时联系达到非常稳固的程度后,技术动作可出现自动化现象。这对于跆拳道技能的提高是非常重要的。在瞬息变化的跆拳道比赛中,技术动作自动化可使第二信号系统的活动摆脱第一信号系统的束缚,使之更加专注于战略、战术的变化,及时捕捉时机。

这一阶段主要是通过各种形式的条件实战和实战对抗,进一步提高技术动作的稳定性和完善自动化程度,提高技术动作运用的实效性,以培养学生在各种情势下运用技术动作的应变能力。在教学过程中教师可根据教学意图和目的的不同,有针对性地选择不同水平层次的练习对手进行一对一的实战练习,使学生在变化万千的对抗中,尽快熟练技术并不断提高动作质量。但请注意:动力定型达到一定程度后,一定要进一步进行强化练习,使动力定型更完善、更稳固,否则动力定型了的技术动作就会消退。此时,教师要不断地对学生提出更高层次的要求,如变换对手(不同身高体重或水平能力的对手)、变换练习条件(增加练习难度或提高动作指标)等,使学生不断加深对技术动作的理性认识,促进动作更加精益求精。

在跆拳道教学中,运动技能形成过程的几个阶段并不是截然分开的,而是逐步过渡、循序渐进的一个过程,而整个过程的长短受诸多因素的影响,与教学方法、训练水平、身体条件,以及学生的接受能力、学习的积极性、目的性有着密切关系。因此,教师在教学过程中,在运动技能形成的不同阶段,要善于选择并采取有针对性的教学方法和练习手段,使运动技能早日形成并日趋完善与巩固。

二、跆拳道教学的基本步骤

1. 初步了解学会动作

学生学习跆拳道时首先要在了解技术动作的基础上初步学会技术动作,对技术动作要素如技术的运行路线、发力顺序、击打力点以及速度、力量、距离有一个概括性的感性认识。此时学生对技术动作的条件反射刚刚建立,稳定性差,易受外界干扰而变形。因此,教师在教学中不应过分强调学生练习时的技术动作细节,但一定要抓住动作的关键技术,应多采用示范讲解和分解教学的方法,帮助学生对技术动作的规范性与准确性有一定的了解和初步体会。

2. 掌握方法与技巧

学生在初步了解和掌握技术动作之后,这时教师要强调和引导学生认真体会技术动作的要领及用力技巧,同时尽量消除动作练习中的多余动作,帮助学生不断改进动作细节,并尽量减少和消除动作启动的先兆,使技术动作练习完成得更加规范、协调、完整、连贯,并通过反复的强化练习,增强学生的格斗攻防意识,使技术动作的条件反射更加稳固。

3. 组合动作

在初步建立技术动作规范正确的动力定型之后,为了进一步强化和巩固技战术动作,提高学生技战术动作的运用能力,就必须有针对性地进行配对的组合练习。所谓组合练习就是将不同的技战术动作,根据不同的需要,有针对性地有机结合成各种类型的技战术串联组合,以多种练习形式为手段的训练方法。组合练习要根据不同的教学阶段、教学目的和教学任务,提出不同的要求,从单个技术动作到两个技术动作组合、到多个技术动作组合;从单一战术到复合战术,以及各动作要素之间的相互关系,都必须仔细考量,缜密斟酌,在学生的现实技术能力和竞技水平上保持一定的限度,循序渐进,逐步深入。只有所有的训练要求与条件符合学生的实际情况,才能使练习达到最佳的教学效果。

4. 条件实战

随着训练的不断深入,学生在经过一段时间的练习、对技术动作有了更为深刻的理解和掌握之后,可在一定条件限制下进行实战练习。进行条件实战时一定要根据学生的实际情况和练习目的,选择相应的条件实战练习内容。在不同的条件下,加深学生对不同技术、战术、时机、距离等一切与比赛实战有关因素的纵深理解,提高技战术的临场运用能力,同时培养学生的空间感、距离感和对时机的把握能力,特别是跆拳道比赛实战中的预判能力、反应能力、应变能力,更是条件实战训练中的重中之重。卓有成效的条件实战训练是保证成功过渡到实战训练的基础和前提。

5. 实战

所有的技战术练习都是为比赛服务的,其训练的实际效果如何,最终总是要接受实战的检验。因此,实战是跆拳道所有练习的最后一步,同时也是技术动作学习的最高阶段。只有通过实战才能检验学生的技战术能力与水平是否能满足比赛的需求。同样,从实战训练的反馈中,我们可以获得这样的信息:技术动作质量和教学效果是否达到预期的目的,从另一侧面也反映出我们的教学方法与手段是否符合学生的实际情况。

教师要善于从实战中发现学生的技战术动作,特别是练习者运用能力存在的不足,依据实战的反馈信息,有针对性地帮助学生分析、总结,找出学生存在的问题和解决问题的方法,不断提高学生的实战能力。

第三节 跆拳道教学的方法与手段

一、跆拳道技能教学的方法

跆拳道技能教学方法是实现跆拳道技能教学目标、开展技能教学活动的主要途径和手段,教学方法的有效性关系着教学目标实现的程度,而教学方法的科学性又对技能教学的质量具有决定作用。因此教学方法的选择特别重要。下面主要阐述初步掌握技术动作阶段与形成正确技术动力定型阶段跆拳道技能教学的主要方法。

(一)初步掌握技术动作阶段的教学方法

1. 示范教学法

示范教学法就是指教师在跆拳道技能教学中以自身的技术动作作为跆拳道运动技术动作教学的范例,来对学生的训练进行指导的方法。这种方法可以使学生对所学动作的结构、形象、技术动作要领和完成方法有所了解,从而有助于学生建立正确的动作表象。在跆拳道运动技术教学过程中,教师通过运用正确、优美、轻快的动作向学生进行展示,可以进一步调动学生学习的兴趣。在采用技术动作示范方法时,应注重示范的目的性。为了使得学生了解跆拳道技术动作的基本形象,示范技术可稍快;如果是为了使学生了解相应的技术动作结构,并引导学生进行学习,则技术动作应稍慢,可略夸张;如果是示范相应的重点和难点动作,可多示范几次。教师示范的跆拳道技术动作一定要注重正确性,避免对学生造成误导。另外,在实际的教学过程中,将示范法与讲解法相结合,可以使学生对跆拳道运动技术动作的结构和特点有清晰的认识和理解,从而建立完整的动作概念。

教师在示范时,要注意自己示范的位置与方向,目的是保证每个学生都能清楚地看到自己示范的动作。跆拳道技能教学中,教师通常运用四种示范面来进行示范,即斜面、侧面、镜面和背面。教师示范时的位置也很重要,主要是要以学生的队形为依据进行调整,具体分以下几种情况。

第一,如果学生是横向站队,而且只有一列或两列时,教师站在学生队列的前面。

第二,如果学生是纵向站队,而且分为两路,教师就站在两路纵队的中间。

第三,如果学生按照马鞍形或半圆弧形站成一列或两列横队,教师应站在队形的中间。

第四,如果课堂中参与教学的学生比较多,学生就横向站立,分为三列或四列,教师示范时要求前两排学生屈膝蹲下(也可以坐下),前排与后排的学生要左右错开蹲,这时教师在队形的前面进行示范,保证学生能够清楚地看到。

2. 语言教学法

语言教学法在跆拳道运动教学中常用的讲解法有自陈法、侧重法、概要法、提问法、分段法、联系法和对比法。在跆拳道技能教学中,教师通过运用讲解法,用生动、形象、精练的语言来对跆拳道运动技能进行讲解,使学生对跆拳道技能有一个初步的了解,并在实践的过程中逐步形成跆拳道技能的概念。

在运用讲解法时,要求教师讲解要突出重点、层次清晰,尽可能地做到通俗易懂。在跆拳道技能教学中,教师对学生可采用教学口诀来使语言更加精练。教师讲解要清晰、准确,这可以帮助学生对跆拳道运动技术动作和动作过程留下深刻的印象,并通过结合运动表象,来缩短学习技术动作形成的时间。跆拳道技能教学中,教师讲解的主要内容有以下几点。

(1)跆拳道技术动作名称与类别。教师要准确讲解跆拳道基本技术动作,使学生初步了解与认识跆拳道动作的概念和类别。例如,讲解后旋踢动作时使学生认识到这是防守反攻动作,讲解横踢动作时使学生明白这是进攻动作。

(2)站位姿势。教师要通过生动的讲解来对站位姿势进行准确把握,也就是让学生掌握怎样以对手的站位姿势变化为依据来调整自己的站位,并明白某一动作在对方处在什么站位时可以使用,可以取得良好的效果。

(3)基本要求。基本要求是做跆拳道技术动作时需要达到的动作规范程度。例如:教师在讲解横踢时,向学生指明要绷直脚面,髋部转动并起到带动大腿的作用,小腿要弹出;讲解拳击时,要使学生知道要用拳的正面进行击打;等等。

(4)动作关键。教师在讲解某一技术动作时,要重点讲解关键的部分,学生对关键技术动作有所掌握后,就会很快学会这一技术动作,并达到一定的标准与规格。

(5)常见错误与纠正。当学生要练习跆拳道时,教师要事先将这一动作易犯的错误向学生讲明,使学生了解之后能够在具体的练习过程中有效避免这一错误的发生。教师也可以在学生练习的过程中指明其错误,使学生能够自己纠正。

3. 学生试做

教师讲解与示范完跆拳道的技术动作之后,学生要根据教师所讲的与所做的技术动作进行尝试性的练习,对技术动作进行体会。学生在试做时,为了顺利获得跆拳道技术动作的运动感觉,就需要有机联合自身的听觉、视觉与本体感觉。

通过对学生的试做进行观察,教师能够对学生理解跆拳道技术动作的程度进行检验,从中将学生的一些不足与缺陷指出来。教师要对技术动作的关键环节进行着重检查,对学生没有掌握的内容进行重复讲解与示范,以强化学生对跆拳道技术动作概念的形成。一般情况下,教师在讲解与示范跆拳道技术动作时,遵循以下顺序:基本站立姿势—步法腿法—身法—击打部位—结束姿势—连接动作。下面以横踢技术动作为例进行讲解。

第一,以右架准备姿势站立,左腿支撑身体重心。

第二,右大腿向前上方抬起,向左转动髋部,保持膝盖向前方,要绷直脚面。

第三,右大腿继续向前上方抬起,向左后方向倾斜身体,小腿在身体倾斜的同时弹出,髋骨保持向左。

第四,运用脚面部位对对方的胸部与腹部进行击打。

第五,完成击打动作后,自然地把右脚放下成左架,右脚向后撤,还原右架准备姿势。

(二)形成正确技术动力定型阶段的教学方法

1. 完整教学法

完整教学法指从技术动作开始到结束,完整地进行教学和练习的方法。一般来说,其技术动作的难度不是很高,或技术动作不可进行分解时,会采用完整教学法进行教学。另外,在首次进行技术动作示范时,也会采用完整教学法来进行技术动作形象的示范。跆拳道中像劈腿这种比较简单的技术动作就可以通过完整教学法来进行教学。

完整教学法优点在于动作协调优美、结构简单、方向路线变化较小,各部分之间具有密切的联系。其缺点在于对复杂的技术动作而言,采用这种教学方法会为教学带来一定的困难。例如,在横踢动作的教学过程中,如果采用完整教学法进行教学,刚开始接触跆拳道运动的人通常在掌握其中的一些技术动作时会感到困难,如提膝、转髋、发力弹腿等。

为了便于学生进行学习,促进跆拳道技能教学活动更好地开展,应注重以下几方面的问题。

第一,在讲授简单和易于掌握的跆拳道动作技术时,教师可以先进行完整的技术动作示范,示范之后,学生直接完成完整的技术动作练习。

第二,有些技术动作无法分解,这时要采用完整教学法。需要注意的是,在采用这种方法时,要对其中的各项要素进行必要的分析,如技术动作的用力、动作转变的时机等。但是,不能拘泥于技术动作的细节,要从整体上进行把握,确保动作的完整和流畅性。

第三,对于难度较大的技术动作,可适当地降低其难度,可先降低难度或徒手完成相应的动作,在此基础上再逐渐增加难度。需要注意的是,降低难度时,不能使技术动作出现错误。

第四,采用完整教学法进行跆拳道技能教学时,可适当改变外部的环境条件,在外力条件的帮助下完成相应的完整动作。

第五,如果要运用完整教学法对复杂而有难度的技术动作进行教学时,教师要注意将这一动作的重点与关键环节凸显出来。教师要先对这一难度技术动作的基础知识进行重点讲解,然后再对技术动作的细节进行逐一讲解。教师也可以先对学生完成技术动作时的方向或击打部位提出要求,然后再对技术动作速度和规格提出要求。教学中为了使学生的动作准确无误,可采用诱导性的教学方法,使学生达到相应的教学要求。

2. 分解教学法

分解教学法即为将完整的动作划分为几个部分,逐步使学生掌握完整的技术动作。这种方法适用于难度相对较高,并且技术动作可分解的运动项目。采用这种教学方法时,能够将复杂的动作分解为简单的动作,从而使技术难度降低,更加有利于学生的学习和掌握。例如,转体、提腿、后蹬、结束姿势是后踢动作的四个主要环节,分别对这四个环节进行教学有利于学生的快速学习与掌握。

在运用分解教学法进行教学时,应注意以下几方面的问题。

第一,应仔细分析技术动作的特点,采用合理的方式对其进行分解,注重时间、空间等方面的有序性和统一性。

第二,将完整的技术动作分为多个环节时,应注重各个环节之间的联系,注重技术动作结构之间的联系性。

第三,在熟练掌握各阶段的技术动作之后,要注重各个环节之间的动作衔接,要保证其过渡的流畅性,形成有机的整体。

3. 重复教学法

在跆拳道技能教学中,教师要有意识地对教学条件进行简化,以提高学生形成正确技术动作动力定型的速度。在配合条件下,学生可以在教师的指导下连续重复地对某一跆拳道技术动作进行不断练习。例如,学生在对前横踢动作进行练习时,首先明白弹腿击打是前横踢的关键要领,因此重点先对这一动作进行集中练习,而提腿、上步、前移重心等动作的练习可以不必要求过高。当学生对关键动作进行反复练习后对其有了基本掌握时,再重点练习其他技术动作,而且同样要提出规范性的要求,最终将这些动作结合起来进行完整练习。

在运用重复教学法进行教学时,学生一次性顺利完成动作练习的难度较大,这一过程并不是顺利的,学生在练习中总会表现出这样或那样的不足与缺陷,因此教师要及时发现学生的错误,并引导学生对错误动作进行改正。教师也要注意在事先将可能出现的错误告知学生,使学生能够有意识地避免错误动作的产生,这将有利于学生正确技术动力定型的尽快形成。

4. 探究教学法

探究教学法是指教师在跆拳道技能教学过程中,引导学生发现问题、分析问题,最终解决问题,使学生在积极探索、研究的过程中获得跆拳道知识和掌握跆拳道技能的教学方法。

探究教学法符合现代教学教育理论对学生的要求,也是新体育课程强调学生主体性理念的重要表现,因此在跆拳道技能的教学实践中日益受到重视。跆拳道技能教学中运用探究教学法应注意以下几点。

第一,有明确的目的性。教师在跆拳道技能教学时应预先提出要探究的课题或将要完成的教学任务,以便于更好地达成跆拳道技能教学的目标。没有目的、不符合教学实际的探究活动,不仅会浪费课堂时间,还会妨碍跆拳道教学目标的实现。

第二,符合学生的知识储备。教师的教学必须以学生的跆拳道知识储备为前提,教学内容太简单很难调动学生的学习兴趣;教学内容太难会导致学生对学习失去信心。因此在教学前必须了解学生对跆拳道基础知识的掌握,引导学生进行力所能及的探究。

第三,教学不能为了探究而探究。跆拳道的教学与训练都要求学生具备一定的发现问题、分析问题和解决问题的能力。因此,教师必须转变学生学习跆拳道运动的方式,但应注意不要在教学中刻意安排跆拳道的探究教学。

第四,在教学过程中,针对学生通过努力仍然有一定解决难度的探究性问题,教师应加强对学生的引导、启发与鼓励,但不能代替学生进行跆拳道技能的探究活动。

二、练习形式

在初步掌握技术动作之后,学生技术动作的运用尚未具备和达到娴熟与稳固的程度,需要在教师的监控和指导下进行反复的强化练习,才能逐步形成正确的动力定型直至达到完成技术动作的自动化。在跆拳道教学过程中经常采用的练习形式有单人练习、双人练习、分组练习和集体练习。

1. 单人练习

单人练习顾名思义就是学生独立进行练习的方法。练习时学生可以自己体会技术动作的要领、路线、方向、角度以及发力顺序等动作要素;也可以有目的地根据自己的实际情况进行动作速度、击打力量和击打准确性的练习。此时,教师一定要注意观察学生的技术动作,及时发现动作错误,并及时进行纠正和个别辅导。单人练习的优点在于:能够培养和发挥学生的个人思维能力和想象能力,调动个人的主观能动性;而且可以自我调节运动节奏与运动负荷的强度、密度;特别有利于技战术及训练的个性化的发展。

2. 双人练习

在跆拳道教学训练中,双人练习既是最重要的练习形式之一,也是跆拳道教学中经常采用的练习方法。双人练习要在教师的指导下,结合教学课的目的与任务,有针对性地安排练习。它要求练习双方一定要积极有效地配合,取长补短,互帮互助,共同提高技战术水平。双人练习的优点在于:其形式更加符合跆拳道比赛和实战的特点,有利于学生运动技能的快速形成,特别是在培养学生对时间、距离、空间、时机等一切与比赛实战相关因素的判断能力方面,有着其他形式无可替代的地位与作用;同时也有利于学生间的相互帮助、相互学习,培养学生的团队精神和集体荣誉感;更有利于形成独特的个人技战术风格与特点。

3. 分组练习

分组练习就是根据实际情况将学生分成若干个小组进行练习。练习时可以挑选学生中技术较好的技术骨干轮换进行指挥。同时应鼓励学生对技术动作进行分析研究,发表自己对动作技术的看法与体会,充分发挥学生的主观能动性;各组之间也应互相学习与交流,在条件许可的情况下,组与组之间可以以比赛的形式来激发学生的学练兴趣与激情。在进行分组练习时,教师应加强对全局的掌控,抓住共性,分别指导,对学生的练习要进行全程监控与指导,保证学生能按质按量地完成教学任务。分组练习的优点在于:能充分发挥学生中技术骨干的示范带头作用,对技术较差的学生进行帮助和指导,充分培养小组长的组织与指挥能力,有利于培养学生的集体主义精神和互相帮助的良好学风。

4. 集体练习

集体练习是在教师(或技术骨干)领做或用口令指挥法集体统一进行练习。领做的实质是一种示范形式,要注意选择合理的示范面和示范位置。同时口令指挥的声音要洪亮、干脆而利索、节奏感强,必要时可以穿插简单扼要的讲解或提示。对于错误动作一定要及时纠正。集体练习的优点在于:方便教师整体观察和了解全貌,抓重点、抓规律、抓共性,有利于建立正确的动力定型。同时也有利于教师灵活掌控练习的次数、频率及总的运动负荷;对培养学生的集体主义精神也有积极的作用。

三、练习手段

(一)空击练习

空击练习就是不借助于任何辅助条件而徒手进行的练习,是为了熟练掌握技术动作的重要训练手段之一。它能有效地使技术动作形成动力定型,加强条件反射意识,提高动作的速度。

在进行空击练习时一定要根据练习目的要求的不同而有所侧重。练习基本技术动作时,应强调动作的规范性,认真体会动作的发力技巧、动作的运动轨迹与角度、击打力点等技术要领及动作的细枝末节。而进行组合技术或战术练习时则要强调用意识来支配技术动作,合理编排动作组合,强化攻防的目的性。进行空击练习时要注意循序渐进,遵循单个技术动作—组合技术动作—随机组合技战术动作、原地的空击—结合步法的行进间空击—自由移动空击这样一个由易到难、由简而繁的训练规律与过程。

另外,进行空击练习时,为避免运动损伤,要注意做好各关节的热身活动,注意控制击打力量。练习中,教师应在一旁仔细观察,一旦学生出现错误动作,要及时进行纠正。也可以进行镜面练习,以便学生自己随时监控、检查技术动作的规范性。

(二)反应练习

反应练习就是学生根据教师或同学所给的信号做出运动反应的练习方法。常以单个技术为主,可以击中目标,也可以保持一定的距离进行相向空击练习。一般常用的信号有口令、手势、脚靶和护具靶等。由于信号具有突然性和不规律性,可有效地提高学生单个技术动作的速度、反应速度,提高对各种信号的判断能力和击打的准确性。同时还可以有效地培养学生对距离和空间的把握能力。

进行反应练习时,要求教师或学生一定要根据学生的实际能力水平,灵活掌握所给信号的速度和变化频率,既要保证所给信号的突然性和真实性,又要保证不使学生有所察觉。因此,信号要清晰明显,给靶要准确,以免模糊不清而造成判断失误。信号(靶形与靶位)—反应(击打动作)的模式可以预先拟定好,要求学生严格执行,所有的练习要反应及时,动作准确,绝不放过任何击打的时机。快速是反应练习的首要要求,因此应尽量在体力充沛的情况下进行反应练习(训练课的靠前部分);为保证动作的质量,动作信号不宜太过复杂。

(三)攻防练习

攻防练习是两人一组,依据攻防运动的规律和训练课的具体任务,有针对性地进行练习的手段。初练时可以进行指定单个技术动作的一攻一防的练习;然后再逐步过渡到指定组合技术动作的攻防练习;随机性的攻防练习,是两人攻防练习的最后一站,无论是单个技术动作还是组合技术动作的攻与防练习,都是一方无规律、无预兆地运用技术动作而另一方视情况做出相应防守技术动作的练习,目的在于提高双方攻防互换的突然性和应变能力,最终做到随意组合,灵活运用。

攻防练习能有效地提高练习者进攻技术动作和防守技术动作的规范性,较快地建立和培养学生正确的本体感觉和攻防意识。由于攻防练习是有条件限制(一攻一防而不可反击)的练习手段,因此在教学的初级阶段有利于消除学生的害怕心理而较多采用。需要强调的是,尽管是攻防练习,也应要求学生在防守之后必须要有反击意识,并在练习过程中有意识地思考反击的形式与动作,这样才有利于防守—反击条件反射的建立。

(四)踢靶练习

1. 脚靶练习

在不同的训练阶段,脚靶练习有不同的要求和目的。在教学训练的初、中期,踢脚靶练习主要是为提高学生动作的反应速度、动作速度和熟练程度以及规范技术动作质量的一种练习手段。在学生技术动作形成稳固的动力定型后,踢脚靶练习就是为了达到某种技战术意图而由教师或学生借助脚靶来帮助学生提高技战术质量与运用能力的练习手段。

2. 护具靶练习

护具靶与脚靶练习的不同之处在于护具靶更能接近实战时的攻防距离,更能培养、提高学生的脚感和脚与靶的吻合度。因此,学生在经过一段时间的脚靶练习后,应尽快过渡到护具靶练习或脚靶、护具靶交替练习,进一步提高学生对距离、空间、时机的感觉,加快过渡到实战训练的步伐,满足实战训练的要求。

脚靶、护具靶练习,其练习形式有固定的、移动的、事先约定好的、随机而发的;其内容有进攻的、反击的、防反的、反反击的;还有专门为调动对手而出示的假动作靶以及专为击打落空而改变技术动作的反应靶;等等。无论是脚靶还是护具靶练习,练习中给靶的距离、方向、角度、位置以及节奏的设置与变化,都必须保证与比赛实战相近似,以提高学生动态击打能力和临场应变能力。它要求给靶快速、逼真、及时、到位,学生踢靶练习要快捷准确、转换迅速、衔接流畅;强化战术意识和运用能力,提高对击打时机与距离的掌控能力,发展跆拳道的专项比赛实战素质。

(五)变换练习

变换练习法是指一种对运动负荷、练习内容、练习形式及其条件实施变换,以提高学生积极性、适应性及应变能力的训练方法。变换练习法是根据跆拳道实际比赛过程的复杂性、对抗性程度的激烈性、运动技术的变异性、运动能力的多样性、中枢神经系统的灵活性等一般特性而提出的。通过变换练习,可使机体产生与跆拳道专项匹配的适应性变化,可使学生的不同运动素质、专项技术和专项战术得到系统的训练和协调发展,从而提高跆拳道比赛时不同运动负荷的能力和实际运动的应变能力。

1. 加难练习

加难练习主要是指为了在高于比赛实战的条件下,提高技战术动作的质量、运用能力、攻防动作的成功率和培养学生良好的心理品质而使用的方法。其核心是在原来正常要求的基础上,提高动作完成的质量要求,增加练习的密度、强度和心理负荷。练习时可以安排能力较强的对手进行配对练习或实战,也可以用车轮战的形式,安排不同技战术风格特点的学生来进行条件实战或比赛实战的练习,以增加实战的局数、延长实战的时间,提高实战能力和耐久力。

加难练习能有效地提高学生的技战术水平,加大对神经系统的刺激强度,从而建立稳固的运动条件反射,提高学生的应对比赛实战能力,培养学生顽强的意志品质和敢打敢拼的训练作风。但应特别强调的是,加难练习时必须对学生的实际能力和水平进行全面的考量,科学合理地安排,循序渐进,切不可盲目从事。否则只会适得其反,甚至会发生不应有的教学事故或伤害。

2. 变易练习

变易练习与加难练习相反,变易练习是在原来正常要求的基础上降低了对动作完成的质量、练习密度与强度、心理负荷等方面难度的练习方法。

变易练习可以增加学生对学习训练的兴趣和信心,对那些已经初步掌握动作,但自信心不强,总是担心做不好的学生,在初级阶段为尽快建立条件反射和巩固动力定型而采用变易练习是很有必要的。例如,某学生刚刚学会后踢技术动作,但在实战中不能有效地堵击对手时,可安排前横踢差一些的对手进行配对练习等。

3. 想象练习

想象练习是学生在每次练习前,回忆教师讲解和示范的动作情景,使动作的主要环节在脑海中形成表象,从而使学生练习的动作更趋于规范的学习与方法。它对于提高学生的自我学习、自我训练、自我竞赛等综合能力十分重要。

在跆拳道训练中,想象练习就是要求学生在练习时有意识地去想象对手的技战术风格和打法特点;想象某一比赛的场景;对某一技战术进行思维、表象;等等。

无论是进行空击、踢靶、踢沙包练习还是步法练习都应时刻告诉自己,我的对手就在面前。

在想象练习时可通过对完成动作的思维、想象和体验活动来作用于心理、生理系统,加快神经系统的条件反射过程,促使完成动作的过程和概念迅速得到熟练与加强,这样无数的反复就可以达到自动化程度。

进行想象练习,要求学生对技术、战术的概念一定要清楚,动作到位,意识准确,时机和节奏的变化也要符合实战的特征。要引导学生在安静、放松的状态下进行练习,尽量排除外界环境和意识的干扰,以达到最佳的练习效果。同时,想象练习没有危险,能够消除学生的恐惧心理,减少运动损伤的发生。想象练习不受时间的限制,业余闲暇时间也可以进行想象练习,想象练习重复越多,其作用越大。

(六)模拟练习

模拟练习就是从实战的角度出发,模仿实战中的某些技战术运用特征和打法特点或某一实战场景的氛围,有针对性地进行练习的方法。模拟练习对培养学生战术意识、提高学生心理承受能力和临场应变能力等诸多方面有着很好的效果。

练习中对模拟对象的把握必须要形象、逼真,动作要准确、到位。练习时严格要求学生必须根据具体的情况迅速做出相应的反应,这种反应的选择要合理、正确,只有合理而正确的技战术动作才能取得预期的进攻、防守与反击的实际效果。因此,在练习中,对时机的把握、距离的控制、空间判断的能力以及动作的速度与击打力量等一切与比赛实战相关的方面,都要从难、从严、从实战出发来保证练习的质量,从而满足比赛实战的要求。

(七)踢击沙包练习

踢击沙包练习就是利用沙包作为击打目标的一种练习方法,是跆拳道教学中经常采用的练习方法和手段。踢击沙包练习可以提高击打力量、连续进攻的频率和专项耐力素质。

同时对近距离实战时运用组合技术动作攻击能力的培养与提高也具有显著的效果。

踢击沙包练习的目的与任务不同,其方法亦不相同。无论出于何种目的,都应结合实战的需求进行合理的统筹安排。其练习内容可以是针对某一特定任务而专门进行的练习;可以是带有一定条件限制而进行的练习;也可以是综合性的。根据需要,沙包可以是固定的也可以是活动的。踢击沙包的练习中要调整好击打距离,使练习的动作频率、节奏和强度等凸显出比赛实战的特点。

(八)条件实战

条件实战是指在有一定条件限制的情况下进行的有针对性的实战对抗练习。其表现形式有:一攻一防、进攻—防守反击、进攻—迎击、进攻—抢攻、进攻—反击—再进攻—反反击等练习。

条件实战主要是为了提高学生某一特定的技战术的运用能力而采用的一种练习方法,具有很强的针对性,是实战初期经常采用的练习方法。条件实战可以使学生在较低或没有心理压力的状态下进行实战练习,这样学生更能集中精力提高单个或组合技战术,尽快形成特定的链条式攻防条件反射。

条件实战的配对要根据训练的任务和要求,合理地进行配对组合,对配对双方的技战术能力与水平要做到心中有数,并制定严格的要求和规定,练习时应严格按照规定和要求进行,要告诉学生在练习中要相互理解,相互帮助,相互切磋,共同提高技战术水平。

(九)实战

实战是两人按照跆拳道的竞赛规则进行实战对抗的练习,是有效提高技战术水平和检验技战术运用能力的重要方法,同时也是总结、积累比赛实战经验和反馈训练方法与手段实效性的有效措施。

实战练习应以竞赛规则为准绳,也可以根据具体的情况增加新的要求。如由教师或学生担任裁判员,依照竞赛规则和裁判法按程序进行真实的裁决,使实战的激烈程度更接近真实的比赛,更能保障技战术运用的有效性。训练中要求学生对待实战就像对待比赛一样,要全力以赴,在力争打好每一场实战的同时,要排除胜负结果对心态的干扰,敢于大胆使用高、新、难的技术动作和尝试运用新的战术,在成功与失败的反复过程中不断总结经验教训。如果遇到的对手比自己强,可有意识地提高自己的优势技术;如果对手较弱,可锻炼自己的弱势技术,使自己的弱势技术得到加强与改善。

需要特别提出的是,由于实战是身体的直接对抗,对每个人都会产生一定的心理压力,也难免会发生受伤事故,尤其对低年级和技战术能力稍差的学生来说心理压力更大,因此实战练习的安排一定要适时、适度,绝不能过早、过频;配对组合必须合理,避免因技战术实力悬殊而造成学生心理障碍和伤害事故的发生。

第四节 跆拳道教学的原则

教学原则是教学规律的总结和概括,是从事教学活动必须遵循的准则。跆拳道技能教学既要遵循一般的教学原则,又要遵循跆拳道运动教学所特有的教学原则,即专项教学原则。

一、一般教学原则

(一)直观性原则

直观性原则是指利用学生的感官和已有的经验,通过视觉、听觉和肌肉本体感觉,获得对跆拳道运动技术与战术的生动表象和感觉,并使之与积极的思维相结合,从而掌握跆拳道运动的技术、战术和技能,发展思维能力。由于感觉是认识的基础,所以在跆拳道技能教学中正确运用直观性原则,对于提高教学效果有重要的意义。

跆拳道技能教学中经常使用的直观教学方式有动作示范、沙盘演示、录像、电影、技战术图片等。在跆拳道技能教学中贯彻直观性原则,需要做到以下几点。

第一,要有明确的目的和要求。教师要根据跆拳道教材的特点、教学的任务和学生的情况,有目的地使用直观教学方法。例如,对低年级学生进行技术教学时,宜多使用动作示范、技术图片等。可以把学生的技术动作录像重放,与正确技术动作进行比较,以此纠正学生的错误动作。对高年级学生进行战术教学时,宜用沙盘演示,或用形象生动的语言进行讲解。

第二,充分利用学生的视觉、听觉和肌肉本体感觉,通过示范、电影、录像、图片等,使学生明确技术战术表象,激发学生的学习积极性。

第三,直观教学有助于正确表象在学生头脑中的快速形成,如果想利用这种表象得到良好的教学效果,就必须紧密结合思维和实践。

因此,教师要善于运用直观性教学来积极启发学生的思维,遵循直观性原则还要注意与跆拳道技能的练习活动相结合。

(二)对抗性原则

跆拳道运动的对抗性和开放性的特点决定了跆拳道技能教学中必须把实战对抗能力放在十分重要的地位。在跆拳道运动中,进攻与防守的对抗贯穿始终,攻守对抗和攻守转化构成了跆拳道技能的核心。在教学中贯彻对抗性原则是很重要的,没有攻守对抗就没有激烈的竞争场面,攻守对抗的发展是推动跆拳道运动向快速、激烈的方向发展的主要动力。没有攻守的直接对抗和相互制约,也就没有跆拳道运动。要遵循对抗性原则,有以下几个方面需要注意。

第一,深入研究攻守对抗和转化的规律,这对跆拳道技能教学有着重要的指导意义。攻防本身就是相互制约、相互促进的,没有进攻也就无所谓防守,没有防守也就无所谓进攻,两者是辩证统一的整体。

第二,在对跆拳道技能的教学进度与计划进行编制时,有关跆拳道进攻的教学内容和跆拳道防守的教学内容之间的关系要进行恰当的处理;在对跆拳道教学方法进行设计时,在学生对单项技术有了基本的掌握后,尽量采取综合化的练习方法,以进攻来对防守进行制约,不断提高防守技术,或以防守技术来对进攻技术进行制约,不断提高进攻技术。

第三,真正实用的技术是在攻守对抗中掌握的技术。有意识地提高攻守对抗强度,是提高跆拳道技能教学质量的重要方法。

(三)渐进性原则

渐进性原则是指跆拳道技能教学的进行要以学科的逻辑系统和学生的认知规律为基本

依据,从单一到综合,从低级向高级逐步发展,使学生能够对跆拳道运动的基本知识、基本技战术和基本技循序渐进地掌握,形成严密的逻辑思维体系。跆拳道知识技能的学习是一个渐进的过程,技术技能的掌握要由浅入深地进行。跆拳道技能教学中贯彻循序渐进原则,需要注意以下两个方面。

第一,安排教学内容要有系统性。要根据教学大纲、教材内容的系统进行教学,科学合理地安排运动负荷,在进行跆拳道的知识技能教学时,一定要由浅入深地进行,以取得更好的教学效果。

第二,要根据跆拳道技术动作的技能形成的规律安排教学内容和教学方法,注意技能动作形成的生理机制和心理机制。从认知定向阶段、巩固提高阶段到熟练程度阶段,都要按照技能形成的阶段性特点及规律来组织跆拳道技能教学活动。从不同技术动作的视觉表象和相应的动觉表象相结合到主要依靠动觉表象控制和调整动作的过程,是技能形成的不断深化和完善的过程。因此,要注意跆拳道技能教学的环节和层次,注意学生的认知特点,并通过示范、讲解和练习,使学生体会和掌握技术动作要领,形成正确的技能。还要注意促进技术动作的迁移,防止技能的干扰,使跆拳道技能得到进一步巩固与提高。

(四)自觉性原则

在跆拳道技能的教学过程中,提高教学质量的根本条件既不是单纯地发挥教师的主导作用,也不是单纯地调动学生学习的自觉积极性,而是将二者充分结合。自觉积极性原则的贯彻需要做到以下几点。

1. 教师充分发挥主导作用

教师充分发挥主导作用的基础条件是深入了解和熟悉学生。这就要求教师必须对学生的特点与概况、需要与特长有一定的了解和熟悉。在跆拳道技能的教学过程中,师生关系的主导者是教师,教师要积极主动地熟悉和关心学生,只有这样才能充分调动学生学习跆拳道技能的积极性。

教师只有发挥自身的主导作用,才能有效提高学生的积极参与性。在跆拳道技能教学过程中,教师的主导作用主要表现在以下两方面。

第一,教师运用指导法、讲解法、组织教学法等引导学生的注意力集中到跆拳道技能教学内容上。

第二,教师积极主动地为学生提供一个良好的外部条件,使外因顺利地向内因转化,从而将学生的自觉积极性充分调动起来。

2. 培养学生自学、自练、自评的能力以及学习的内在动力

学生自学、自练、自评的能力是其参与跆拳道学习与训练、养成跆拳道终身参与意识的重要基础。教师应为学生自学、自练、自评能力的培养与发展创设一个良好的外部环境,让学生能够主动投入学习和锻炼。

学生积极参与跆拳道学习与锻炼的内在驱动力就是跆拳道学习的内在动力。教师应采取有效措施来促进教学的艺术性和启发性的不断提高,从而促进学生学习动机和兴趣的培养。学生积极提高自身的学习动机有利于发挥自身的主体作用。

3. 建立和谐的师生关系

跆拳道技能的教学过程中,教师在传授知识的同时还要对学生严格要求,并对学生做到热情的关心与充分的信任,这样才能促进师生关系的和谐。和谐的师生关系有利于提高学生参与跆拳道学习的自觉性。

(五)因材施教原则

跆拳道技能的教学过程中,教师"教"的对象是全体学生,教师对全体学生提出统一的教学要求。但是教师也要注意每个学生的身体素质与能力水平的差异性,因此要重视针对个别学生的"教",也就是要贯彻因材施教的原则,具体要对以下几个方面加以注意。

1. 坚持从客观实际出发

教师因材施教的前提条件是对学生的身体素质与个体差异进行全面了解。教师全面了解学生的主要途径是调查研究,调查的主要内容是学生对跆拳道运动的兴趣与爱好、身体素质等基本情况。只有了解学生的这些情况,认识到学生之间的差异,才能更好地贯彻因材施教原则。

学校的客观条件是跆拳道技能教学中贯彻因材施教原则需要考虑的因素。其中,对跆拳道技能教学产生影响的因素有地区、场地、器材设备条件等。在制定跆拳道技能教学的目标时,教师需要综合考虑教材、学生特点、组织教法以及上述各方面的客观条件,从而更好地贯彻因材施教原则。

2. 从整体上把握

在跆拳道技能教学中,教师努力的目标是使全体学生的跆拳道运动技能得到提高与发展。制订跆拳道技能教学计划、教学目标和要求应符合大多数学生的实际能力。同时,教师还要兼顾身体素质跆拳道运动技能较高和较差的两类学生。努力为第一类学生创造更好的条件,鼓励他们积极参加课余跆拳道技能训练,提高他们的专项成绩。与此同时,要热情、耐心地帮助素质差的学生,使他们在原有的基础上逐步提高跆拳道运动技战术水平,完成跆拳道技能教学的要求。

(六)巩固提高原则

在跆拳道技能教学中加强师生交流,可以使学生经常复习所学的跆拳道运动的相关知识、技术和技能,并且不断地提高健康水平、跆拳道运动技术能力和思想品质。通过交流,也可以及时反馈学生的学习效果,让教师有效地调节、控制教学过程,提高跆拳道技能教学效果。根据遗忘规律和运动条件反射建立与消退的理论可知,学生学到的知识与技能在一段时间内如不经常复习就会遗忘或消退。另外,根据"用进废退"原理,学生对所学习的跆拳道运动技能进行反复练习时,有助于发展运动能力、身体素质和生理机能,起到强身健体的作用。因此,要注意巩固提高所学到的跆拳道运动知识和运动技能。遵循巩固提高原则需要做到以下几点。

第一,利用讲解、示范、练习、提问、评价等方式,保证师生间及时传递信息。根据信息有效性的原则,信息传递越及时,损耗就越小;信息的准确度越高,所产生的教学效果就越好。也可以通过提问、考查、竞赛等方式,巩固提高跆拳道运动知识、技术和技能。

第二,增加运动密度和动作重复的次数,反复强化,不断巩固运动条件反射,提高技术水平、身体素质和体育能力。

第三,教师要给学生布置适量的课外跆拳道运动作业或家庭跆拳道运动作业,将课内课外结合起来,达到巩固提高的目的。

第四,不断提出新的学习目标,培养学生对跆拳道运动的兴趣和进取精神。

(七)身体全面发展原则

在跆拳道技能的教学过程中,促进学生全面协调发展的基础是选择和安排全面多样的教材内容,指导学生进行全面的身体锻炼。只有这样,学生身体的各个部位才可以得到全方位的发展。身体全面发展原则的贯彻要做到以下几点。

第一,对跆拳道技能教学大纲提出的教学目标和教学要求加以综合贯彻。在跆拳道技能教学过程中,学生要自觉遵循跆拳道教学大纲所提出的要求与目标。为了更好地制订跆拳道技能的教学计划,保证学生的身体素质能够得到全面发展,教师要注意合理搭配跆拳道运动教材。

第二,在跆拳道技能的课堂教学过程中应始终贯彻身体全面发展的原则。一节跆拳道技能课的理想教学如下。

首先,在跆拳道技能课的准备部分,要加强学生全身各部位肌肉、关节、韧带的活动,让学生充分伸展各个肢体,为完成跆拳道运动课的目标奠定基础。

其次,在跆拳道技能课的基本部分,要加强学生上肢与下肢的练习,全面并协调地发展学生的身体。

最后,在跆拳道技能课的结束部分,指导学生通过一系列活动来放松,并给学生布置课外跆拳道作业。

(八)多样综合性原则

跆拳道运动具有比赛对抗性、技能综合性和战术多变性等,这就决定了跆拳道技能教学要遵循多样性与综合性原则。因此,在跆拳道技能教学和训练中,都应贯彻多样性和综合性的原则,同时,还应注意以下几点。

第一,要保证教学方法和组织形式的多样化,这样既可增添跆拳道技能教学的活力,又可以提高学生学习的兴趣,同时还能让学生更多地掌握锻炼方法,提高学生身体素质。

第二,单个技术动作、组合技术和综合技术练习的结合运用。跆拳道技能教学中切忌单打一,单个技术的练习主要是动作的规范化,而组合技术和综合技术的练习则是提高运用能力的基础。跆拳道运动的衔接技术及其组合,体现了跆拳道运动综合性的特点。因此,在跆拳道技能教学中,要在掌握单个技术动作的基础上突出综合技能的培养。

第三,在跆拳道技能教学中,技术、战术和意识培养要结合起来,身体锻炼和作风培养要结合起来。跆拳道运动是一个激烈对抗和竞争的项目,较量的不仅有体力还有智力,这就要求学生要全面地提高竞技水平和生理、心理等的适应能力,奠定全面发展的基础。

二、专项教学原则

依据跆拳道运动技能的开放性和对抗性理论,深入研究跆拳道运动的特点和跆拳道教学的实践经验,从认知策略的角度可以提出以下特有的教学原则。

1. 技术个体化和区别对待的原则

规格和规范是指动作的基本结构符合人体运动学特征,达到节省和实效的目的。因此,跆拳道技能教学普遍追求的目标是技术动作的规范性。但是,由于学习者在身体形态、身体素质、行为习惯、智力和跆拳道运动经历等方面存在区别,因此"技术的规范化"的个体表现也存在较大的差别。而教学的目的是使初学者通过练习,形成符合自身条件的动作完成方式,因此,跆拳道技能教学要在规范化的基础上遵循技术的个体化原则,允许学生之间存在技术动作上的细微差别。在跆拳道技能教学中也必须根据对象的不同来选择不同的教学方法,照顾好不同能力的对象的学习速度,贯彻区别对待原则。

2. 学习技术动作与实战对抗运用相结合的原则

跆拳道运动技术有对抗性和开放性的特点,决定了跆拳道技能教学过程必须把实战对抗能力放在重要地位。从认知策略上来说,技术动作的学习与实战运用相结合发展,符合开放性运动技能教学的规律。学生在学习跆拳道运动技能时首先建立起对抗和技术实效的概念,而不是把技术仅视为固定程序的身体操作。从某种意义上来说,在适应中学和从实战中学是跆拳道运动技能形成与发展的普遍规律,因此,跆拳道技能教学必须把技术动作的学习与实战运用能力的培养和发展结合起来。

3. 少而精与实效性原则

在跆拳道技能教学中,贯彻少而精与实效性原则就应该抓住跆拳道技能教学中的主要矛盾。组织教法尽量简单易行,不断提高教学的实效性。在教学中应做到以下几点。

首先,抓好跆拳道技能基本功和主要技术的教学,突出教学重点,在使学生掌握好跆拳道运动基本技术的基础上提高运用技术的能力。

其次,以练为主,精讲多练。教师的讲解要简明扼要,尽量让学生多进行实践练习。

最后,设置教学目标,讲求教学效果。教学中要有具体的教学目标,同时重视对教学效果的检查和评估,及时改进教学方法,提高教学质量。

第五节 跆拳道教学的组织与实施

一、跆拳道教学的组织形式

跆拳道教学的组织形式是根据教学的具体任务、内容和对象的特点决定的,一般包括理论和实践两大部分。理论教学一般采用理论课、自学辅导、电化教学(电影、幻灯、录像等)、课堂讨论、课外作业等形式;实践教学中一般采用技术课、教法作业、教学实习、教学比赛、课外作业等形式。

(一)教学课的三个环节

1. 课前的准备工作

第一,上好一节课首先要熟悉教材,明确所授教材在整个跆拳道教学中的地位和要求。

要明确教材的主次关系、重点和难点、组织结构、教法步骤及本节课的任务和要求等。

第二,了解情况。充分了解学生情况是备好课的前提,只有充分掌握学生情况,才能提高教学质量,圆满地完成授课的任务。在所教授的班级中,一般先了解学生的人数、年龄、性别、项目、健康状况和训练程度。另外还要了解学生思想情况和纪律状况,以及对过去所学教材的掌握程度,以便确定课的任务、内容和组织方法,正确贯彻一般要求与个别对待相结合的原则。

2.课的组织实施工作

时间分配及练习方法的选择。跆拳道实践教学课一般由开始、准备、基本、结束四个部分组成。

(1)开始部分:约占全部时间的5%左右。它的主要任务是使学生明确上课的任务和要求。内容主要有集合报告、检查人数、检查服装、处理见习生、讲述课的内容及要求等。

(2)准备部分:约占全部时间的15%~20%。它的主要任务是使身体各器官系统迅速进入工作状态,为基本部分的学习做好充分准备。一般包括集中注意力练习等,方法多采用有助于集中注意力的小游戏等练习。但此项内容应根据对象的具体情况而选择适当的练习方法。准备部分按活动性质和任务可分为一般准备活动和专门准备活动。一般准备活动主要采用一些促进身体各关节、肌肉群兴奋的练习方法,以提高学习效率。专门准备活动主要采用与基本部分内容相关的动作,作为练习的手段,如做一些徒手或阻力的模仿技术练习等。准备活动的内容和组织方法是多种多样的,但在课堂上必须根据上课的任务、特点和学生特点正确组织和安排。

(3)基本部分:一堂课的任务主要在基本部分,它的主要任务是使学生掌握和提高跆拳道的基本知识、技战术和技能;发展身体素质,改善身体器官的机能,增强体质,提高学生的身体训练水平,培养优良的品质。基本部分的主要内容包括技战术练习和身体素质练习,以及有关的理论知识和技能的学习。安排练习内容时,技术练习安排在前,力量练习在后;动力练习在前,静力练习在后;学习技术练习在前,对抗练习在后。不同作用的练习穿插进行,发展身体素质的练习安排在课的最后,运动负荷的安排应逐渐增大。

(4)结束部分:约占全部时间的5%左右。它的主要任务是有组织地结束一堂课,使人体参与用力的肌肉拉长和放松,并转入相对安静的状态和进行本课的总结。结束部分内容一般包括放松慢跑、放松按摩及放松性游戏,同时做课的总结和布置课外作业,最后整理场地和器材。在实际教学工作中不能忽视这部分的内容,更不能因为其他原因挤掉结束部分,以至于影响上课的效果。

(二)能力的培养

能力是指运用掌握的知识和技术解决实际问题的能力。跆拳道的教学课,主要是培养学生的开拓精神,使其创造性地运用所掌握的知识和技术解决遇到的实际问题。具体表现在培养学生教学训练能力、组织竞赛能力、裁判工作能力、技战术运用能力等。培养能力的方法很多,如让学生做准备活动和部分技术动作的示范、讲解等。

(三)课后总结工作

课后总结是总结教学经验,整理反馈信息,调控教学的有效方法。一堂课的教学质量应从完成课的任务的情况来衡量。而任务完成的好坏和教师课前的准备及课上的一系列工作是分不开的。因此,评价一堂课的教学质量时,一般包括如下两个方面。

(1)评价教师课前的准备工作,包括是否掌握了学生的情况,任务是否明确,上课的内容是否符合本课任务,课的时间分配、课的组织与教学方法的运用及教案的质量如何,场地器材的准备情况如何,等等。

(2)评价教师在课上的组织教法和教学工作的质量,教学原则的贯彻和教学方法的运用,课的密度和运动负荷的把握,时间的分配是否恰当,练习是否达到要求,学生的自觉性、积极性的调动与发挥,等等。

二、跆拳道教学的组织练习方法

教师组织练习的方法、学生练习的次数和时间,要根据学生的基础及上课的总时间、教材的难易来决定。在跆拳道教学中,一般常采用的组织练习方法有下列几种。

1. 个人练习法

学生单独一人练习,根据自身条件来理解动作,使之能静心体会动作,不受他人的干扰。

2. 配对练习法

跆拳道比赛是两人的直接对抗,在掌握了基本动作后,应多进行双人的配对攻防练习。尤其是戴上护具后进行配对双人练习时,要明确练习目的,强调安全性,防止受伤。

3. 分组练习法

在固定某一练习或进行循环练习时多采用分组练习法,如5人一组轮流踢沙袋或踢脚靶等。一般是将体重相近的学生分为一组,或是将水平相近的学生分为一组,在练习中要互相配合,互相鼓励。在休息间歇时,同组成员可互相指出优点和缺点,以共同进步。

4. 集体练习法

该方法一般在学习新动作或教师领做动作时采用,主要强调动作的规范性,要求令行禁止。教师应及时观察学生练习的情况,并及时给予集体纠正或个别纠正。

5. 模拟比赛实战练习法

该方法采用模拟比赛进行教学实战练习并进行针对性的讲解,使学生提高实际运用能力。

三、教法步骤

在跆拳道的教学过程中,一般可采用以下步骤教学。

第一,先由教师完整地示范动作,使学生有一个全面的直观印象,然后可分解示范并讲解,将动作分为几个部分,包括步法、路线过程、先后顺序、部位高低、易犯错误与纠正方法等。

第二,学生跟随教师进行动作模仿。教师应抓重点讲要领,先让学生掌握动作的基本结构,然后再强调前后细节,直到学会完整动作为止。此时教师应及时发现带有普遍性的错误并给予纠正,也可单独辅导。

第三，先慢后快，先掌握基本动作，然后再在速度、力量方面进一步强化。从一开始学动作就要求动作规范，教师应讲解动作的难点和使用时机，使学生逐步掌握动作的正确练习方法。

第四，在学生基本掌握了动作要领后，要求按规定动作，两两配合演练，并要互相照顾，点到为止。注意避免伤害。在进一步熟练的情况下，可进行一定程度的实战练习，使技术在实战中得到改进和提高。

第五，在学生练习和纠正错误动作后，再经过反复练习，并增加接近实战的各种要求，使学生逐步加快练习的速度和提高灵活运用技术的能力，直至基本掌握技术为止。

第六，要求学生根据竞赛规则作实战练习，充分发挥自身优势，利用所学技战术，争取取胜，同时尽量避免受伤。通过实战检验学生掌握实用技术的熟练程度，进一步提高学生的实战能力。

第五章 跆拳道科学训练保障体系

第一节 跆拳道训练与运动保健保障

一、运动损伤及处理

(一)挫伤

1. 挫伤简述

挫伤是指某身体部位受到外界暴力的直接打击而造成的运动损伤。挫伤的症状一般有受伤部位疼痛、浮肿、有瘀血等,如果挫伤严重,则会破坏其他器官及组织的完整性。

2. 挫伤的处理方法

受伤1~2天内,应在伤口处用冷水、冰块、冷气雾冷敷,起到消炎、防肿、止血的作用,也可用镇痛剂缓解疼痛。止痛后进行包扎处理。

受伤两天后,肿胀和压痛消失,这时对伤口进行针灸、封闭、按摩理疗及中药外敷等处理工作,促进伤口痊愈。

(二)出血

1. 出血简述

出血分为两种情况,即外出血和内出血。外出血分为动脉出血和静脉出血。内出血分为组织内出血、体腔出血和管腔出血。组织内出血主要包括皮上组织出血和肌肉等出血,体腔出血主要包括胸腔出血、腹腔出血与颅内出血,管腔出血主要包括胃肠出血。

2. 出血的处理方法

(1)止血带。止血带主要用来处理外出血。皮管、皮带及止血带是常用的三种止血工具。用止血带处理外出血主要注意以下几点:首先,急救时可用布带绞绑代替捆紧止血。止血带应缚在出血部的近端,压力不可小于 200 mmHg(1 mmHg=0.133 kPa)动脉压力。如果压力太小,那么只能闭锁静脉,动脉血依然可以通过,这时不仅不能止住出血,反而会增加出血量。其次,缚止血带时,应先将出血的肢体抬高,然后再用止血带,缚后肢端应呈蜡白色,如果呈紫红色则为止血带使用不当。再次,缚上止血带后,上肢每半小时、下肢每1小时分别放松一次,以免肢体坏死。最后,上肢应尽量避免用皮管止血带,如果非用不可的话,使用时应多垫棉花或衣服,否则会引起上肢的麻痹。

(2)压迫。在出血点上直接加压是止血方法中最重要、最有效和最简单的方法。出血点加压法可以闭塞血管(除大动脉破裂者外),防止防御性血栓或血块产生。

(3)充填。躯干的大伤口或不能用止血带的部位通常采用充填方法,运动创伤中很少使用。主要用消毒纱布来充填伤口,从而达到压迫止血的目的。

运动员在跆拳道训练中如果出现体腔出血,如胸腔或肝脏破裂,通常会伴随严重的休克,医学上诊断体腔出血的主要方法是查血色素、红细胞及血球容积。跆拳道运动员如果有严重休克,要及时输血或进行手术治疗。

(三)腰扭伤

1. 腰扭伤简述

腰扭伤就是通常所说的闪腰,这是跆拳道训练中较为常见的急性损伤之一,通常在做腰部伸展或倒立动作时容易发生。腰扭伤有以下几种情况。

(1)腰部肌肉轻度扭伤。该扭伤会有显著的疼痛感,脊柱不能伸直。较重的扭伤是肌痉挛引起的脊柱生理曲线发生改变。

(2)腰部棘上韧带与棘间韧带扭伤。受伤时会有局部突然撕裂的疼痛感,腰伸展时疼痛感较轻,过度向前弯腰就会感觉疼痛加重。棘突上或棘突之间有局限而表浅的明显压痛点。

(3)腰部筋膜破裂。该伤多发生在骶棘肌鞘部和髂嵴上、下缘,伤处感觉明显疼痛,腰伸展时疼痛较轻,弯腰和腰扭转时疼痛感加重。

2. 腰扭伤的处理方法

第一,立刻停止练习,开始卧床休息。休息时,为了减轻腰部的疼痛感,放松腰部肌肉,可以在腰下垫薄软枕头。如果没有及时休息,继续锻炼,就会造成慢性腰疼,腰扭伤会反复发生。

第二,腰扭伤最好的治疗方法是热敷。具体步骤是用布将炒热的盐和沙子包起来,敷在扭伤部位,每天敷两次。

第三,除热敷外,针灸、拔罐、按摩、理疗等都是可供选择的方法。

第四,如果选用药剂治疗,西药用强的松,中药用五虎丹或跌打丸,注意要在医生的指导下服用。

(四)肌肉拉伤

1. 肌肉拉伤简述

肌肉拉伤也是跆拳道训练中常见的一种肌肉损伤。检查肌肉拉伤部位的主要方法是检查肌肉抗阻力。具体做法是伤者收缩受伤肌肉,外界施加一定阻力,在对抗过程中,哪个部位出现疼痛感,即为肌肉拉伤部位。肌肉拉伤有轻重之分。轻者拉伤部位感到疼痛、发硬、肿胀,伴有肌肉紧张或肌肉痉挛症状。重者就是肌纤维断裂,伤者往往自己能感到或听到断裂声,然后出现肿胀、出血、肢体活动受阻等症状。

2. 肌肉拉伤的处理方法

第一,要详细分析伤者的病情,视情况而定。

第二,如果伤者是少量肌肉断裂,应立即进行冷敷和局部加压包扎,并抬高受伤部位,或者用中草药外敷。

第三,如果伤者是大部分肌纤维断裂,首先要加压包扎,然后送往医院进行手术治疗。

(五)关节扭伤

1. 关节扭伤概述

(1)肩关节损伤。肩关节损伤是指肩关节的反复旋转或超常范围的活动,引起了肩袖肌腱和肩峰下滑囊受到肱骨头与肩峰或喙肩韧带的挤压、摩擦和牵扯。

(2)掌指关节损伤。掌骨、第一节指骨及一、二、三各节指骨共同构成掌指关节。掌指关节损伤主要是由于侧向外力的冲击突然作用于手指而造成的。掌指关节损伤的主要症状是伤口疼痛、肿胀、关节活动受限,不能灵活伸屈等。跆拳道训练中发生掌指关节损伤主要是因为练习场地地面过硬或动作不到位所致。

掌指关节损伤具体可分为四种情况:第一是指关节副韧带损伤,主要症状是局部出血、肿胀,关节呈畸形状;第二是掌指韧带断裂,主要症状是指关节肿胀、畸形,并出现异常侧向运动和轻度侧弯畸形;第三是手指关节挫伤,主要症状是疼痛、压痛、肿胀、活动不灵活;第四是关节脱位,主要症状是关节不能伸直或畸形。

(3)膝关节侧副韧带损伤。膝关节外侧韧带损伤主要是因为在跆拳道训练过程中,膝关节弯曲引起小腿突然内收内旋,或脚固定时,大腿突然外展外旋而造成的。膝关节侧副韧带损伤的主要症状是膝关节疼痛、肿胀,伤处周围抽筋,膝关节不敢用力伸展,活动不灵活。如果膝关节侧副韧带损伤严重,完全断裂时,膝关节将彻底不能活动。

2. 关节扭伤的处理方法

(1)肩关节损伤处理:

第一,及时停止训练,将上臂抬起,适当休息。

第二,主要的治疗方法是按摩(推、揉、搓、滚等手法)、针灸、封闭与理疗,效果等同,然后适当上拉肩部和上臂以锻炼肩关节。

第三,如果肩关节损伤严重,甚至肌腱断裂,需要及时将伤者送往医院做深度检查。

(2)掌指关节损伤处理:

第一,掌指关节轻微扭伤,稳定性正常者,轻轻拉引手指,外擦舒筋药酒,然后把靠近伤侧的健指与患指用粘膏固定在一起。第三天开始练习主动屈伸活动,并继续外擦舒筋药酒。

第二,急性关节损伤者应立即包扎固定,一天后可进行理疗、按摩、外敷药膏等综合治疗。

第三,损伤后稍有侧向活动者,宜用一块弓形小夹板放在掌侧将患指固定于半屈位,3周以后开始练习关节屈伸活动。

第四,损伤后有明显侧向活动者,应及时送往医院进行手术缝合处理。

第五,关节脱位者,可立即进行整复手法,整复工作要找经验丰富的医生来做,整复固定2周。

第六,关节不能伸直或畸形者,若有肌腱断裂或撕脱骨折,宜尽早处理,可根据情况采用保守治疗或手术缝合治疗。

(3)膝关节侧副韧带损伤处理：

第一，膝关节侧副韧带轻度损伤者，内服消肿止痛药，外敷止痛药膏。伤处痛感有所缓解后，再进行针灸、理疗或按摩。

第二，部分韧带撕裂者，局部伤处及时进行冷敷，然后包扎，抬高受伤膝盖加以固定，内服止痛药；两天后进行针灸、按摩或理疗。

第三，韧带完全断裂者应及时送往医院进行手术处理，手术后要积极锻炼，以便尽早康复。

二、运动伤病及防治

(一)过度紧张

过度紧张是指在跆拳道训练过程中，由于训练的负荷过大或者超过了运动员机体负荷的承受能力而引起的急性病理性变化。在跆拳道训练过程中，训练不足、体育基础较差、长期中断训练或有某种疾病的运动员易发生过度紧张。

1. 产生原因

第一，训练水平低。

第二，跆拳道运动员的生理和心理状况不佳，在准备不足或受到了剧烈精神刺激后进行训练。

第三，恢复伤病后的训练，因伤病较长时间中断训练，恢复后突然或过于迅速地投入剧烈的训练中。

第四，患有疾病，特别是患有高血压病、心脏病者，或急性病初愈而未完全康复者勉强完成剧烈训练。

2. 主要症状

过度紧张的症状主要有急性胃肠功能紊乱及训练应激性溃疡，急性心脏功能不全和心肌损伤、昏厥、脑血管痉挛。

3. 处理方法

第一，轻者，应安静平卧，并注意保暖，可服用热糖水或镇静剂，一般经过短时间的休息即可恢复。

第二，心功能不全者，应保持半卧姿势，保持安静，并针刺或掐点内关、足三里等穴。

第三，过度紧张至昏迷者，可掐人中、百会、合谷、涌泉等穴，并及时就医。

(二)运动性血尿

正常人的尿液中没有红细胞，而在剧烈运动后，显微镜下经检验后无相关病理性原因的血尿称为运动性血尿。血尿属于一种临床症状，全身疾病、泌尿系统及其周围器官的疾病、肾功能改变是导致血尿的常见原因。因此，一旦发现血尿就要进行详细检查，如检查后没有发现任何疾病，那么就是由剧烈运动而引起的运动性血尿。

1. 产生原因

第一，训练过程中，人体内有新的血液分配，大量的血液都流向与锻炼有关的器官，此时肾脏的血流量就会减少,肾小球出现缺血现象,导致血液中乳酸含量和肾小球通透性增加、过滤机能下降,漏出蛋白质和红细胞,出现蛋白尿和血尿。

第二,训练过程中,如果肾脏遭受震动或打击,就会引起肾脏充血或损伤,从而导致血尿的出现。

2. 主要症状

运动性血尿多在运动后即刻出现,其严重程度与运动负荷量和强度有关,除血尿外无其他任何症状。出现血尿后,只要停止运动,一般在三天内即可完全消失。

3. 处理方法

第一,凡出现血尿的运动员,应停止训练进行检查。如果属于运动性血尿,就要减少训练的负荷量,进行药物治疗。

第二,如果属于器质性疾病,应针对病因进行治疗,切忌再进行剧烈训练。

(三)运动性腹痛

运动性腹痛是指运动员在跆拳道训练过程中,因生理和病理原因而发生的腹部疼痛症状。在跆拳道训练过程中,肝脾瘀血、胃肠痉挛和膈肌痉挛是导致腹痛的常见原因。

1. 产生原因

第一,训练水平较低、准备活动不充分或过度紧张引起。

第二,空腹训练。由于胃酸或冷空气对胃的刺激引起胃痉挛。

第三,饱腹训练。吃得过饱、过多或吃了较难消化的食物使胃肠充盈、饱满,在剧烈的训练中受到牵扯引起胃肠痉挛。

第四,训练节奏乱。训练的速度和强度突然过快和过大,以致内脏器官和心肺功能赶不上肌肉工作的需要引起腹痛。

2. 主要症状

一般运动性腹痛者会有无力、胸闷、下肢发沉等症状。腹痛原因不同,症状也不同。运动性腹痛主要有以下三种情况:

第一,如果腹痛由呼吸肌痉挛或活动紊乱引起,疼痛的性质多为锐痛,肋部和下胸部是主要的疼痛部位。

第二,如果腹痛由肝脾瘀血肿胀引起,腹痛的性质多为钝痛、胀痛或牵扯性痛,左腹部是主要的疼痛部位。

第三,如果腹痛由胃肠道痉挛或功能紊乱引起,腹痛的性质多为钝痛、胀痛甚至绞痛,肚脐周围、左下腹是主要的疼痛部位。

3. 处理方法

第一,根据腹痛的性质、部位与训练负荷的关系,判断是由与训练有关的生理原因引起的,还是由疾病引起的,做到有的放矢地治疗。

第二,查明运动性腹痛的原因,有针对性地进行处理。如果是训练引起的腹痛,应及时降低负荷强度,适当减慢速度,调整呼吸和动作节奏,再用手按压疼痛部位;如果无效或疼痛反而加重,应立即停止训练,请医生诊治。如果是疾病引起的腹痛,应根据原发疾病进行治疗。

(四)运动性昏厥

运动性昏厥是指运动员在跆拳道训练过程中,由于脑部突然血液供给不足而发生的暂时性知觉丧失现象。

1. 产生原因

第一,剧烈训练或长时间训练后,大量血液积聚在下肢,回心血量减少所致。

第二,剧烈训练后引起的低血糖导致运动性昏厥。

2. 主要症状

如果发生运动性昏厥,轻者会出现全身无力、头昏耳鸣、面色发白、恶心、眼前发黑、出虚汗等症状,重者会失去知觉、突然昏倒。昏倒后,面色苍白,四肢发凉,脉搏跳动慢而弱,呼吸缓慢。昏倒片刻后,会消除脑缺血,开始恢复知觉并逐渐清醒,但醒后精神状态不佳,仍有头昏和无力感。

3. 处理方法

第一,昏厥后应迅速平卧,足稍高于头部,由小腿向心脏方向推摩或拍击。同时用手指点压人中、合谷等穴位,必要时给氨水闻嗅。如果有呕吐现象,应将患者头偏向一侧。

第二,如果出现轻度休克,应在同伴的搀扶下慢慢走一段时间,帮助其进行深呼吸。

第三,如果患者停止呼吸,应马上进行人工呼吸。

(五)运动性中暑

运动性中暑是指人体的一种高热状态,多是在跆拳道训练中运动员产生的热超过了身体的散热能力引起。通常在炎热的夏季进行训练比较容易引起运动性中暑,常见的运动性中暑有热射病、日射症、热痉挛和循环衰竭四种类型。

1. 产生原因

第一,热射病是高热环境中的一种急性病。在跆拳道训练过程中,运动员体内产生较多的热,如果天气温度和湿度较高,且空气流通不好,就会影响体内散热。体内大量积累热量,会出现体温大幅度升高,导致水、盐代谢紊乱,严重影响体内的生理机能以及中枢神经系统的机能活动,最终表现为中暑症状。

第二,日射症是一种强烈的机体反应,主要由阳光直接照射头部而引起。

第三,热痉挛主要是由于训练中机体大量排汗,体内过多消耗水和盐,以致电解质平衡紊乱而导致。

第四,循环衰竭主要是由训练时机体失水过多,使血容量减少而引发。

2. 主要症状

运动性中暑的发生较为突然,中暑者有皮肤高热、干燥、呈粉红色,中枢神经系统功能出现障碍等症状。

3. 处理方法

第一,如果中暑较轻,应及时对患者进行降温处理,迅速在凉爽、通风的地方安置患者,使患者平卧休息,头部稍垫高,将患者的衣服松解,进行全身扇风和冷敷头部,并用温水或酒精擦身,给患者准备盐开水或清凉饮料,必要时服用解暑的药物。

第二,如果头痛剧烈,应针刺或点太阳、风池、合谷、足三里等穴。

第三,如果中暑昏迷,应及时刺激患者的人中穴进行急救,并重度推摩和揉捏患者的四肢,必要时应及时送医院进行治疗。

第二节 跆拳道训练与科学医务监督

一、跆拳道运动员的自我监督

自我监督是指运动员在训练和比赛过程中,对训练和比赛成绩以及健康状况进行自我检查,并定期在日记中记录检查结果。运动员自我监督的内容包括主观感觉和客观资料两个方面。主观感觉主要包括一般感觉、睡眠、食欲、运动情绪等;客观资料主要包括脉搏、肺活量、体重、出汗情况等。同时应结合训练内容、比赛或测验成绩进行分析。运动员正常的自我感觉应该是精神饱满、愉快、训练积极性高,训练后稍有疲劳,肌肉有酸累感,但休息后很快就会恢复。如果运动员感到精神不振,困倦无力,容易激动,局部关节肌肉酸软、麻木、疼痛,胸部憋闷、气短、腹胀、腹痛等都属于异常现象。

运动员的自我监督有助于检查运动锻炼内容是否合理,方法是否正确,运动量是否合适,身体健康状况和功能水平变化等情况。运动员在自我监督过程中,需要观察并记录一些相应的指标,这些指标包括主观感觉的指标和客观观察的指标。这些指标对分析和掌握运动员训练和比赛时的身体状态,预防以及发现运动伤病,指导正确的训练和比赛计划具有十分积极的意义。

(一)客观检查

运动员对自己身体状况的客观检查可通过简单的体格检查与观察身体新陈代谢的方法相结合进行。客观检查的内容主要包括脉搏、体温、体重、运动成绩、伤病、女性月经等情况。

1.脉搏情况

运动员对自身的脉搏情况进行检查,可了解自身的心脏机能状况和机体疲劳状况。脉搏检查一般测桡动脉,也可按压颈动脉,最常用的方法是桡动脉触诊。脉搏检查主要注意脉搏频率、节律、强弱等变化。测量脉搏频率时,要注意内界和外界各种因素对脉搏跳动频率的影响,通常运动员经过训练后,安静心率较慢。此外,脉搏的跳动节律也是检查时应注意的方面。在训练时期,如果每分钟晨脉数比过去减少或无明显改变说明该运动员节律齐,表明运动员身体机能反应良好、有潜力;如果每分钟晨脉数比过去多12次以上,则表明运动员疲劳未消除或机体存在病患;如果每分钟晨脉数比过去增加明显,且长期未能恢复,可能是运动员早期过度训练的反映;如果发现脉搏节律不齐或有停跳现象,可能是运动员心脏机能存在异常,应采用心电图等方法做详细检查。运动员的脉搏,通常以30秒为计数单位,但要分别记下3个10秒的数值。

2. 体温情况

体温状况也是运动员进行自我监督时需要关注的重要方面。通常来说,正常人的口腔温度为 36.5～37.2 ℃,腋下温度较口腔温度低 0.3～0.6 ℃。运动员体温会随着生理状态、昼夜时差、年龄、性别、环境等不同而稍有波动。运动员在非运动训练时的基础体温与正常人相同,在运动训练过程中,由于肌肉运动产热明显,机体代谢率增加,运动员体温会略有升高。即运动状态下体温略高,安静状态下略低,早晨 4:00～6:00 时体温最低,午后 5:00～6:00 时体温最高,但在 24 小时之内,体温变化不超过 1 ℃。

测量和记录体温的最佳时间是清晨醒来后活动开始之前。长期记录体温变化有利于运动员判断自身新陈代谢情况,预测运动成绩变化。另外,体温能在一定程度上反映运动员身体代谢水平,比赛或赛前的紧张情绪也可使运动员体温升高。因此,体温的变化可以反映运动员赛前的紧张状态。

3. 体重情况

体重变化情况有助于观察运动员进行运动训练的运动量是否适宜。体重综合反映了人体肌肉、脂肪、内脏器官及骨骼等生长发育的情况,是评定跆拳道运动员身体发育的基本标准之一。健康青少年的体重是相对稳定增长的。运动训练或者比赛后,体重常常下降。体重下降的幅度与运动强度、运动持续时间成正比。一般说来,运动员在经过系统的运动训练之后,其体重变化会表现为以下三个阶段。

第一阶段:由于机体失去过多的水分和脂肪,体重有逐渐下降的趋势,一般下降 2～3 kg。这个阶段一般持续 3～4 周。体型较胖或参加系统训练前较少活动者,体重下降的幅度可能还要大一些。

第二阶段:体重处于稳定时期。运动后体重减轻,但在 1～2 天内得到完全恢复。这个阶段持续 5～6 周以上。

第三阶段:由于肌肉等组织逐渐发达,体重有所增加,并保持在一定的水平上。如果发现体重减轻了 2～3 kg 以上,应考虑是否运动量太大。如减少运动量体重仍然不能回升,就需要运动员去医院做身体检查。

运动员在系统的训练之后出现体重下降情况,并伴有其他异常情况,如情绪恶化、睡眠失常等,可能为早期过度训练、身体患有慢性消耗性病变(如肺结核、甲状腺机能亢进)、热能不足等。进行大运动量训练的运动员在停止训练后体重增加,是生理反应。如果运动员的体重出现逐渐增加的情况,则表明其运动量小,热量累积过多。

运动员测量体重的最佳时间是清晨或其他固定时间。体重在一天内也会因饮食、运动因素而有周期性变化,一般清晨偏轻,下午和夜晚偏重。因此,运动员应定期测量体重,一般每周测量 1～2 次。除了定期的测量外,还可分别在运动训练前、后测量,作为观察运动训练对体重影响的参考指标,直到调整运动量。

4. 运动成绩情况

运动成绩也是运动员自我监督的一个重要方面。运动员在平时运动和比赛中记录运动成绩有利于合理地判断运动训练强度安排是否合理,可以促进更合理地安排运动训练,帮助运动员提高成绩,达到更高的运动水平。运动成绩长期不增长或下降,可能是身体机能状况的不良反映,也可能是早期过度训练的表现。由此可见,运动成绩也是运动员观察自身机体的健康水平和运动训练状况的一个客观监督指标。

5.伤病情况

运动员在运动训练和比赛中应做好对自我伤病情况的监督。运动员在参加容易发生运动创伤的运动项目时,应每天进行伤情检查,如肩部易伤项目应做肩的反弓试验,检查肩肘是否受损;易患髌骨软骨病及髌腱周围炎者应检查是否有半蹲痛等,如有疼痛应向医师报告,并做进一步检查,以便早发现、早治疗。

6.女性月经情况

对于女运动员而言,月经情况也是运动训练和比赛中需要注意的方面。女性月经期周期受下丘脑—垂体—卵巢分泌性激素的反馈调节控制。运动训练和比赛都有可能打破平衡,导致卵巢功能紊乱,出现运动性月经失调。因此,女运动员应该详细记录月经周期、月经期出血量、有无痛经等情况,以便掌握自身生物节律变化,从而为更好地参加运动训练和比赛做好准备。

(二)主观感觉

1.精神状态

精神状态是指人脑对外界环境各种刺激进行反应时所表现出来的功能活动状态。运动员应当掌握正确评价自身精神状态的基本能力,利用运动员自我监督表,及时、客观地记录并评价自己在平时生活、训练和比赛期间的精神状态。通常情况下,良好的精神状态表现为精力充沛、情绪稳定、心情愉快;不良的精神状态表现为精神不振、浑身乏力、情绪易于激动。一般的精神状态则介于以上两者之间。为了保持身体健康和提高运动成绩,运动员务必保持健康正常的精神状态。

2.自然反应

通常来说,人体机能处于正常状态时则自我感觉良好。如果运动员在运动训练中或运动训练后,出现异常的疲劳、头晕、恶心甚至呕吐,以及身体某些部位感觉疼痛,则说明体力不好或患病。因此,运动员应该主动观察并记录平时或训练、比赛过程的不良感觉,如疼痛、恶心、发热、呕吐、眩晕等。

二、各个比赛阶段的医务监督

因受赛场上竞争激烈的紧张气氛的影响,运动员身体的各个系统都会处于一种高度兴奋和紧张的状态,如神经系统高度兴奋、呼吸系统和心血管系统功能活跃等。因此,对于比赛期间的运动员而言,做好医务监督工作十分必要,这就需要医务监督工作者做好对运动员的医务监督工作,如进行赛前体格检查,确认场地器械、宿舍条件、饮食卫生、生活制度及防病措施等的执行情况,开展卫生知识宣传,组织场地急救工作等,使运动员以最佳的身体状态和心理状态参与比赛和训练。

(一)赛前医务监督

1. 做好比赛日程安排

比赛之前,需要根据运动员的年龄、性别进行分组。每个运动员每天比赛的项目不宜过多,比赛之间要保证有适当的休息时间。在制订比赛计划时应充分考虑当地的气候条件。

2. 做好赛前的运动场地、体育器械检查工作

比赛之前,医务监督者还应做好运动员的饮食、救护配备等方面的准备工作,以保障运动员的安全和比赛的顺利进行。运动员应注意选择合适的运动服装、运动鞋等。

3. 进行赛前体检

比赛之前,运动员应进行严格的体检,重点检查心血管系统,主要检查项目有脉搏和血压测量、心脏听诊、胸透等,必要时还可做机能试验。当运动员出现感冒、发烧、过度疲劳、心动过速、心脏有病理性杂音、心电图有异常改变、外伤未愈或各种内脏器官的病变期等,不得参加比赛。女运动员应注意有无月经来潮,月经量多者不宜参加剧烈的运动。

4. 做好准备活动

运动员正式参赛前,针对不同项目的特点进行准备活动,先进行一般准备活动,然后做专项准备活动,特别要注意易伤部位的准备活动。

5. 合理膳食

合理膳食也是运动员在赛前应注意的重要方面。运动员应根据所参加比赛的项目、能量消耗等情况,妥善安排赛前膳食以及就餐时间,增加蛋白质、糖、脂肪的供应量,从而为接下来激烈的比赛提供能量支撑。

6. 做好赛前的各种宣传教育工作

赛前的各种宣传教育工作主要包括介绍比赛的相关知识、比赛中的医务监督和保护、运动性损伤和运动性疾病等的急救等。特别是在冬春季节的比赛,由于气温较低,运动员一定要做好充分的准备活动,避免肌肉和关节、韧带僵硬导致的运动性损伤与运动性疾病。

(二)赛中医务监督

第一,对运动员做必要的机能检查,观察其比赛中的机能变化,如心率、血压、体温、肌肉紧张状态等。

第二,帮助运动员缓解赛前紧张情绪,使其以最佳竞技状态投入比赛。

第三,做好运动员赛中补充营养和饮水的供应工作。如果在炎热的夏季进行比赛,运动员应注意补充水和盐分,以防止中暑、水以及电解质代谢紊乱。注意运动员营养卫生,讲究营养进食。

第四,应做好运动员赛中意外损伤的预防和急救工作,有效应对运动员在运动中出现腹痛、中暑、肌肉痉挛、低血糖及膝部、手部、踝部关节韧带扭伤,等等。

第五,运动员应严格遵守竞赛规则,发扬高尚的体育道德风尚,不要做出可能伤及对方的粗野举动,如运动员受伤或受重击倒地,应根据其受伤情况决定是否有继续参赛的资格。

(三)赛后医务监督

第一,运动员在比赛之后应进行体格检查。根据运动项目的特点,在赛后的一定时间内

测定某些生理、生化指标,如血压、体重、脉率、心电图、尿蛋白以及心功能实验等,观察运动员机体的恢复情况,一旦发现异常病变,应及时进行治疗。

第二,运动员在比赛结束后也需要注意膳食营养的合理搭配。运动员在比赛时体内消耗大,应及时、合理安排膳食,使其消耗的体能尽快得到恢复。切忌暴饮暴食。

第三,比赛之后运动员应注意做好疾病的预防。剧烈比赛后,身体疲惫,抵抗力降低,容易患病。因此,要特别注意预防感冒及其他疾病。

第四,比赛后运动员应进行充分的休息。在赛后休整期内,运动员应保证遵守各项生活制度,保证睡眠时间,以利于机体得到恢复。

第四节 跆拳道训练过程的科学监控

跆拳道训练是一个有机统一的完整过程,其特点是连续不间断、具有很强的阶段性。在训练过程中,跆拳道运动员的竞技水平也在不断变化着,其训练水平的保持是相对的,其训练状态的变化是必然的。

跆拳道训练过程的监控是指在科学化训练的指导下,把运动员的训练与比赛放在一个最佳状态的系统中,使得运动员的竞技能力向着发展与提高的方向不断产生适应性变化,最终促使运动员取得最佳运动成绩。最佳定向控制运动员训练与比赛的状态变化,是跆拳道训练过程监控的实质。

一、跆拳道运动员身体机能监控

在对训练进行科学安排的过程中,运动员的身体机能状况是一项重要的影响因素。在运动过程中,运动员机体在生理活动与代谢过程两个方面也会出现相应的变化。测定与比较运动员的生理指标和生化指标,能够给训练过程的科学监控提供客观依据。

在跆拳道训练过程中,要想有效反映运动员的身体机能水平,则需要在机能状态的监督过程中使用几项较为简单和敏感的指标与测验方法。

1. 心率

在身体机能监控的指标中,心率是最为简便的指标。在运动员身体状况大体不变的情况下,运动负荷相同,运动员的心率也较为稳定。一般情况下,在对跆拳道运动员进行监督的过程中,安静心率、承担定量负荷时的心率以及最大心率等指标是常用的测定指标。

如果在特定时期的训练过程中,运动员的安静心率下降,则在一定程度上反映出运动员心血管功能水平提高和机能节省化;如果在前后一段时间的训练比较中,承担定量负荷时的运动心率出现减少趋势,则表明运动员的机体工作能力有所提高,反之则表明运动员的机体工作能力有所下降;如果跆拳道运动员在承担极限负荷时,最大心率有增长趋势,则表明运动员的心功能水平有所提高;如果运动员承担的运动负荷强度越大,最大心率越高,停止运动负荷后心率下降越快,则表明运动员的心脏最高机能水平与机体快速恢复能力越强。

最大吸氧量可以对跆拳道运动员承受大负荷时的有氧能力加以评价,此外也能够对运动员最大限度使用氧的速度进行客观反映。跆拳道运动员最大吸氧量的水平越高,则其在完成定量工作时有氧供能的成分就越多,因此最大吸氧量通常被当作对跆拳道运动员耐力水平与机能状态加以评定的重要指标。

2. 血乳酸

反映骨骼肌代谢能力与合理安排有效负荷量以及进行机能诊断的最实用指标,即血乳酸。在运动员的 ATP-CP、糖酵解以及糖原有氧供能能力方面,跆拳道项目有着很高的要求。与此同时,跆拳道项目对运动员提高机体耐乳酸能力的训练也有着较高的要求。血乳酸是跆拳道运动员在比赛中保证体能和维持技战术动作不变形的有力保障。

在对有氧能力进行评定时,可以通过多级负荷试验与两点法绘制血乳酸强度曲线,然后比较训练前后的效果。如果强度曲线向右移动,则表明在相同血乳酸值时能够达到更高强度,表明跆拳道运动员的有氧能力有所改善;如果强度曲线向左移动,则表明跆拳道运动员的有氧能力有所减退。

在对无氧能力进行评定时,可以进行一定强度的练习,促使运动员的血乳酸值尽量达到最大值。跆拳道运动员的血乳酸值越高,则表明运动员的机体无氧糖酵解和机体耐乳酸能力越强。一般认为,耐乳酸能力的训练要维持血乳酸水平在 12 mmol/L 以上。

在一次训练课之后,跆拳道运动员的血乳酸水平在 8.0 mmol/L 为宜,在比赛结束后血乳酸水平可能高达 10.0 mmol/L 以上,据此可以对赛前训练有无达到比赛强度加以监控。从训练课次日早晨开始,血乳酸水平在 4~7 mmol/L 的跆拳道运动员,说明其机体恢复状况良好。

3. 血尿素

跆拳道运动员的机体蛋白质代谢,受大强度训练或者比赛的影响较大。以跆拳道运动员在训练前后或者比赛前后的血尿素变化为依据,可以客观评价出训练比赛的负荷强度。负荷越大或者跆拳道运动员的机体适应能力越差,跆拳道运动员的血尿素水平上升越明显,同时其恢复速度越慢。在训练结束后,血尿素增幅小且恢复速度快的运动员,可以承受大负荷的训练;血尿素增幅大且恢复速度慢的运动员,承受大负荷训练的难度较大。

4. 血红蛋白

血红蛋白是进行机能监控的一项重要指标,其可以有效反映跆拳道运动员的血液供氧能力。当跆拳道运动员的营养状况处于良好状态时,其血红蛋白的变化主要和运动量变化有关,和运动强度之间的关系不明显。

一般情况下,在训练周期的开始阶段,血红蛋白水平会呈现出下降趋势,伴随着机体对训练的逐步适应,运动员的血红蛋白水平也会随之回升。如果跆拳道运动员的营养状况处于良好状态下,其血红蛋白水平不断下降或者很长时间没有回升,则表明运动员的机体对训练不适应,训练的运动量过大。

5. 血清肌酸激酶

血清肌酸激酶的活性变化有三方面的作用:①可以对肌肉训练刺激的程度加以评价;②可以了解运动员骨骼肌的微细损伤;③可以了解肌肉对训练的适应情况和恢复情况。

跆拳道项目属于格斗性质的项目。运动员在参与跆拳道训练时,对其肌肉刺激较为显著,当训练强度提高时,跆拳道运动员的血清肌酸激酶活性也会明显提高。运动员在素质训练、实战训练之后,血清肌酸激酶会比安静值提高 3~4 倍;在赛前调整期,跆拳道运动员的血清肌酸激酶的活性则会与安静值接近。通过长期监控血清肌酸激酶的活性变化,能够对跆拳道运动员的肌肉疲劳发展进行有效控制,进而调整为适宜的训练强度,有效避免跆拳道运动员出现肌肉受伤的情况。

6. 血清睾酮与皮质醇

在监控某个训练周期的训练状况时,一般会同时测试血清睾酮(T)与皮质醇(C),并且计算出 T/C 值,进而对运动员的疲劳及恢复状况、过度训练与阶段训练效果加以监测。倘若跆拳道运动员的血清 T/C 不变或提高,则说明其机体分解代谢没有超过合成代谢,运动员的机能处于正常状态;当跆拳道运动员的身体机能处在良好状况时,其血清睾酮水平会出现增加,同时其体能也会随之增强;当跆拳道运动员处于疲劳状态、过度训练状态或者机能状态不佳时,其血清睾酮水平会有所降低。

二、跆拳道训练过程运动负荷的监控

在运动员有机体受到运动负荷的刺激后,会产生并出现一定的变化。当有机体受到的负荷刺激适宜时,能够产生适应性变化;如果没有合理安排运动负荷,即便训练目的明确、训练手段正确,也很难实现预期的训练目标,有时可能会造成运动员的竞技能力出现下降。由此可知,监控跆拳道运动员在训练过程中的运动负荷是十分必要的。

运动负荷属于一个因素多、层次多的结构,为更好地监控跆拳道运动员的训练过程,以运动负荷的性质为依据,可以将其划分成训练负荷与比赛负荷。训练负荷与比赛负荷的监控情况,在很大程度上影响着跆拳道训练过程的组织效果与实施效果。

(一)训练负荷监控

跆拳道训练过程中,运动员需要完成的练习量度就是训练负荷。为了使实际操作更加方便,可以采用一些负荷特征的具体参数来监控训练负荷。具体参数包括训练总量、训练天数以及训练总课次,通常训练天数以训练总时数(以小时计)表示。

据此,能够细分出一些更加具体的负荷参数,具体如下。

(1)技术训练的时数、战术训练的时数、体能训练的时数。

(2)无氧练习、有氧练习、力量练习的时数等。

(3)技术、战术、体能训练占总训练量的比例。

(4)无氧练习、有氧练习和力量练习占体能训练总量的比例等。

(5)不同训练作用方向的训练课次数。

(6)大、中、小负荷量度的训练课次数等。

(二)比赛负荷的监控

在运动员战术意识的培养、技战术运用能力的提高、训练强度的提高以及最佳竞技状态的形成上,比赛活动均扮演着极为重要的角色。需要说明的是,倘若比赛安排不合理,则常常会让运动员产生过度疲劳,出现运动伤病,或者导致最佳竞技状态过早形成或过晚形成。

在监控比赛负荷时,一般是调整、监督和控制跆拳道多年训练过程的比赛性活动,其监控指标具体如下。

(1)各年度比赛的总次数。

(2)年度训练大周期中主要和次要比赛的次数。

(3)各阶段训练中小型比赛和教学比赛的次数。

训练负荷指标与比赛负荷指标,能够清晰反映出小、中、大周期乃至多年训练过程的负

荷特征,在系统性训练过程中对其进行纵向比较与横向比较,进而找到与跆拳道运动员个体特征相吻合的比赛负荷安排,并在此基础上推动跆拳道训练向着科学化方向发展。

(三)调控运动负荷动态的具体方式

跆拳道运动员竞技状态的发展变化,受运动负荷动态变化的直接影响。在训练负荷与比赛负荷的刺激下,运动员的机体也会随之产生适应性变化,然而适应性变化程度和负荷大小的关系是正比关系。在跆拳道多年训练过程和全年训练过程中,其负荷动态变化的基本趋势是在跆拳道训练中逐步提高负荷直到跆拳道运动员所能承受的最大限度。

但是,跆拳道运动员有机体适应与恢复机制会对运动负荷的渐进与持续产生制约作用,在任何训练阶段均直线提高是不可能发生的。因此,在跆拳道训练过程负荷提高的基本趋势中,并不排除各个训练时期会有各种动态变化。要想对负荷动态实现科学化监控,必须在一定周期的训练过程中,对负荷量与强度的协调变化进行科学化安排。负荷量与负荷强度主要包括以下四种变化形式。

1. 同升同降

"同升"是指负荷量与强度同时增加,其大多用在大负荷训练中;"同降"是指负荷量与强度同时下降,总负荷下降成小负荷,其大多用在调整性训练与过渡性、休整性训练。

2. 一升一降

一升一降具体是指"上强度减量"或"上量降强度"。"上强度减量"大多用在比赛期训练与技术训练,"上量降强度"大多用在过渡期训练与耐力性训练,前者与后者的总体负荷都是中等。

3. 一升(降)一稳定

"加量、稳定强度"大多用在准备期的第一个阶段,即用于巩固身体训练、技术训练以及战术训练中,其总体负荷是中、大负荷;"减量、稳定强度"大多用在赛前训练、技术训练和战术训练,其总体负荷是中、小负荷;"加强度、稳定量",大多用在准备期第二阶段和比赛期的训练以及技战术训练,其总体负荷是中、大负荷;"减强度、稳定量"大多用在比赛间的过渡阶段和休整期的训练以及改进技术、战术水平的训练,其总体负荷是中、小负荷。

4. 量和强度相对稳定

在特定训练时期内,负荷量与强度保持在特定水平上,其整体负荷是中等负荷,多数情况下用来对已经掌握的体能训练水平进行学习与巩固。负荷量和强度动态变化的协调组合的四种形式,对调节与控制跆拳道训练的负荷动态都有着十分重要的指导作用。

需要重点说明的是,跆拳道训练负荷的提高应当是在机体对原负荷的不适应反应消失之后、运动能力与机体机能得以提高和机体恢复较充分的条件下进行。通常运动负荷的提高,大多是提高负荷强度,同时降低负荷量,然后保持负荷强度并增加负荷量,维持一定的时间,促使机体适应并巩固。与此同时,除了要注意负荷量与强度动态变化的协调组织外,还需要对练习密度予以高度重视。练习密度不仅对机体在训练过程中的恢复程度有影响,而且与重复练习的强度有无保持机体机能变化的高度也有着紧密联系。要保持适宜的练习密度,密度过大或者过小均会对训练任务的完成造成阻碍。在跆拳道训练过程中,确定某种练习的密度之后,通常不会有大的变动,往往会通过练习数量来调整运动负荷的大小。

三、跆拳道运动员身体素质监控

在跆拳道训练中,体能训练占据重要地位。跆拳道体能训练紧紧围绕的内容是:提高跆拳道运动员的力量素质(基础力量、爆发力、力量耐力)、速度素质(反应速度、动作速度、组合动作频率)、耐力素质和柔韧素质。

通过监控跆拳道运动员的身体训练发展水平,能够清晰了解运动员的身体训练程度,为制订与实施训练计划提供重要依据,从而对训练科学化程度的提高发挥积极影响。训练计划的要求以及事先预定的身体训练水平检测指标,是监控跆拳道运动员身体训练程度的主要依据。换言之,就是把运动素质测评与身体机能状态测评有机结合,利用各种专项测验和非专项测验,对跆拳道运动员在特定训练阶段的运动素质与机能状况进行客观定量评价,进而使其和特定训练阶段的目的相一致,与跆拳道运动员的专项成绩水平相适应。

测验和评定完跆拳道运动员的运动素质与机能状态之后,能够清晰地了解运动素质和机能水平与跆拳道竞技能力之间的内在关系,进而对训练过程身体训练的综合发展水平进行正确评价,使得跆拳道运动员的运动素质与机体机能发展处于均衡状态,同时促使跆拳道运动员的身体训练水平与技战术训练水平相适应。通过对跆拳道运动员所运用的训练方式进行科学评价,最终建立适宜跆拳道运动员身体训练的模型。

(一)力量素质发展水平的监控

1. 生物力学测量手段的测验

在条件允许的情况下,监控跆拳道运动员的最大力量、速度力量以及力量耐力时,对运动员使用等动系统进行测力,将比赛动作或者接近比赛动作过程紧密结合,进而对肩、肘、髋、膝等关节肌群的最大肌力、速度力量和力量耐力进行测定,随后就训练过程前后阶段的变化情况展开比较与综合评价。这种测验方式的优势是准确性高,劣势是在经济条件的制约下无法经常采用。

2. 简易测量手段的测验

在跆拳道训练过程中,测定力量素质的常见手段包括以下几种。

(1)采用卧推杠铃和负重半蹲、全蹲分别测定上肢最大力量和下肢最大力量。

(2)采用持杠铃快速前平推 5 s 钟和立定跳远、纵跳摸高等测定上肢和下肢的速度力量。

(3)采用定时间、定组数、定方法进行速度性击打沙包,计算单位时间内完成动作的数量,利用动作速度下降的曲线来评价力量耐力水平。

(二)速度素质发展水平的监控

在跆拳道运动的训练与比赛中,运动员速度素质表现形式的集中体现是:反应速度、完成单个动作的速度、组合动作频率和完成系列对抗动作的综合速度能力。监控速度发展水平时,可以采用直接方式或间接方式、专项方式或非专项方式来测量与评价。

1. 反应时测验

(1)单反应时测验。利用反应计时器,针对运动员对规定动作作出应答反应的快慢进行测定。

(2)选择反应时测验。利用比赛场面实况录像的停格技术,指导受试者判断录像所显示的比赛情况,并在最短时间内按动相应按钮。根据跆拳道运动员的应答情况,对运动员根据某种情况选择性采取某种合理战术决策与行动的应答速度加以判断。

2. 单个动作速度测验

(1)利用测力台对跆拳道运动员的单个动作进行测试,进而检测其完成单个动作的速度能力。

(2)计算跆拳道运动员在 5 s 内完成腿法中某个动作的具体数量,进而对运动员完成单个动作的速度能力加以检测。

3. 组合动作速度测验

(1)测试跆拳道运动员 10~20 s 腿法击打沙包的次数,进而测验运动员完成组合动作的速度能力。

(2)采用 5 s 内完成俯卧撑推手击掌的练习和 30 m 加速跑,进而对跆拳道运动员伸肘的速度能力和伸膝的速度能力进行间接反映。

通常情况下,在测试跆拳道运动员的速度素质时,需要排除速度耐力因素对测试结果造成的影响。

(三)耐力素质发展水平的监控

跆拳道运动员的耐力素质可以根据不同划分标准,划分出多种类型。以参与活动的器官系统为依据,可将其划分为肌肉耐力与心血管耐力水平;以能量代谢的特征为依据,可将其划分为有氧耐力能力与无氧耐力能力;以肌肉参与活动的部位为依据,可将其划分为盆带肌肉耐力、下肢肌肉耐力以及全身肌肉耐力;以耐力素质和专项之间的关系为依据,可将其划分为一般耐力水平与专项耐力水平。

1. 实验室条件测验

(1)自行车功率测试。在自行车功率计上,对跆拳道运动员的最大吸氧量进行测验,据此对其训练过程中的有氧能力变化加以评价。

(2)台阶测验。利用台阶测验的结果,对训练过程前后两个阶段的变化情况加以对照,据此对跆拳道运动员的心血管功能水平进行分析与评价。

因为负荷量度能够被严格控制,所以在实验室进行的耐力测试结果可信度高。

2. 常规手段测验

(1)3 000 m 跑。一般情况下,3 000 m 跑测验能够测试与评价出跆拳道运动员的一般耐力训练水平和发展水平。

(2)击打沙包测试。在对跆拳道运动员的专项耐力发展水平进行监控时,可以采用以最大强度的腿法练习击打沙包 3 组,每组 1 min,每组间歇 20~30 s,分别计算出 3 个 1 min 击打沙包的平均每秒击打次数。然后用 10 s 击打沙包的平均每秒次数与 3 个 1 min 击打沙包的平均每秒次数的比值来进行评价,两者的差距越小越好。

在非实验条件下,耐力测验结果的可靠性和受试者主观努力之间有着紧密关系。

(四)柔韧素质发展水平的监控

腰腹、髋、踝关节是跆拳道运动员表现柔韧素质的主要部位。

(1)腰腹柔韧性测验:①俯卧背伸测验。②坐位体前屈测验。③立位体前屈测验。

(2)髋关节柔韧性测验:①两腿纵"劈叉"。②两腿横"劈叉"。

(3)踝关节柔韧性测验:①踝关节正屈测验。②踝关节背屈测验。

(五)运动素质的综合评价

通过运动素质测验,收集与训练相关的信息,然后把测验结果和相应标准加以比较,并且开展综合评价,进而对运动素质的训练与发展加以控制。在综合评价跆拳道运动员的运动素质时,应当做好以下三个方面的工作。

1. 筛选评价指标

对运动素质指标展开评价时,应当选取对专项成绩影响与作用最大的指标,该项指标的性质特征与结构特征和专项特征大体相同。第一步,提出初选指标;第二步,开展专家调查,进而把初选指标进行经验筛选;第三步,对通过经验筛选的指标开展实际测试,获取基本数据;第四步,采用统计方法确定评价指标。

2. 建立评分量表

首先,抽取特定的样本数量,测试已经确定的评价指标,进而获取建立评分量表所需的原始数据;其次,进行指标的正态检验,计算出各指标的平均数和标准差;最后,采用标准化量表或累进量表的形式,建立各指标的评分量表。

3. 制定评定标准和评定方法

依照评定内容,制定合理的评定标准与评定方法,科学评定跆拳道运动员的运动素质单项与综合发展水平、各项运动素质均衡发展程度、运动素质综合发展水平与专项成绩适应程度,进而找出跆拳道运动员在运动素质发展方面的欠缺部分,找出跆拳道运动员当前状态与发展目标之间的距离,判断运动素质发展水平和专项成绩水平的适应程度,从而对跆拳道训练过程实施更好的监督与控制。

四、跆拳道运动员技术训练监控

在跆拳道训练中加强对技术训练水平的监控,可以使教练员及时地获悉运动员掌握技术的程度和技术训练效果的有关信息,从而更好地控制训练过程。

(一)对跆拳道的技击技能形成过程的监督

跆拳道技击技能的形成与发展是一个经历基本技术训练阶段、自我设计阶段和以对手为中心的应变阶段训练的渐进、连续过程。对运动员技术训练程度的监督,应根据不同阶段的特点各有所侧重。

1. 基本技术训练阶段

此阶段的任务主要是学习和掌握基本技术。由于运动员内抑制能力相对较弱,在完成动作的过程中肌肉较紧张,不协调,常有多余动作出现。此阶段技术训练监督的重点放在运动员掌握动作的规格要求、动作的路线、用力的顺序和攻防用法等方面。当发现问题时,应根据运动员完成动作的外部形态和运动员的主诉感觉,分析原因,及时提出练习要求,帮助运动员正确、熟练地掌握动作并达到规范化的程度。

2. 自我设计阶段

在本阶段,运动员已经较熟练地掌握了单个技术动作、单个动作配合运用和使用的技巧与方法,但在及时作出反应动作并掌握动作应用的时机方面存在明显的不足。由于运用动作的时机把握不好,在动作完成的细节上存在缺陷,不尽如人意。此阶段的监督重点是完成技术动作的质量和实际运用效果。就目前跆拳道训练而言,此阶段的监督还不能准确地提供运动学和动力学的参数,但可通过现场录像,反复再现运动员在基本技术练习过程中的技术动作,并与优秀运动员的技术动作进行比较,加深运动员对掌握动作的使用时机、方位、距离的认识,并结合自身的特点,设计和形成符合个人身体条件、身体素质的技术动作。

3. 以对手为中心的应变阶段

本阶段训练的实质是技术动作在比赛中的实际运用。此阶段完成技术动作的训练目的是击中或击倒对手,让自己有效得分或制胜。同时,尽可能防止对方得分。然而,比赛中的情况千变万化,战机稍纵即逝,赛场上的各种因素都会影响运动员技术动作的运用。尤其是对手在比赛中竞技能力的具体表现,更决定了运动员要审时度势,根据对手的情况,随机应变地运用各种技术动作。要想在比赛的复杂情况下,灵活自如地应用技术动作,只有通过反复实战,培养和提高运动员比赛的场上意识,不断体验、总结和提高以对手为中心的技术应变能力。

此阶段的监督,主要是在激烈的实战对抗中检查技术动作的实用性和合理性。对于初级和中级运动员,重点监督技术动作运用的正确性和合理性;对于高水平的运动员而言,讲究和追求的是动作的效果,在规则允许的范围内,不论动作规范与否,只要能得分或制胜就行。因此,监督的重点是实战中技战术动作的击中率和实效性。

(二)跆拳道运动员技术训练的监督方法

1. 经验诊断

富有经验的跆拳道教练员,对于运动员的技术训练具有敏锐的观察力。凭借多年训练的经验模式和直觉,根据运动员完成动作的外部形态,能够较准确地诊断技术动作的质量,并运用术语提示练习要求,引导运动员向正确的技术动作转化。俗话说"名师出高徒",经验诊断的有效性取决于经验模式的正确程度。

2. 联合诊断

采用录像技术手段,现场获取运动员完成技术动作的图像,由科研人员解析,取得动作的运动学参数,并进行定量分析。在量化分析的基础上,与教练员的经验诊断相结合,为动作的改进提供定性和定量的意见。

3. 数据统计与评价

临场技术训练控制应紧紧扣住技术训练课任务的完成情况,评价运动员在某次训练或比赛中的技术表现。监测的重点应放在运动员完成技术动作练习的规格要求上,若发现技术问题,应根据技术动作的外显形式和运动员的主观感觉,分析原因,及时提示练习要求,帮助运动员正确地演练技术动作,并达到规范的要求。

在技术训练的小周期控制中,由于逐日的连续性训练,必然引起某个技术因素或环节的变化,因此,评价应与本周技术训练的任务及上一小周期技术训练的情况联系起来,监督动作技术的发展趋势。对于每个运动员,最好每周都有技术动作录像,以便反复观察和分析比较技术的改进,评价运动员技术水平的长期发展。

在阶段性的技术训练过程中,应记录因训练过程各种积累而引起的一系列变化,包括在训练过程中学习和掌握的程度、在干扰因素下(疲劳、对手等)技术的稳定性、在比赛中反映出来的技术动作的运用能力等,全面评价运动员技术训练中的接受能力和适应能力、技术环节和细节的改进、技术的改进与运动成绩增长之间的关系等。

五、跆拳道运动员战术训练过程监控

战术能力是跆拳道运动员竞技能力的重要组成部分,对其监控是实施运动训练过程控制的重要内容。战术能力发展与变化对运动员体能、机能、心理能力和智能的发展都有很大的影响作用,科学控制跆拳道运动员战术能力的发展,对于中高水平运动员的训练尤其显得重要。

(一)跆拳道战术训练过程监控

跆拳道战术是根据对手的实际情况,为取得比赛的胜利而采取的计策和行动。合理地使用战术,灵活运用各种技术,充分发挥自己的特长,限制对手的特长,从而掌握场上的主动权。

跆拳道战术训练监控主要是针对运动员战术意识、战术理论知识和战术行动的形成与发展过程进行监督和评价。

战术意识是运动员根据跆拳道比赛的规律,及时准确地观察和判断场上比赛的具体情况,随机应变,有目的、有预见性地决定自己行动和对付对手策略的思维活动。运动员战术意识强,可以更快、更好地掌握多种战术和迅速提高战术质量,更有利于掌握先进的战术和促进新战术的创造及绝招的形成,场上比赛战术的运用就更灵活、更有针对性。

战术理论知识包括跆拳道战术指导思想,运用战术的原则,各种攻防战术的形式、套路和这些战术的优缺点,战术的发展、演变和今后的发展趋向,对付各种战术的策略及其有效的方法手段,运用各种战术的前提条件,规则对战术的限制与要求等方面。

战术行动包括跆拳道战术的数量、战术的质量、战术实施方式、战术效果。战术数量是指运动员所掌握的战术步骤和方案数目。战术质量表现在战术的全面性、熟练性、先进性和创新性。战术实施方式是战术应用的具体形式,跆拳道运动员在比赛中会遇到各种各样的对手,即使面对的是相同对手,也会因场上比赛过程的变化而使用多种战术。因此,优秀的跆拳道运动员必须把符合自己特点、形成得分绝招的战术作为重点,演变成为多种战术应用的变化形式,提高场上应变能力,实施有效的战术动作组合,争取比赛的主动权。战术效果主要是指某战术运用与该战术最佳方案的吻合程度,评价该战术的运用能否达到既定的效果。

(二)跆拳道战术训练监控的重点环节

跆拳道战术训练的重点环节:确定战术思想,掌握基本战术,提高战术意识,保证战术质量。确定战术思想是跆拳道战术训练的首要环节。必须明确战术思想,把思想和行动统一到战术训练的总目标上,使战术训练具有强烈的目的性。

掌握基本战术是战术训练的基本环节。打好基本战术的基础,奠定扎实的战术功底,为以后的战术组合、配套战术及形成个人战术体系,创造了良好的发展条件。

增强战术意识是战术训练的中心环节。战术意识的外部表现特征为:技术的目的性,行动的预见性,判断的准确性,动作时机的及时性。要想把握场上比赛的主动权,必须准确地预见比赛的发展,预见对手的行动。在比赛过程中始终保持战术思维的清醒性、正确性和及时性,使战术行动符合预定的战术方案,并随机应变,瞬间决定新的战术行动。

保证战术行动质量是战术训练的关键环节。跆拳道战术行动包括进攻、防守、反击、复合进攻、复合反击。战术行动质量的监控主要围绕三个方面进行:一是战术行动的预见性、及时性、正确性和针对性;二是战术方案的灵活性、应变性、创造性;三是战术实施方式的欺骗性。

(三)跆拳道战术训练监控的方法

1.观察法

现场观察运动员的战术能力,根据技术的目的性、行动的预见性、判断的准确性、动作时机的及时性,评价其战术意识的表现;根据完成动作的及时性、准确性、针对性、预见性、应变性、创造性,评价其战术行动的质量。

2.临场统计

通过实地观察和录像观察,对比赛过程第一局、第二局、第三局的得分、警告、扣分等技战术动作的使用情况分别进行统计,了解运动员战术应用的情况、得分的效果及失分的情况,以利于完善个人战术体系,合理运用战术,充分发挥自己特长,限制对手特长。

3.心理测定法

跆拳道运动员战术活动的心智能力(如表象能力、动觉能力和思维能力等)与战术能力有着紧密的联系,在比赛过程中战术意识总是与战术行动结合在一起,往往是在瞬间就要完成对几套战术行动方案的思考,并作出最佳战术行动的选择,其过程具有及时性、准确性、敏捷性、灵活性和创造性特点。通过心理测试,检查和评价运动员战术思维能力。

4.询问法

询问法即运用口头或文字形式来了解运动员战术意识和战术理论的方法。它可用口头提问、运动员及时回答的方式进行;也可以采用问卷方式来进行,问卷包括问答题、填空题、是非题、选择题、图示解答题等多种类型。以此帮助运动员比较系统地了解和掌握跆拳道战术特征和比赛的基本规律,促进战术理论水平的提高和战术意识的增强。

5.仪器分析法

仪器分析法主要用于测评跆拳道运动员的战术思维活动和对比赛活动的速记。其测评装置由录像机、投影机、计算机和键盘控制器组成。测验时,在屏幕上给运动员放映一组比赛过程不同场景的录像,当受试者看到每个图像时,必须尽快地作出判断,并迅速按动相应的键表明自己的战术决策,计算机将自动累计决策时间和判断错误的次数。通过与事先确定的标准选择进行比较,分析其战术行动决策的正确性,相应地判断运动员战术思维的能力。

六、跆拳道运动员心理状态监控

跆拳道是激烈对抗的搏击运动项目,运动员在比赛中既是技术、战术、体能的较量,也是心理能力的较量。良好的心理素质,直接影响着运动员日常训练和场上对抗的能力。

跆拳道运动员心理状态监控,就是对运动员在运动训练和比赛活动中的心理状态与行为进行诊断和监督,调整和调节运动员的心理状态,以发挥运动员的身心潜能,保证训练和比赛任务的完成。

(一)跆拳道运动员的心理表现

跆拳道是利用拳和脚进行激烈搏击的对抗性运动项目,它通过竞赛、品式和功力等运动形式,使练习者得以增强体质、掌握技术和战术以及培养果敢顽强的意志品质。跆拳道运动员在训练和比赛中的心理表现主要是情绪、信心和意志。

1. 情绪

情绪是运动员心理的具体反映。跆拳道运动员在训练和比赛中的情绪表现非常鲜明,良好的情绪使运动员激情高涨,不良的情绪则会使运动员消极、失望和悲观。情绪直接影响训练和比赛的结果,甚至影响运动员的运动生涯。

2. 信心

跆拳道比赛过程是"斗技、斗力、斗智、斗勇"的过程,高度的自信能够充分调动一切有利的心理因素,做好思想上、精神上、体力上和技战术行动上的准备,使运动员处于积极、顽强的战斗状态,树立起必胜的信念。

3. 意志

意志行为是一种有目的的支配行为,通过克服困难而达到既定目的。顽强的意志能够促使运动员不断学习新动作,挑战难度动作,不怕困难,不怕失败,不怕艰苦,不畏强手,坚定地完成训练任务和比赛任务。

(二)跆拳道运动员心理状态监控

1. 日常训练的心理状态监控

(1)主要任务:监督和调节运动员训练的心理情绪,提高训练欲望,控制心理品质培养和形成过程。

(2)监控的内容:运动员训练的态度、训练欲望、训练过程心理品质的表现。

(3)主要监控方法:

1)观察法。对训练有厌烦心理状态的运动员,情绪低落,常表现出不愿意去训练的行为现象,即使到了训练场,也缺乏训练欲望,练习的兴奋性低、反应迟钝、动作失调、情绪烦躁。

2)调节方法:①精神激励。运动员在日常训练过程出现技战术动作不如意甚至动作失败时,指导者以祥和的态度,分析问题所在,开导和激励练习者。避免说一些练习者难以接受的刺激性语言,挫伤训练的积极性。②消除心理疲劳。采用注意力、训练内容、训练方式及放松训练等方面调节措施,消除精神疲劳,重温理想训练时的感觉和体验,唤起运动员对训练的兴趣和训练的欲望。

2. 赛前训练的心理状态监控

(1)主要任务:通过合理的训练和调节,使运动员增强信心,坚定比赛意志,形成参加比赛的最佳心理状态。

(2)监控的内容:运动员在训练中所表现出来的自信程度,面对困难、面对训练艰苦所表现出来的顽强意志品质,训练情绪的稳定程度。

(3)主要监控方法:

1)观察法。

A.通过观察运动员赛前训练阶段情绪的变化,了解情绪的稳定性。

B.观察赛前训练中完成技战术动作时的成功率,判断运动员的自信程度。

C.观察运动员在艰苦的赛前训练及实战训练中的表现,判断其顽强意志品质的形成与发展。

2)调节与控制方法。

A.赛前模拟训练:模拟与对手、观众、场地、设备、照明、气候等方面相似的条件,让运动员产生对比赛环境的适应,调节心理状态,消除紧张情绪。

B.强化技能训练:把注意力放在完成技战术动作的时机、有效性和实效性上,通过提高技战术动作的成功率,增强运动员运用和完成技战术动作的信心,从而树立比赛的自信心。

C.培养和磨炼意志:严格训练,严格要求,在苦练中磨炼意志品质;安排与强手的配对实战,培养敢打敢拼、勇敢顽强的意志品质。

D.自我调节:采用富有节律的深呼吸运动,缓解紧张情绪,调节身心状态;应用自我暗示法,通过意念的控制实现对情绪或行为的调控。

3. 临场比赛的心理监控

(1)主要任务:通过监控和激励,调动比赛的欲望,树立比赛的信心,以最佳的心理状态进入比赛。

(2)监控的内容:运动员比赛情绪的稳定程度,比赛的信心和欲望,对比赛艰难性的心理准备程度。

(3)主要监控方法:

1)观察法。

A.观察运动员临赛时的精神面貌及行为举止,判断其比赛的情绪。

B.观察准备活动的练习状况,判断运动员对比赛的欲望和信心。

C.观察对比赛困难预计的言行,了解运动员对比赛艰难性的心理准备程度。

2)调控方法。

A.语言激励。根据运动员的比赛情绪、比赛欲望和对比赛艰难性的心理准备程度及运动员的个性特点,因人而异地给予必要的指示和不同的语言刺激,如鼓励、表扬、激励、"响鼓重敲"等,以达到增强信心,提高斗志,形成最佳比赛心理状态之目的。

B.自我暗示。身心放松,稳定情绪;表现成功比赛的情境,回忆自己最成功的一场比赛的体验;想象比赛方案并融入过去成功获胜的比赛场景,以形成良好的心理定势,进入最佳竞技状态。

第六章　跆拳道身体素质训练

第一节　力量素质训练

人体肌肉在工作时都需要克服内外阻力,这种克服内外阻力的能力就是我们所说的力量素质。在跆拳道运动中,力量素质主要体现在完成攻击动作需要的击打力量、步法移动需要的下肢力量、组合技术动作衔接转换需要的综合力量、抗击打力量四个方面。跆拳道是一项体现综合力量素质的运动项目,其不同动作对力量类型有不同的要求,因此,在跆拳道的日常训练中,对各方面的力量素质都应引起重视,如果只是过分地强调某一种力量素质,那么必然出现身体力量素质发展不平衡的情况。因此,在进行力量训练时,要避免单一的训练方法,保证各种力量素质的均衡发展。

一、最大力量训练

最大力量是指肌肉通过最大随意收缩抵抗无法克服的阻力过程中所表现出的最高力值。在人体中,最大力量与传入肌肉的神经冲动的强度和频率以及肌肉收缩的内协调能力和关节角度的变化有着直接的关系。跆拳道运动的最大力量主要体现在相对量上。

(一)通过改善神经调节机制,提高肌肉协调能力来发展最大力量

跆拳道比赛是根据运动员的体重来分级进行的,因此,对具有相同体重的运动员来说,增大力量非常重要。通过改善神经调节机制来发展最大力量是一种符合跆拳道运动的训练方式,即有效地提高最大力量却不增加肌肉体积。在具体的训练过程中可以采用以下几种方法。

1. 肌肉收缩—放松的训练

在进行最大力量训练时,应松弛有度。在训练过程中,运动员应充分利用回收动作的过程中和动作间间歇的时间,尽可能使肌肉保持合理的放松,使肌肉避免长时间的紧张、僵硬尤为重要。只有在击打中遵从放松—紧张—放松的原则才能使肌肉在运动过程中获得更好的能量补充以及更好的神经调节,从而为下个动作出击积蓄力量。同时,遵从紧张—放松的原则对减少对抗肌对主动肌、协同肌的负面影响也非常有利,只有这样,无论是何种跆拳道动作,都能够发挥出最大力量。

2. 保持对肌肉刺激强度的训练

采用最大速度和最大力量进行训练是保持对肌肉刺激强度的良好方式,在这种情况下,能够进一步地对神经系统的兴奋性进行强化,从而使得参与工作肌肉的刺激强度得到进一步提高,如此一来,就能获得良好的技术动作训练质量和效果,运动员的最大力量也能得到稳步的增长。

3. 整体发力的训练

跆拳道比赛中,应强调调动大肌肉群参与完成击打动作,而不应只是调动局部肌肉来进行击打。例如横踢击打,发力顺序依次是击打腿蹬地—向前提膝—同时转髋、扣膝、支撑腿旋转→小腿由屈到伸鞭打。总的来说,横踢击打就是由髋带动大腿、大腿带动小腿,聚集全身之力协调一致而发出的动作。在发力时切忌不要由小腿带动大腿,否则,全身的相关主动肌和协同肌就无法全部参与动作的完成,并且在这个过程中,动作的协调性差、力量分散。此外,在击打的瞬间要发声助威,以气催力。因此,在跆拳道的日常训练中,运动员对全身整体协调一致的发力方式和技巧要加强学习,力求熟练掌握,以保证每一次训练、每一个动作都严格按照完整发力的要求去完成练习,保证动作能够发出最大力量。

4. 保持击打合适距离的训练

在跆拳道对抗中,相互间的距离对动作产生的力量有着直接的影响。如果肌肉质量相同,动作运行距离长比运行距离短所发出来的力量要大一些。因此,在不产生预兆的前提下,在进行腿法或拳法动作前应适时对击打距离进行调整,只有这样才能保证击打发挥出最大力值。在跆拳道训练或比赛中,可以依靠步法的移动或动作本身姿态的调节来调整距离。

5. 提高动作击打准确性的训练

总的来说,跆拳道动作由启动、运行、击打落点三个部分组成。在这三个部分中,击打的速度与力量之间存在较大的差异。在动作启动时,击打力量与初速度的大小成正比。在动作的运行过程中,力量会随着速度的加快迅速增大直至接触目标部位。在动作收回的瞬间力量为"零"。因此,在训练中只有恰到好处地使击打部位与动作击打力量最高值的力点吻合,才能保证发挥动作的最大击打力量。

(二)通过增加肌肉的生理横断面,提高最大力量的训练

1. 负荷强度

在训练过程中,选择适宜的负荷强度非常重要。实践证明,增加肌肉的生理横断面训练的负荷强度宜在最大负重的60%～85%的强度之间。从跆拳道运动的特点来看,不宜采用极限负荷强度来进行增加肌肉生理横断面的训练,这是因为极限负荷训练易使肌纤维粗壮,并且在这种情况下运动员的心理负担较大,训练效果不佳。但可以根据每周的具体情况穿插进行1～2次。

2. 练习的重复次数与组数

可根据运动员的实际情况和能力水平,安排每组4～8次,每次练习5～8组或更多。需要注意的是,由于在进行最后几组练习时,参与工作的运动单位已达到最高,并且身体机能也有所下降,可见最后几组和重复练习的次数对提高运动员的最大力量很关键。因此,必须予以重视,认真完成。只有这样才能使肌肉承受刺激的强度得到进一步提高,进而使肌肉的能量供应得到改善与提高,促进肌肉横断面的增大。

3. 练习的持续时间

在进行增加肌肉横断面练习的过程中,每一个动作的完成都应一气呵成、自然连贯,无停滞现象,将完成整个过程的时间控制在 4 s 左右。在这一练习持续时间下,能促进参与工作的肌纤维变粗,肌肉横断面增大。

(三)组间间歇时间

在完成上一组练习后肌肉所产生的疲劳基本得到消除到进行下一组练习之间的时间称为组间间歇时间。在通常情况下,高水平运动员的组间间歇时间为 2~3 min,如果运动员的力量水平不高,则可将间歇时间适当延长。在间歇过程中,运动员可通过做一些短促的快速动作练习和放松练习,来加快疲劳恢复。

(四)最大力量训练的要求

(1)在进行最大力量训练时,应采用克制性和退让性相结合的动力性练习。

(2)在发展最大力量训练时,不宜采用过多的最大负荷训练,这是因为最大负荷只能重复 1~2 次,其效果不如重复 8~12 次的好。另外,采用最大负荷训练极易受伤,进而给运动员造成心理障碍。

(3)要根据运动员的具体情况选择最大力量的训练内容和方法。有机结合一般性力量练习和有针对性的专门力量练习,合理安排。

(4)在进行最大力量训练时,要将大、小肌肉群结合在一起练习,先安排大肌肉群的最大力量练习,再安排小肌肉群的快速力量练习,避免小肌肉群受伤。

(5)由于跆拳道运动是一种根据体重来划分等级进行的项目,因而发展相对力量非常重要。所以,控制体重是最大力量训练中重要的一环,应多采用提高肌肉内的协调能力的方法来发展最大力量,这样不但可以增加相对力量,还可以控制体重。

二、速度力量训练

速度力量是由力量和速度有机结合在一起的力量,因而其兼有速度和力量的特征,是一种特殊力量素质。速度力量会随着运动员在完成动作时所用力量和速度的增大而提高,也就是说力量越大,速度越快,所表现出的速度力量就越大。

通常情况下,速度力量水平的高低是由速度力量指数来衡量的。肌肉负荷与收缩速度的关系是负荷越大,速度越小。当负荷趋于极大值时,速度趋于极小值;当负荷趋于极小值时,速度趋于极大值。

事实证明,要想获得速度力量训练的最佳效果,就必须使最大力量和速度这两个方面都得到提高。因此,在进行速度力量训练时,负荷重量与动作速度各自所占的比例要适宜,不可偏废,使之符合跆拳道的要求。无论是为了增加力量而降低动作速度,还是为了提高动作速度而降低力量,或者同时增加力量和提高动作速度来发展速度力量,都需要正确处理练习负荷和动作速度之间的比例。

在跆拳道运动中,速度力量是首选的力量素质。在跆拳道比赛中,运动员腿部的使用都需要速度力量。肌内和肌间的协调性以及肌纤维的快速收缩能力是完成腿部动作的关键。因此,在进行跆拳道速度力量训练时,应当围绕提高肌肉收缩工作过程中各参与工作肌肉间的协调能力和动作快速运动能力来进行训练。

(一)速度力量训练的练习强度和量的安排

1. 肌肉工作的方式

在训练中,运用动力性的工作方式来提高速度力量具有良好的效果,例如克制性的、退让性的等动和超长的工作方式。

2. 负荷强度的大小

负荷强度有一个波动范围,通常为30%～100%,因此,在具体的训练过程中,应根据练习的性质和目的来决定负荷强度的大小。例如,动作难度较高、参与工作的肌肉较多的速度力量练习,负荷强度可以达到最大力量的70%以上;专项动作如负重的踢击练习则可用最大力量的30%～50%。总而言之,可以通过选择大的负荷强度来发展爆发力,选择小一些的负荷强度来提高动作启动力量。

3. 动作的练习速度

通常可以选择次极限速度训练来重点发展爆发力,可以通过极限速度来重点发展腿的速度力量。

4. 完成单个练习的时间

由于单个练习对动作速度和中枢神经系统的兴奋性要求较高,因此在进行练习时,每个练习的持续时间都要适宜。也就是说,要保证每个动作都要保质保量地完成,在一般情况下,每组练习的重复次数可以为1～5次。可根据练习的性质、负荷的大小、训练水平以及练习的结构来安排持续时间,通常每组练习中运动的持续时间为3～4 s至6～8 s。

5. 组间间歇

组间间歇时间的设置是为了使练习者能够恢复工作能力,及时清除体内的非乳酸性氧债。在进行训练时,如果局部肌群投入工作的时间为3～4 s,那么间歇时间可以30～40 s;如果全身性肌肉工作或单个练习的时间较长,间歇时间可在3 min 以内,个别情况还可以稍微延长。此外,在间歇休息中,可根据自身情况做一些适当的放松运动,保证身体在下一个练习前恢复到最佳状态。

6. 一次课练习的组数

在一次课练习中,由于每个练习的性质以及其所选择的负荷强度不同,因此在练习时,它们的练习组数也不一样,不能为了追求训练效果而一味贪多,同时在练习的过程中还应遵循不降低动作练习速度的原则。如果负重量大,练习强度大,则重复次数少,反之则多。普托拉诺夫对当今优秀运动员发展速度力量的训练实践总结后认为,一次课的练习组数为2～6组。而德国的比勒和他的小组则认为,当进行负荷强度为30%～50%的等张运动时,练习的组数为5组。

(二)发展速度力量的常用训练方法

在跆拳道运动的速度力量训练过程中,通常采用负重练习法和徒手练习法。

1. 负重练习法

通过负重与专项动作结合进行训练是跆拳道练习者发展速度力量和提高动作速度的良好方式。例如在负重条件下(沙袋、沙腿)的各类腿法的踢击练习、高抬腿练习、左右提膝练习、短距离冲刺练习等;借助橡皮筋弹性的各类腿法的踢击练习;利用杠铃进行的各种练习等。

在采用负重练习法时,应根据具体情况来选择负重的大小。如果选择的负重过大,则会直接影响动作完成的速度。如果选择的负重过小,那么速度力量又难以体现出来。因此,在一般情况下,进行速度力量训练时,常采用运动员最大负重的40%左右与专项动作相结合,这样可以使力量和速度在训练中都得到发展。在训练过程中,运动员在完成动作练习时速度应是最快的。

在确定负重练习的次数和组数时,应从计时练习和计数练习两个方面来考虑,如果是计时练习,那么每一组的持续时间应控制在5～8 s,而重复的组数则以5～10组为宜;如果是计数练习,则每一组的重复次数应控制在10～15次,而重复的组数则以5～8组为宜。在具体的训练过程中,练习的次数和组数应视练习者完成动作练习的速度而定,如果能保证动作完成的速度,可以相应增加练习组数,一旦练习速度下降,则应停止练习。

在负重练习的过程中,间歇时间的长短要着重把握,一般每两组之间的间歇时间应在2～3 min,如果组间间歇时间设置太长,那么中枢神经系统的兴奋性会随着时间延长而下降,进而对下一组的练习及其效果产生直接影响。

2. 徒手练习法

徒手练习法主要是采用各种练习形式结合专项动作来克服自身体重的练习方法。

蛙跳、收腹跳、台阶跳、直腿收腹交换跳、高抬腿、左右提膝、连续双飞踢、左右快速横踢等都属于徒手练习法。在一般情况下,常采用计数的形式来进行徒手练习,根据运动员的能力水平和训练的目的与任务,根据具体情况每组安排15～20次,重复3～5组。如果是结合专项动作而进行的连续快速的徒手练习,通常采用计时进行练习,根据具体情况每组3～5 s或6～8 s,这个时间与比赛中的一次组合进攻的时间大致相当,而练习的组数则可根据运动员的实际情况重复5～8组。但需要注意的是,不管是计时练习还是计数练习,在练习中一定要促使运动员尽全力保证以最快的速度完成每组练习。

(三)速度力量训练的要求

第一,在速度力量训练中,发展局部速度力量和发展整体速度力量训练结合进行,不可片面地追求某一方面的发展。通过提高全身速度力量水平能够有效地促进局部速度力量的提高。因此,在具体的训练过程中,不可单方面地进行单个动作的速度力量练习或组合动作的速度力量练习,而要将两方面的速度力量练习结合起来,将大肌肉群与小肌肉群的练习结合起来。

第二,由于跆拳道的特点,在训练过程中要重视最大力量,尤其是相对力量的提高。相较而言,提高力量比提高速度的难度要低一些,因此,提高速度和力量素质的侧重点应放在提高力量素质特别是相对力量的最高值上。

第三,在速度力量训练中,尤其是在结合专项动作的练习中,应强调动作质量,确保动作练习的快速性,并在练习中表现出最大力量水平,产生最大的速度力量效果。

第四,在速度力量训练中,为了获得最好的训练效果,应重点分析项目特点,进而使速度与力量训练的作用因素实现最完美的集合。在一般情况下,可在以下几种方案中选择。

(1)"力量性"速度力量训练:动作速度不变,增加练习负荷。

(2)"速度性"速度力量训练:练习负荷不变,提高动作速度。

(3)"全面性"速度力量训练:练习负荷与动作速度同时增加和提高。

在跆拳道专项的速度力量训练中,"速度性"的快速力量训练运用较多,以全面提高攻防击打和步法移动的速度。

三、力量耐力训练

力量耐力反映的是一种在规定时间内反复完成比赛动作所要求的高水平肌肉收缩能力。跆拳道运动员力量耐力水平是由多种因素决定的。其中血液循环系统和呼吸系统的机能能力是最主要的因素,这是因为工作肌在释放能量的过程中需要足够的氧气。而无氧代谢的机能能力和工作肌有效地利用氧的能力以及比赛训练中运动员本身所反映出的意志品质也是重要的决定因素。简单地说,在跆拳道运动中,运动员本身的最大力量水平、身体机能的能量供应系统的强弱和肌肉的抗疲劳能力共同决定着运动员的力量耐力水平。

在进行力量耐力训练时,所选择的训练环境应接近于跆拳道比赛特点的环境氛围,并且所选择的练习要在内外结构上与比赛相似,并能体现出明显的力量特征。如在多次重复的组合脚靶或踢沙袋练习时,应尽可能地发挥出最大力量和爆发力,使运动员能够更好地反复完成比赛技术动作的相应力量性工作;在进行多次重复的腿法练习时,应尽可能地表现出启动力量和爆发力的最高水平。

(一)力量耐力训练的练习强度与量的安排

1. 负荷强度

在跆拳道比赛中,运动员使用腿法、步法技术动作较多,而这些动作所要求的力量耐力比较全面,既有最大力量耐力,又有速度力量耐力。因此,所选的负荷重量可以在较大的范围内变动,但一定要适宜。在专项力量耐力练习中,做提高步法和腿法动作的力量耐力练习,可选择略超出比赛时的 5%～10% 的负荷强度;在提高组合动作的力量耐力的训练中,则可选择等同于比赛时的负荷强度或超过 10%～30% 的负荷强度进行训练。而在一般性力量耐力训练中,可选择 50%～80% 的负荷重量进行重复练习来发展最大力量耐力;可通过采用 30% 以下的负荷强度进行重复练习促进速度力量耐力的提高(不负重或负重较小的空击)。

2. 练习的次数与组数

在一般情况下,运动员应在保证正常完成动作的前提下尽可能多地完成练习次数。从跆拳道的运动特点来看,通常采用计时练习来控制练习量,提高出腿力量耐力的每组练习时间可为 30～60 s,重复练习 4～6 组;空击、组合踢靶、踢击沙袋等发展最大力量耐力的练习时间可为 30 s～2 min,重复练习 5～8 组。

3.组间间歇时间

在确定力量耐力训练的组间间歇时间时,对练习的各方面都要进行周密的考虑,例如练习的性质、练习时间的长短、负重的大小和投入工作的肌肉的数量等方面。如果练习的时间较短,须通过数组练习才能达到极限疲劳,组间间歇应在身体未完全恢复的状况下进行。例如,发展腿击动作的肌肉耐力的力量训练,应将练习的持续时间控制在 30~60 s,而间歇时间短于练习时间 5~10 s。如果练习的持续时间较长,并希望每次练习都达到较满意的训练效果,那么间歇时间应适当延长,以使机体恢复至训练的初始水平或接近初始水平。

4.练习的速率

在进行提高一般性肌肉耐力能力的负重练习时,要适当把握完成动作的速率,不宜过分追求动作速率,否则会导致动作功率的降低。在进行发展专项肌肉耐力能力的练习时,应尽可能使动作的速率与比赛时的动作速率一致。

(二)发展力量耐力的常用训练方法

1.专项练习训练法

专项练习主要用来发展专项力量耐力,是针对在比赛中承担主要工作负荷的肌肉群的力量耐力,使之达到更高水平的专项训练练习。在跆拳道专项力量耐力训练中,通常采用接近比赛条件的动力性重复练习,例如组合攻防技术动作的空击练习、运用各种进攻技术动作踢击沙袋的练习、踢脚靶或护具靶练习、两人的相向空击,以及高抬腿、左右提膝、连续双飞踢等练习,也可以在进行上述练习时采用较轻的负荷(10%~20%的负重),来提高、发展运动员的专项力量耐力。在通常情况下,每种练习方式的练习时间应控制在 30 s~2 min,在特殊情况下,可以适当延长。

2.循环训练法

如今,循环训练法已发展成为一种较为全面的训练方法;通过变换力量练习的训练方法参数,可以把循环训练设计成发展各种综合能力的计划,如力量、速度、协调能力,以及爆发力、肌肉耐力等。

实践证明,循环训练法对提高肌肉耐力具有较好的效果。在国外,有运动训练专家根据不同运动项目的需要,提出了以下两种不同方式的循环训练。

(1)大强度间歇循环训练。在进行大强度间歇循环训练时,采用最大力量 50%~80% 的负荷,重复 10~30 次,并且动作重复练习的速度要快。组间间歇时间应为用力时间的 2~3 倍。大强度间歇循环训练在短距离高速度项目(短跑、游泳、短跑道滑冰等)、跆拳道、散打、摔跤、拳击、橄榄球及其他球类项目的肌肉耐力训练中运用较多。

(2)低强度间歇循环训练。低强度间歇循环训练一般采用 30%~50% 的运动负荷,完成动作的速度适中或较慢,但应适当增加动作重复练习次数。组间间歇休息时间应少于大强度的循环训练时间。低强度间歇循环训练主要用于发展周期性运动项目的肌肉耐力,如武术套路、长跑、长距离游泳、越野滑雪、赛艇等。

跆拳道是一种非周期多元变异结构的交手对抗项目,有其自身固有的特点和要求,在通常情况下,可采用大强度间歇循环训练的方法来提高专项动作肌肉的力量耐力。当然,也可根据比赛需要和运动员的实际情况,运用低强度间歇循环训练来促进全身一般性的肌肉耐力的提高。在制定循环训练计划时,应注意以下几个问题。

(1)一组循环练习的时间可根据具体情况来确定,例如循环练习 4 种练习时,练习时间可以较短;循环练习 6 种练习时,练习时间可以适中;循环练习 8 种及以上练习时,练习时间可以较长,但不管是哪一种循环练习,其总持续时间宜为 20～30 min。在一般情况下,循环练习重复 3～5 组。在具体的练习过程中,应充分考虑运动员的训练水平、准备发展的身体部位以及运动素质等方面,通过对这些方面的分析来最终确定练习的持续时间、组间休息时间以及重复次数与组数。

(2)在安排循环训练的具体内容时,应充分考虑运动员各方面的情况,循序渐进、逐步提高身体负荷。

(3)在循环训练中,每一个练习都是预先设置好的,因此,可以将运动员分组同时进行训练,让其具有一定的竞争性,以提高运动员练习的兴趣,活跃练习气氛。

(4)在循环练习中,要合理、全面地安排各"站"的内容,身体各个部位的肌肉群均应兼顾,通常遵循下肢、上肢、腹部、背部的运动顺序。

(5)循环练习的负荷量并没有一个固定的标准,因而可以灵活地对其进行安排,也可以用准确的时间或重复次数表示,例如,在进行训练时可以不对组间间歇、练习时间进行限制,但对一组或三组循环练习的时间进行一定的限制;提高训练要求的方法是重复次数和负荷不变而减少完成每组循环练习的时间、增加负荷或增加重复次数;可以用计算心率的方法控制间歇休息时间,当心率下降到 120 次/min 时,即可开始下一次循环山,等等。

(三)力量耐力训练的要求

第一,在发展运动员力量耐力的同时,应同时兼顾运动员的心血管系统和呼吸循环系统的机能的提高,使之同步得到发展并日益完善。

第二,在进行专项力量耐力训练时,应选择与比赛时的动作速度相近的练习速度。

第三,力量耐力训练的组间间歇时间应适宜,不宜过长,应在集体完全恢复之前进行下一组练习,从而达到最好的训练效果。当运动员达到相当的疲劳程度时,为确保运动员疲劳的缓解,可将组间间歇时间稍微延长。

第四,一场跆拳道比赛共分为 3 小局,男子每局持续 3 min,女子每局持续 2 min,一天比赛若干场,直至冠、亚军的最终确定,因而对运动员的力量耐力有较高的要求。因此,跆拳道运动的力量耐力训练要注重提高绝对力量耐力。

第五,在进行力量耐力训练的过程中,还应注重运动员顽强拼搏、克服疲劳的良好意志品质和心理素质的培养,强调保质保量地完成每一次练习,全面提高机体的力量耐力。

四、跆拳道力量训练具体方法

(一)一般力量素质训练的方法

1. 下肢力量

(1)跳绳。可采用单脚连跳、双脚连跳、花式跳绳等训练方法来发展下肢力量。

组别数量:对跳绳的次数或时间进行规定,例如一组要求连续跳 400～600 次,练习 6～

8组；或是连续跳 3～5 min 为一组,练习 6～8 组。

训练要点:协调连贯,轻松自然。

(2)负重连续跳或跳障碍物。可在双腿绑缚沙袋进行负重跳,也可身穿沙衣,或肩负杠铃,或手持重物进行半蹲、深蹲、提踵跳、跳台阶等障碍物、平地梯形跳等。

组别数量:规定时间或次数,依据不同训练任务和要求,练习 6～8 组。

训练要点:保持上体正直,练习时身体完全舒展。

(3)负重杠铃深蹲或半蹲。肩负杠铃进行深蹲或半蹲。

组别数量:采用中等重量(70%～90%),组数为 4～6 组,次数为 4～6 次,以最快速度进行的练习。

训练要点:挺直腰背,将杠铃负在肩上,抬头收腹,膝盖方向朝前,平稳屈膝下蹲,向上扛起时要求快速站起;半蹲则要求屈膝下蹲至大腿近水平时,随即伸腿起立。

(4)负重专项技术练习。腿部缚沙袋或进行横踢、后踢、劈腿、侧踢、前踢等技术练习,然后再去掉沙袋,以提高动作速度。

组别数量:10 次为一组,重复练习约 8～10 组,空击每组约为 5 次。

训练要点:动作规范,启动快捷,力量完整,快打快收。

(5)各种方式的蹲跳。立定跳远、空中交叉跳、纵跳、跳高、各个方向的分腿跳、跳山羊、单足跳等。

组别数量:每组 15～20 次,重复练习 8～10 组。

训练要点:尽可能地跳起,保持重心稳定,减少地面接触时间。

2.躯干力量

躯干各肌群主要发展髂腰肌、腹直肌、腹外斜肌等。

(1)负重或不负重的仰卧起坐(两头起)。

组别数量:每组 30 次左右,重复练习 6～8 组。

训练要点:动作规范,快起慢落。

(2)固定腿的仰卧起身(一头起)。可将腿部垫高,两手可持重物,可左右转体,可大小腿折叠。

组别数量:每组 20～30 次,重复练习 6～8 组。

训练要点:动作规范,快起慢落,负重适度。

(3)俯卧挺身(背肌一头起)。将固定腿部,可徒手也可负重练习。

组别数量:每组 20～30 次,重复练习 6～8 组。

训练要点:确保动作质量,身体向后上尽可能伸展。

(4)立卧撑收腹跳。可徒手也可负重练习。

组别数量:每组 15～20 次,重复练习 6～8 组。

训练要点:卧撑时双腿同时向后伸,屈膝收腹至胸前,动作要快速连贯。

(5)仰卧举腿(直腿或屈腿)。可徒手也可负重练习。直腿时,双腿同时起落或左右交叉上下起落;屈腿时,呈 30°斜角做左右蹬腿练习。

组别数量:每组 20～30 次,重复练习 6～8 组。

训练要点:双脚悬空,尽可能贴近地面进行。

(6)收腹举腿。悬垂于肋木,直腿上举双腿,可徒手也可负重练习。

组别数量:每组10~20次,重复练习6~8组;可根据具体情况适当增加或减少。

训练要点:双腿上举过头,大腿贴近胸部,快起慢落。

(二)专项力量素质训练的方法

1.跆拳道运动中最大力量训练

(1)静力性力量训练方法。静力性力量训练是指肌肉在紧张用力时其长度不发生变化的力量训练,又称为等长收缩。在一般情况下,运用较大重量的负荷以递增重量的方法对提高静力性力量具有良好的效果,例如站桩练习等。静力性力量训练对运动员伤后恢复阶段的训练最为合适。

(2)动力性力量训练方法。动力性力量训练法是一种克服重量进行训练的方法,是通过运用克服或对抗重量使肌肉紧张的训练方法,对抗重量的训练方法被称为退让练习法。

在发展最大力量方面,这两种训练方法的效果差不多。在采用这两种方法进行训练时,动作速度都不宜过大,否则就达不到训练最大力量的目的。运用大负荷慢速度的训练主要是提高等长状态下的最大力量。

(3)极限强度法。极限强度法又叫"保加利亚法"或"阶梯式训练法"。保加利亚举重队之所以能在20世纪70年代世界举坛崛起,很大程度上源于采用了这种训练方法。在练习强度方面,极限强度法有较高的要求,在每周、每天、每个项目的训练中都要求与本人当天的最高训练水平接近或达到,甚至超越,然后将负荷减10 kg做2组,再减10 kg做2组。从递增重量开始,直至当天最大重量,再递减重量。极限强度法在计划规定的时间内,组数做得越多越好。

(4)极端用力法。极端用力法要求运动员能够重复完成极限数量的练习,即每组练习允许重复8~10次这一最大力值,直到完全不能完成为止,在这种情况下,参加训练的肌群无法进行收缩,肌肉的疲劳程度也越来越高,这时就需要从大脑皮层发出补充神经冲动去激发新的运动单位,充分调动每一块肌肉,同时激发新的肌群,也就是将神经兴奋扩散到其他的肌群。极端用力法对举重运动员尤为适用,其能深刻而全面地影响运动员肌群的结构和机能,从而大幅度提高举重成绩。实践证明,极端用力法对发展最大力量极为有效。

跆拳道运动是一种开放性、多元变异组合结构的临场对抗交手项目。在比赛中,双方运动员都始终处在运动中,总是在频繁地调动、移动、调整中寻找时机。力量训练,特别是最大力量训练,是跆拳道训练的基础,能够为其提供充沛的体能,保证其在不断移动中能够快速地打出有力一击。

2.跆拳道运动中快速力量训练

(1)上肢力量的训练方法。

1)俯卧撑。屈臂时使胸部与地面接触,伸臂时肘关节完全伸直。

组别数量:每组15~20次,重复练习8~10组。

训练要点:确保动作质量,快速连贯。

2)杠铃屈臂。杠铃的重量在3~5 kg为宜,以肘关节为轴做两臂的屈臂动作,到两肘完全屈收,将杠铃横置锁骨部位,再放松伸臂至大腿前。

组别数量:每组 10~15 次,重复练习 6~8 组,可根据实际情况增加或减少。

训练要点:确保动作质量,保持躯干正直。

3)卧推杠铃。选取极限重量 60%~70% 的杠铃,将两臂伸直与肩部同宽,双手正放松屈肘,杠铃至胸前,但不能与胸部接触,然后双臂用力上举,至伸直位置。

组别数量:每组 6~10 次,重复练习 6~8 组,可根据实际情况增加或减少。

训练要点:确保安全,动作连贯。

4)爬绳或爬杆。室内长度约 5 m,锻炼力量的灵活性和耐力性。

组别数量:上下为一组,重复练习 6~8 组。

训练要点:确保安全,身体尽量保持平衡,控制摆动幅度。

5)负重拳空击。选取 1~2 kg 的哑铃,进行各种跆拳道的拳法组合的空击练习。

组别数量:每组 20~30 s,重复练习 8~10 组。

训练要点:确保动作质量(以拳法规范为标准),快速、有力、连续。

(2)躯干各肌群的训练方法。

1)仰卧起坐(两头起)。徒手仰卧起坐。

组别数量:每组 10 次,重复练习 6~8 组。

训练要点:确保动作质量,快速无停滞。

2)仰卧起身(一头起)。徒手仰卧起身。

组别数量:每组 10 次,重复练习 8~10 组。

训练要点:确保动作质量,快速连贯,一气呵成。

3)站立负重左右转体,体前屈。肩负杠铃杆做左右转体,体前屈。

组别数量:每组 10 次,重复练习 6~8 组。

训练要点:旋转时,身体要保持正直,体前屈时注意腰部不要形成弓形。

4)立卧撑。徒手做立卧撑。

组别数量:每组 8~10 次,重复练习 6~8 组。

训练要点:确保动作质量,大腿快速蹬伸与收腹。

5)负重仰卧举腿。小腿缚 1 kg 重沙袋,做仰卧举腿。

组别数量:每组 8~10 次,重复练习 6~8 组。

训练要点:快速连贯,保持角度。

6)高抬腿。徒手,左右交替做高抬腿。

组别数量:每组 6~10 s,重复练习 8~10 组。

训练要点:动作要快速连贯,身体正直,大腿尽量贴近胸部。

7)左右提膝。徒手,左右交替做提膝动作。

组别数量:每组 6~10 s,重复练习 6~8 组。

训练要点:动作要快速连贯,身体正直,大腿尽量贴近胸部。

(3)下肢力量训练方法。

1)负重杠铃深蹲或半蹲。负极限重量的 30%~50% 的杠铃,做深蹲或半蹲。

组别数量:每组 8~10 次,重复练习 5~7 组。

训练要点:确保安全,重心垂直,快速完成。

2)单脚或双脚十字跳。以十字为中心,前后左右无规律跳动。

组别数量:每组 15 次,重复练习 8～10 组。

训练要点:身体重心稳定,快速移动。

3)低桩纵跳。选取低桩或橡皮绳,高度 30～50 cm,间隔 50 cm 设一桩,单、双腿重复跳越。

组别数量:20 m 为一组,重复练习 15～20 组。

训练要点:身体重心稳定,快速越过,触桩重来。

4)台阶跑。徒手或负重,依据训练不同,选择 1、2、4、6 级及以上楼梯,做台阶跑。

组别数量:一次往返为一组,重复练习 5～10 组。

训练要点:动作要快速、迅捷,充分休息后重复练习。

5)沙袋、橡皮条的腿法训练。选取 1 kg 重沙袋,小腿缚橡皮条,然后迅速去除负重进行腿法的练习。

组别数量:每组为负重 6 次,徒手 3 次,重复练习 10～12 组。

训练要点:确保动作质量,快速完成腿法踢击练习。

(4)站点式间歇训练法。站点式间歇训练法是将若干个练习动作编为一组,每个练习时间不超过 20 s,然后间歇 10～20 s 再进行下个动作的练习。如此循环。

训练要点:所选动作应该简单,并能够快速完成,在练习时,要确保每个动作都是最快速度完成。同时要严格控制练习时间,尤其是每个动作间的间歇时间,在每个循环练习后应进行充分的休息。此外,练习可以是专项素质的配置也可以是专项技术动作的配置,例如不同腿法的串联。

(5)结合力量的快速反应综合性训练。这类练习是利用手靶、脚靶、沙袋等辅助器材,并结合专项技战术动作进行的速度、技能与反应的训练。

1)手靶练习。由教练员或同伴手持手靶,运动员对手靶进行攻击,练习时可以先从固定靶开始,逐步过渡到结合步法的自由靶。

2)脚靶练习。在进行脚靶练习时,可由多名同伴持不同高度、不同放置角度的固定靶,站在相距每人不超过 2 m 的两条直线上,练习者从直线的一端打向另一端。在击打的过程中,练习者应采用不同的方法对脚靶进行击打,在练习者击打某一个同伴时,站在该同伴旁边的手持拳靶的同伴要主动向练习者攻击。也就是说,练习者在完成击打的过程中,还要迅速反应防守未被击打的同伴反击。脚靶练习可用来培养运动员防守反击的能力和临场应变能力。

3)变换练习。"半次攻击"是指在攻击半途突然停止继续攻击。"半次攻击"的优点在于可以诱使对手进行防御,从而识破对手的防御方法,进而自己可再突然继续之前的攻击重创对手。"半次攻击"也可以是故意作出迟缓的动作或缓慢前进,使对手放松警惕;还可以是先用快速的虚招动作,然后再以较迟缓的动作做攻击,最后可再用真实的攻击去重击对手。实际上,这类练习就是节奏变换结合假动作诱导反应训练,其目的在于动态中击打准确和掌握动态中最大击打力量的方法。有氧、无氧训练以练习时间来界定。

4)多个沙袋训练。将若干个沙袋放置在不同的位置,每个沙袋之间间隔约 1 m,训练时,运动员应快速闪避沙袋的攻击,再以最快的速度踢击沙袋。采用多个沙袋的训练方法,有助于提高运动员的快速反应能力和力量速度。

5)自由靶练习。运用自由靶进行练习时,可以将脚靶或护具靶作为自由靶,再根据不同的训练任务安排不同的内容。若为无氧训练,则每组持续时间为 10 s,以腿法为主,快速无间歇的踢击重复多次。若为有氧训练,则每组持续 2 min,结合步法、防守动作的腿法踢击,多次重复练习。

3. 跆拳道运动中力量耐力训练

(1)有氧耐力训练。进行有氧耐力训练时,主要采取强度小,负荷时间长的运动项目进行练习,例如以下几种练习方法。

1)4 000~12 000 m 匀速跑。将心率控制在 150 次/min 左右,保持匀速跑完全程。

2)越野跑。在一些环境较好的地方进行 30 min 以上的越野跑,例如公园、山川等地方,将心率控制在 150 次/min。利用环境调节心情,降低疲劳感。

3)10 min 跳绳。利用跳绳进行耐力练习。在 10 min 内保持跳动频率不变,但可变化跳动方式,进行单脚跳或双脚跳。

4)10 min 组合踢法动作练习。运动员练习已掌握的技术组合,持续 10 min,既练习动作的熟练程度,又练习耐力素质。

5)三对一或四对一的车轮战。运用此练习方法时,练习者在限定强度和力度的前提下与 3 位或 4 位陪练逐一对抗,每人 3 min,进行一轮次或两轮次的条件实战练习。

(2)无氧耐力训练。在进行无氧耐力训练时,通常采用负荷时间短、练习密度大、间歇时间短的练习方法,以下就是几种常用的无氧耐力训练方法。

1)400 m、800 m 变速跑。

2)30 m、60 m、100 m 冲刺跑。

3)跳木马提一左、右侧滑步扶地。

4)两人一组短时脚靶练习,每组练习时间控制在 10 s 钟以内。

5)左两次、右两次横踢 30 次(中、高)。

6)左右横踢 50 次(中、高)。

7)单腿横踢(50 次、40 次、30 次、20 次、10 次)递减法(中、高)。

8)跳踢(50 次、40 次、30 次、20 次、10 次)递减法。

4. 跆拳道运动中核心力量训练

跆拳道运动中核心力量的训练主要是指通过创造一个不稳定的外部环境来对神经肌肉系统的平衡和控制能力进行训练。通过核心力量训练,能够使跆拳道运动员身体在频繁的移动中更加稳定。由于跆拳道运动的动作难度较高,幅度较大,因此,在快速运动中实现平衡至关重要。核心力量训练并不是一蹴而就的,它的提高需要一段较长的时间。跆拳道运动员的核心力量训练主要是针对核心区域,通过核心力量训练,使运动员的浅层大肌肉群以及深层小肌肉群得到进一步的发展。核心力量训练的整个过程分为核心稳定性训练阶段、核心力量训练阶段和核心爆发力训练阶段。对跆拳道运动员来说,可通过徒手练习和器械练习来进行核心力量训练。

(1)徒手练习。在核心稳定性训练阶段,运动员要对核心部位用力以及如何有效控制身体进行充分的体验,为后续的训练奠定基础。

1)仰握起手抱膝举腿。仰卧起手抱膝举腿对腹直肌、糖腰肌、阔筋膜张肌、缝匠肌、股直肌的训练具有良好的效果。练习时,可重复练习3~4组,每组练习的持续时间控制在15~20 s。

2)仰卧提臀抬腿。仰卧提臀抬腿对腹直肌、股直肌、阔筋膜张肌、竖脊肌、臀大肌、长收肌、股薄肌、髂腰肌、缝匠肌、股二头肌的训练效果比较明显。练习时,可重复练习4组,每组15次。

3)仰卧踢腿。仰卧踢腿对腹斜肌、髂腰肌、臀大肌、阔筋膜张肌、三角肌的训练具有良好的效果。练习时,可左右各重复练习3~4组,每组15~20次。

4)侧卧肘关节支撑顶髋。侧卧肘关节支撑顶髋对腹斜肌、臀大肌、三角肌、竖脊肌、股二头肌的训练能取得较好的效果。练习时,可左右各重复3~4组,每组15~20次。

5)屈臂侧卧内收腿伸手支撑。屈臂侧卧内收腿伸手支撑对腹外斜肌、腹内斜肌、棘肌、髂肋肌、短收肌、长收肌、大收肌、股薄肌的训练效果较好。练习时,可重复练习3~4组,每组15~20 s。

(2)器械练习。相较于传统力量训练器械,核心力量训练器械器材具有自身的创新性和独特性。例如瑞士球、悬吊器械、博速球、拉力带等。瑞士球的稳定性很差,在利用瑞士球进行核心力量训练时可以刺激核心部位不同肌肉群之间协作用力,进而实现身体的平衡。在瑞士球上进行核心力量训练主要有以下几种方法。

1)仰卧两脚拉瑞士球。仰卧两脚拉瑞士球对三角肌、臀中肌、臀大肌、背阔肌、竖脊肌、肱二头肌、股直肌、髂腰肌的训练效果较好。练习时,可重复练习3~4组,每组15~20次。

2)仰卧单腿压瑞士球交叉腿。仰卧单腿压瑞士球交叉腿对臀大肌、臀中肌、三角肌、腹外斜肌、背阔肌、竖脊肌、腹直肌、股二头肌的训练效果较好。练习时,左右腿交换,重复练习3~4组,每组15~20次。

3)侧卧单肘支撑夹球。侧卧单肘支撑夹球对腹外斜肌、腹内斜肌、髂腰肌、三角肌的训练效果较好。练习时,左右各重复3~4组,每组15~20 s。

4)俯卧瑞士球单臂单腿支撑。俯卧瑞士球单臂单腿支撑对三角肌、肱二头肌、肱三头肌、竖脊肌、臀大肌的训练效果较好。练习时,重复练习3~4组,每组15~20 s。

5)两腿压球单臂支撑。两腿压球单臂支撑对三角肌、斜方肌、竖脊肌、臀大肌、肱二头肌的训练效果较好。练习时,可重复练习3~4组,每组15~20 s。

在核心力量训练阶段,应循序渐进,使核心区域的核心力量得到逐步提高,进而为核心爆发力训练奠定基础。

在核心爆发力训练阶段,应将训练的重点放在发展核心区域爆发力上,为专项训练奠定基础。

1)仰卧屈腿夹球转髋。仰卧屈腿夹球转髋对髂腰肌、臀大肌、臀中肌、臀小肌的训练效果较好。练习时,可重复练习3~4组,每组15~20次。

2)一人抱球另一人对抗,全身协调用力。练习时,可重复练习3~4组,每组15~20次。

3)单腿弓步滑行。单腿弓步滑行对臀大肌、股直肌的训练效果较好。练习时,可重复练习3~4组,每组15~20次。

五、跆拳道力量训练中易忽视的问题

1. 重下肢轻视上肢

腿法是跆拳道运动中运用最多，因此，在具体的力量训练过程中，很多教练员都将训练的重点放在了下肢肌肉的力量的训练上，而对上肢肌肉力量训练则有所忽视。正是由于这种现象的存在，使得一些跆拳道运动员的上肢肌肉远不如下肢肌肉发达、有力。事实上，上肢力量在跆拳道实战中也是不可缺少的，因此，在训练过程中，上肢肌肉的训练应与下肢训练协调进行，只有这样才能更好地发挥技术水平。

2. 重向心轻离心

向心收缩和离心收缩是跆拳道运动的两个重要方面。肌肉向心收缩对加快出腿速度和重心移动的速度具有促进作用。在比赛中，运动员的进攻一旦失利就必然会造成重心不稳，这时，运动员就需要通过克服极大的惯性进行制动，保持身体重心的稳定。而肌肉的离心工作就在这个控制身体重心的过程中起到决定性的作用。因此，在跆拳道运动训练中，除了重视肌肉的向心收缩训练外，还应兼顾肌肉离心收缩训练，做到启动和制动速度相结合、踢靶训练和空踢训练相结合。

3. 重主攻腿轻支撑腿

在跆拳道运动的日常训练中，有些教练员往往只重视主攻腿的力量训练，而对支撑腿则几乎不进行训练。这是因为主攻腿和支撑腿所做的工作一为动力性，一为静力性。动力性工作的功能很容易引起人们的注意，而静力性工作的功能则较为隐蔽。事实上，运动员在进攻时其支撑腿也起着非常重要的作用，例如，在保持身体重心、维持膝关节处于伸位方面，支撑腿的股四头肌要承受很大的力量；在提高身体重心方面，支撑腿小腿三头肌要努力提踵等。因此，对支撑腿肌肉力量的训练也应在日常训练中引起足够的重视。

第二节　速度素质训练

跆拳道运动的速度性是指运动员快速完成动作的能力。在跆拳道运动中，速度能力至关重要，具有不可替代的作用。从某种意义上来说，速度是跆拳道专项运动员智能、技能甚至体能的中心，这些能力都体现在不同的速度形式上。跆拳道运动速度的实效性是由综合性力量和速度的最高强度水平决定的。其表现的强度是由发展高强度的力量素质和速度素质及在完成具体动作条件下它们的综合性反应能力决定的。速度能力是跆拳道技战术动作在比赛中能否自如运用、充分发挥、获得预期效果并最终战胜对手赢得比赛胜利的根本保证。

一、速度的分类

在跆拳道比赛中，速度能力的表现具有多变性和复杂性。跆拳道速度表现形式可分为反应速度、动作速度、动作频率和位移速度。

1. 反应速度

反应速度是指人体对外界信号刺激所作出的应答能力。反应速度的快慢直接反映了神经冲动在神经系统中传导速度的快慢。在跆拳道运动中,简单反应速度和复杂反应速度是反应速度的两个方面。简单反应速度是指运动员对特定动作或信号作出反应的快慢,复杂反应速度是指对手动作的变化作出相应动作的反应快慢。在跆拳道比赛中,复杂反应速度是主要的反应速度,并且是瞬间选择性反应,例如对来自对手的动作作出闪避、退让、反击或中止已经开始了的进攻或防守转入其他的动作方式。此反应过程包括对移动目标的预判性反应和快速选择最适宜的相应动作反应。

2. 动作速度

动作速度是指运动员身体完成单个动作或一组攻防动作的时间长短。动作速度是机体完成动作的整体快速能力的外在表现。在跆拳道运动中,其表现为运动员出腿、出拳的动作速度:"以快制胜,以智取胜"是跆拳道比赛的一大特点。因此,良好的动作速度能力对运动员赢得比赛非常重要,可以说,良好的单个或组合动作的速度能力是运动员进行先发制人的进攻和后发制人的反击,以及攻防的衔接转换和进退闪躲的步法移动的前提。

3. 动作频率

动作频率是指单位时间内完成动作数量的能力。跆拳道运动员所表现出的动作频率并不是周期性项目的单一动作重复,它表现为多个不同技术动作的组合。例如,拳法与腿法组合、步法与腿法的组合、真假技术动作的组合,等等,要求在最短的时间内完成一套技术动作组合,发挥出最大的动作频率。

4. 位移速度

位移速度是指单位时间内身体移动距离长短的能力或身体通过一定距离所需时间长短的能力。在跆拳道比赛中,运动员每次的位移距离虽然都不长,但对位移速度要求较高,要保证在远距离时能够"进得去",占据有利的攻击位置并迅速作出动作;或在进攻后、相持状态时能够迅速地"撤出来",摆脱对手的反击或追击。位移是身体整体的多方位的移动,在其他条件不变的情况下,位移速度的快慢关键在于步法与身体整体协调配合。

二、速度训练的练习强度和量的安排

1. 负荷强度

在速度训练中,选择合理的负荷强度对速度能力的适应性变化具有促进作用。运动训练专家博姆帕认为,为了有效地提高速度能力,在选择练习强度时,应将练习强度控制在次最大强度和最大强度之间。普拉托诺夫进一步认为,运动员以最大速度能力的90%~100%完成较短时间的运动,对速度能力的提高能起到有效的促进作用。如果选择低于90%的速度能力进行训练,那么所得到的训练效果将大打折扣。

需要注意的是,应选择运动员已经熟练掌握且运用自如的动作来进行大强度直至极限强度的速度性练习时,这样可以使他们将注意力完全集中在将要完成动作的速度上,而不用去考虑动作的准确性。如果选择其他动作,则会使运动员将注意力放在动作的技术层面上,从而对速度性练习产生破坏性的干扰,因而达不到速度训练的要求与目的。

2. 练习时间与组数

在进行反应速度练习和两人配合反应练习时,可以根据自身的具体情况来确定练习的持续时间。也就是说,不管在何种情况下,只要运动员处于适宜的兴奋状态,就可以继续进行练习。在进行技术动作速度和动作频率训练时,为了能保持最大的速度能力,通常将练习持续时间定在 5~20 s。一般情况下,在跆拳道训练实践中,单个腿法的快速重复练习、步法与腿法固定组合的快速重复练习或自由组合动作的快速练习,每组的练习时间在 10~20 s。在 20~50 s 的较长快速练习中,运动员也能保持极限强度和次极限强度工作的状态。在保持最大速度能力的前提下来确定练习的组数。当疲劳出现,速度降低时,则应进行组间休息或改为练习其他内容。

3. 组间间歇

在任何一种多次重复的训练中,都要合理地安排组间间歇时间,以确保运动员得到最佳的恢复。在进行跆拳道快速练习时,应根据练习的强度和练习的目的来安排组间休息时间,通常为 2~3 min。合理地控制组间休息时间既有利于运动员疲劳的缓解,也不会影响下一组的训练效果。

三、发展速度常用的训练方法

1. 信号反应法

信号反应法是指运动员通过视觉或听觉,完成规定的单一性应答动作。信号反应法在提高运动员的简单反应速度训练上运用较多。例如,教练员报出技术动作名称,运动员则在最短的时间内作出该技术动作;移动中出靶击打,两人移动练习,教练员以哨音为信号,持靶队员在听到哨音后突然出靶,运动员根据靶形作出相应的动作;报号击靶位,若干队员持靶编为不同的靶号位,运动员根据教练员报号的位置,分别击打不同的靶位,等等。

2. 运动感觉法

在跆拳道比赛中,视觉是运动员判断对手的进攻方向、进攻形式和攻击动作的运行路线、角度等的主要方式。从视觉判断到作出反应是一个非常复杂的过程,其是建立在信号反应法的基础之上的有针对性的专项运动感觉训练的方法。从严格意义上讲,运动感觉属于运动技术、战术训练的组成部分,是对抗性项群技术、战术训练的重要内容。其核心在于缩短思维过程的选择、判断时间。因此,在运用运动感觉法进行训练时,应重视对运动员的"预判"能力的培养,使运动员善于从对手的外在刺激中找出"隐式信息",例如对手的姿势、面部表情、动作预兆和假动作等,对各种应对动作进行训练,使运动员尽可能多地掌握应答动作的种类和数量。在跆拳道训练中,运动感觉法对复杂反应过程的训练非常重要,通过运动感觉法能有效提高运动员观察对手动作变化的反应能力和选择反应能力。在具体实施过程中,运动感觉法可以分为以下三个步骤。

第一,两人配对练习,从队友的出腿方法中捕捉信息,判断对方动作的类型、方向、路线、高度和击打位置。通过练习,能有效提高运动员对"隐式信息"的判断能力,即"预判能力"。

第二,在前一步骤的基础上,对队友发出的某一技术动作作出一至两个常规的、与之相对应的反应技术动作或简单的反击技术动作。

第三,在运动员掌握和熟练某一技术动作的常规反应动作后,可以练习其他的反应技术动作,这样可以使运动员对某一攻击技术动作能进行多种正确的防守和反击,从而提高运动员在复杂多变的比赛中选择反应的能力,准确地选择有效的行动对策。

3.重复训练法

在提高跆拳道运动员技术动作速度和动作频率的训练中,通常采用重复训练法。在通常情况下,重复训练法需要制定最高或次最高的技术动作速度指标,此外,还应对练习时间、练习次数和练习难度进行固定,进而多次重复某一技术动作或固定组合动作。除了用于提高速度能力外,重复训练法还可以用于改善运动技能和技术动作,只有经过多次的重复练习,技术动作才能形成稳固的动力定型。

从很大程度上来说,运动员速度性练习的效果是由完成技术动作的强度和最大限度动员机体机能的能力决定的。对此,只有充分激起运动员的练习积极性,使运动员将练习的注意力完全集中到以最快速度完成技术动作方面,并力求超过自身的最大速度能力,才能获得最大的训练效果。

4.变换训练法

变换训练法是指在技术动作速度练习中有目的地合理变化速度和加速度,或改变练习条件和要求,并按适当的比例和程序结合在一起的练习方法。变化训练可以使运动员在训练中获得调节,避免出现因长时间单一训练形成有碍速度能力提高的动力定型和"速度障碍"。在运动员出现动力定型和速度障碍后,原有的训练方法和训练强度所能取得的效果就会非常有限。

"速度障碍"就是由于在速度练习时反复进行某一动作的练习而形成的,这种多次重复的练习形成了技术动作的动力定型,使得动作的各种指标相对稳定,在技术动作的空间特征和时间特征都相对稳定,间接使运动员在不自觉的情况下出现维持原有技术动作练习速度的现象,进而对动作速度的进一步提高产生阻碍作用。在跆拳道运动的训练实践中,如果出现了动力定型和速度障碍,通常采用外力训练和结合专项技术动作变换练习速度的方法来解决。

(1)外力训练法。外力训练法是指借助外部力量来提高技术动作速度的练习方法。例如,一般性训练中的下坡跑、追逐跑、顺风跑、"领跑"等。还有增加一定负荷的专项技术动作的练习,例如先进行一组负重沙袋的腿法练习,然后去掉负重进行相同腿法练习等,都有利于突破原有的速度定型模式。通过利用这些辅助的、自然的外部条件,赋予技术动作加快速度的力量,使技术动作速度加快,从而改善和提高神经系统的灵活性。

(2)变换速度法。变换速度法是指在一组练习中,以不同的练习速度进行一定时间的练习,以新的练习形式来强化对运动员的刺激,给运动员一种新的速度感觉,进而促使运动员生理上和心理上发生新的变化,使中枢神经系统和神经肌肉协调重新适应新的要求。相较于单一的极限强度训练,变速训练法的形式比较多,能够使运动员更轻松省力地完成技术动作。因此,变换速度法是一种有目的、有计划地提高速度能力和预防"速度障碍"的有效训练方法。

5.节奏引导法

节奏引导法是指教练员通过掌声、哨音或节奏器鸣响发出速率指令,而后运动员以尽可能快的速度跟上信号的节奏,完成步法、腿法、拳法的单个或组合技术动作,努力适应和建立更快的速度节奏的方法。在训练开始时,宜采用中速节奏进行练习,而后逐步加快节奏直至极限凸显在练习的过程中,为使自身免于疲劳,运动员可以借助发声呐喊来激发斗志,振奋精神,提高神经系统的兴奋性;教练员也可以用语言和行为来刺激、鼓励运动员以最快的速度来完成每一组练习,提高训练效果。

四、速度训练的要求

1.速度训练应与专项运动高度结合

在进行速度素质训练时,应与运动员所从事的专项运动相结合,对跆拳道运动员来说,应侧重于视觉反应速度的训练;而技术动作速度和技术动作速率则应着重提高运动员肌肉的运动感觉的复杂反应速度。

2.速度训练应在训练课程的前半部进行

在进行速度素质训练时,运动员应具有充沛的精力、饱满的情绪以及很强的运动欲望,因此,速度训练应安排在课程的前半部。

3.速度训练应采用极限强度

速度素质训练是一种在一定有氧代谢基础上的以极限强度的无氧代谢为主的活动。通过一定的有氧代谢的训练,可以提高体内含氧量及输氧能力,进而促进机体的恢复。

4.应防止过早产生速度障碍

在速度训练的过程中,"速度障碍"是一种常见的现象。而产生"速度障碍"的主客观因素有很多,例如过早发展绝对速度、技术动作不合理、基础训练不够、训练手段单调片面、心理感觉无新意刺激、负荷过度且恢复不好等。因此,进行速度训练时应注意以下几点:

(1)优先发展一般耐力,奠定发展专项速度耐力的基础。
(2)多采用一些发展速度力量的练习手段,提高运动员在短时间内快速用力的能力。
(3)在采用"极限负荷强度"练习时,应特别注意肌肉的放松训练。
(4)当出现"速度障碍"时,应积极采用外力手段予以突破。

五、跆拳道速度训练的具体方法

(一)反应速度训练方法

1.简单技术动作反应速度的训练

简单技术动作反应速度的训练是指按动作的技术规格要求进行单个或简易组合技术动作的训练。在简单动作反应速度方面,运动员对技术动作的熟练程度越高,其反应速度就越快。在具体的训练过程中,主要运用以下几种方法来提高跆拳道运动员的简单技术动作反应速度。

(1)移动目标训练。移动目标训练主要是通过培养运动员在视野中预先观察到运动的客体及观察移动方向,再通过专项的训练,培养敏锐的观察力。

(2)摸肩训练。使技术动作运动员与陪练运动员配合进行训练,当陪练运动员用手触摸对方的肩部,使用技术动作运动员迅速进行防守或反击。

(3)任意靶训练。教练手持脚靶,不断变换靶的方位或高度对练习者进行喂靶,练习者根据自己的判断,用最快的速度击打脚靶。

(4)号令训练。练习者对陪练或同伴发出的信号快速地作出反应。例如运动员背对陪练,听到发出的信号后迅速跳起转身进行冲刺跑。

(5)防守反击训练。在进行防守反击训练时,陪练用腿法主动进攻,练习者根据教练或同伴的进攻动作,迅速作出防守、防守反击、直接反击动作。例如,当教练或同伴在不同高度和不同部位亮出脚靶时,快速作出反应判断,利用合适的技术动作快速进攻,当陪练作出左横踢进攻动作时,迅速利用跳换步接后踢反击。在练习者攻击后,教练员或者同伴可以用脚靶进行反击,让运动员迅速作出防守,并做好再次进攻的准备。

2.复杂动作反应速度的训练

(1)专项训练。在运动员的反应速度达到一定程度后,就可以进入专项训练阶段。在进行专项训练时,通常采用分解法和变换法。

1)分解法。在动作较容易完成时,分解法比较适用。分解法主要通过提高分解动作的速度来提高反应速度。例如练习右臂内格防守,接跳换步左后旋踢反击的动作组合时,先练左势站立,用右臂向内格挡防守连续顺势跳换成右势站立,然后再练习右势实战姿势向左后转体用左脚后旋踢的反击动作,以此提高两部分动作的速度。

2)变换法。变换法是指根据动作的练习强度,用具有时间变化的信号刺激,明显改变练习形式来提高练习者对简单动作的反应速度,例如临近比赛时的条件实战等。

(2)比赛法。在跆拳道运动中,比赛法是一种有效提高复杂动作反应速度的方法,例如进行条件实战、实战和参加邀请赛、对抗赛等。只有通过实战才能证实所选动作的正确性和有效性。因此,在教练员事先设计好的训练意图下进行实战对抗和比赛能有效促进运动掌握复杂动作的速度和时机,进而提高复杂动作的反应速度。

(3)空当训练。其指陪练与练习者进行实战式的练习,在练习中,陪练可在任一时机将得分点暴露给练习者,练习者根据"情况"迅速击打目标。

(4)假动作训练。其指练习者使用假动作技术诱使对手作出错误的判断,在对方作出相应反应时,选择有效的技术进行攻击。在进行假动作训练时,可以事先对假动作、反应动作和攻击动作进行限制,在熟练后,逐渐过渡到任意的假动作、反应动作和攻击动作。

(二)技术动作速度训练方法

在运用技术动作速度训练法时,可连续运用不同特点的几个技术动作或组合进行专门训练,进而提高完成不同技术动作的速率。例如做左横踢—右横踢—转身左后旋踢组合,接做腾空左前劈腿—右侧踢组合,将原地的、旋转和腾空的技术动作结合起来。通过技术动作速度训练,能有效地促进不同形式动作的单个速率和变化速度的提高,进而从根本上提高技术动作的速度。

(1)垂直跳起。从慢跑开始,尽可能地向上跳起,注意膝盖的上抬,一条腿落地后继续从地面跳起。

(2)向外跳跃。向外跳跃与垂直跳跃很相似,只是脚要横向地落到正常落地位置的外侧,身体要向外摆,向上,向前。

(3)向内跳跃。向内跳跃和向外跳跃很相似,只是脚要横向地落到正常落地位置的内侧,身体要向内摆,向上,向前。

(4)提臀练习。从慢跑开始,位置较低的腿要往回抬并离开臀部。位置高的腿不要移动太多,但脚后跟要碰到臀部。

(5)高抬腿练习。将膝盖抬高到一个较高位置上,把脚放下再抬起。这一练习的重点在于脚蹬地并迅速抬起以尽力减少脚与地面的接触。在地面上,要尽力使脚提高到膝盖的高度。

(6)下压腿练习。像跨栏一样,腿在身前伸展,运动员运用爆发力下压腿和地面接触。每腿做10次为一组。

(7)非洲舞练习。在向前跑时,运动员把腿抬起,小腿向后踢并接触身体,并用手拍一下脚后跟,跑30 m为一组。

(8)击脚练习。在向前跑时,运动员把脚向内旋转到身体的中线,并在中线时用手拍脚后跟,跑30 m为一组。

(9)牵引练习。

1)用带子将长度为6~7 m的橡胶带的一端系在运动员的腰部,再将橡胶带的另一端系在另一运动员或其他固定物体上。运动员退回拉伸弹性带并在拉力下以3/4全速往前跑,直到他们能调整和掌握平衡为止。

2)在拉力的作用下,运动员带着橡胶带向固定物方向跳,每次练习重复四次,两次以3/4全速跳,两次以全速快跑。在另外三次速跑中,运动员每次另加后跳5~8次的练习,以增强拉力和速度。

(10)负重法。在运用负重法进行训练时,练习者可以穿上重量在5~10 kg的辅助器具,如沙护腿、沙背心等,然后再进行训练。在负重练习熟悉之后,再去掉负重进行练习,这样有助于动作速度的提高。

(11)比赛法。比赛时,运动员的兴奋性很高,较容易出现最大速度。因此,可以通过利用多种比赛形式来对运动员技术动作速度进行训练,如选拔赛、测验赛、邀请赛、对抗赛等。此外,在结合专项身体素质练习时,可以连续运用不同特点的几个技术动作或组合技术动作进行练习,这样有助于提高完成不同技术动作的速率。

(12)击打训练。练习者在规定的时间内快速击打沙包或脚靶,在保证完成技术动作质量的情况下,完成技术动作次数越多,效果越好。

(13)组合动作训练。在进行组合技术动作训练时,练习者可以根据规定技术动作进行练习,例如前腿下劈—右腿抡踢—旋风踢—后旋踢,通过组合技术动作训练能有效地促进单个速度和变化速度的提高。

(14)冲刺跑训练。做各种距离的冲刺跑,如40 m、60 m等;下坡跑,如30 m、50 m等。

(15)阻力训练。运用阻力训练时,将皮筋的一端系在运动员的踝关节上,另一端绑定在器材上,然后快速完成提膝出腿技术动作,或听信号快速完成提膝出腿技术动作。

(三)位移速度训练方法

1. 信号位移训练

在运用信号位移法训练时,应先向练习者说明每一个信号所代表的运动方向。例如,陪练作出向前的手势,练习者就相应地做撤步动作;陪练给出向左的信号,练习者应作出向右上步的技术动作。

2. 综合性位移训练

综合性位移训练需陪练与练习者相互配合才能完成。例如,陪练做上步,练习者做撤步;陪练向左上步,练习者向右上步;等等。

3. 实战训练

在运用实战训练时,由陪练向练习者进行腿法攻击,而练习者则根据具体情况进行防守和反击。

4. 转身加速跑训练

在进行转身加速跑训练时,运动员首先做原地高抬腿动作,而后再进行高抬腿转身3~5圈,并立即向前作出加速跑动作,也可听信号进行加速。

5. 跳绳训练

在进行跳绳训练时,练习者应在规定时间内快速完成跳绳的数量,在练习一段时间之后,再增加难度,例如做前进、后退、左右移动等跳绳,在保证动作质量的前提下,尽可能多地完成跳绳次数,以便获得更好的训练效果。

6. 减阻训练

减阻训练需借助一定的外部条件,如果条件允许,则可进行一些高频率的练习,如下坡跑、下台阶跑、顺风跑、缩短频率的跳绳等。

第三节 耐力素质训练

耐力素质是指人体在长时间活动或抵御神经、肌肉疲劳的能力。耐力素质在很多项运行项目中都非常重要。跆拳道运动就是一项对耐力素质要求较高的体育项目。在进行跆拳道比赛时,运动员一天的比赛任务很重,因此,必须要具有良好的耐力素质才能满足比赛的需要。此外,耐力素质的训练除了能较大程度地影响肌肉耐力和心血管机能的提高外,对肌肉疲劳后的恢复速度也具有决定作用,耐力素质越好,疲劳后迅速恢复的速度越快。

一、耐力训练的分类

跆拳道运动员耐力素质的训练包括有氧耐力、无氧耐力以及体力训练。

(1)有氧耐力是指人体在氧供应充足或吸、耗氧量处于平衡情况下克服疲劳的能力。有氧耐力水平越高,跆拳道运动员所能承受的运动量负荷越大,就越能抵抗运动疲劳。此外,运动员的有氧耐力素质越高,其身体恢复能力也越强。

(2)无氧耐力是指人体在供氧不足并产生氧债的情况下克服疲劳的能力。在人体中,肌肉保持机能活动水平不变的持续运动能力对无氧耐力有着直接的影响,通过无氧耐力训练,可以有效地提高练习者非乳酸能和乳酸代谢系统的供能能力及机体对酸性物质的耐受能力。对跆拳道运动员来说,非乳酸能和乳酸代谢系统的供能能力保证了其技术动作重复高强度运动的工作强度,机体对酸性物质的耐受能力则保证了其技术动作不变形。

(3)体力与无氧耐力和有氧耐力不同,其主要由心脏的最高机能水平和心脏对高频变化强度运动的适应能力所决定。跆拳道运动员的肌肉机能水平决定了其在进行短时、高强度运动时的运动强度,肌肉只有在进行高强度的腿法、步法工作后能够快速恢复,才能够保持再次运动的强度。在这个恢复的过程中,心脏的最高机能活动水平起着决定性作用,如果心脏对高频变化强度运动的适应能力越强,那么心脏在重复高频变化强度的运动中,保持最高机能活动水平的能力也就越强,那么就能完成更多次数的高强度的腿法、步法、拳法技术动作。

二、耐力训练的练习强度和量的安排

1. 练习强度

有氧耐力训练的练习强度宜控制在运动员最大速度能力的 50%～70%,运动心率可以控制在 140～170 次/min。这是因为,如果运动心率低于 130 次/min,那么就难以取得较好的训练效果。

无氧耐力训练的练习强度宜控制在运动员最大能力的 90%～95%,也可以根据具体情况交替运用以次最大强度至最大强度的各种负荷强度。

2. 持续时间

有氧耐力训练的持续时间与训练阶段、训练水平等因素有着直接的关系,因此,在具体的训练过程中,应根据不同的训练阶段、不同的训练水平和专项训练的需要程度来确定训练的持续时间,但原则上不少于 20～30 min。

在进行无氧耐力训练时,如果训练的强度高、密度大、间歇时间短,那么训练的持续时间宜为 10～30 s(也可以 5～8 s,但应重复较多组数)。如果选择的是次最大强度的无氧耐力训练,则持续时间宜为 1～3 min。

在进行发展体力的周期性练习时,训练的持续时间宜为 6～10 min,而发展体力的专项练习的持续时间应以接近比赛时间为原则。

3. 间歇时间

在进行有氧耐力训练时,对间歇时间的把握非常重要,间歇时间既不能太长也不能太短,如果间歇时间过长,则不利于后续训练的进行。在具体过程中,可用心率控制间歇时间,当心率下降到 120 次/min 时,可进行下次练习。

在进行无氧练习时,可根据运动强度的大小来确定组间的间歇时间,通常以 3～5 min 为宜,这样可以保证堆积的乳酸得以氧化、排出。当运动员基本恢复时,可开始下一次练习。

在进行体力训练时,应缩短间歇时间,使机体建立起具有跆拳道比赛特征的适应机制,通常以 30～50 s 为宜。

三、耐力训练的方法

(一)提高有氧能力的训练方法

1. 长时持续训练法

长时持续训练法是指运动员以比较恒定的强度持续不间断地进行长时间练习的方法。在跆拳道运动中,进行长时持续训练的时间一般为 20 min 左右,负荷强度的运动心率指标约为 150 次/min。这样有利于心脏保持机能活动水平不变的持续活动能力的提高,进而发展运动员有氧代谢系统的供能能力。

2. 短时持续训练法

短时持续训练法的持续时间一般为 5~8 min,负荷强度的运动心率指标控制在 160 次/min 左右,完成 2~3 组,组间间歇时间充分,通过短时持续训练能有效地发展有氧强度状态下的供能能力。例如,以原地跳跃配合全身各部位运用动作的有氧跆搏操、跳绳、结合攻防动作的组合空击等。

3. 有氧间歇训练法

在发展运动员有氧代谢系统的工作能力方面,有氧间歇训练法比较常用。这一方法的练习的负荷时间为 6~10 min,负荷强度的运动心率指标为 170 次/min 左右,组数较少,间歇充分,例如 400~1 000 m 间歇跑。

(二)提高无氧能力的训练方法

1. 极强性间歇法

极强性间歇法在提高非乳酸能和乳酸能系统混合供能能力和速度耐力中运用较多。极强性间歇法的负荷时间通常为 10~60 s,负荷强度的心率指标可达到 180 次/min。例如 60~100 m 间歇跑、100~400 m 间歇跑和具有专项特点的快速高抬腿、快速左右提膝与快速的连续双飞踢等。

2. 强化性间歇法

强化性间歇法在发展乳酸能系统的供能能力和提高在无氧供能状态下技术动作的稳定性和实效性中运用较多。强化性间歇法的负荷时间通常为 60~120 s,负荷强度控制在心率指标 170~180 次/min,练习 3~5 组,间歇时间不充分,待心率降至每分钟 130 次左右,即可进行下一组(次)的练习。例如,将腿法、步法、拳法结合在一起形成自由动作组合起来进行击打沙包或脚靶的练习。

(三)提高体力的训练方法

1. 12 min 跑

12 min 跑在提高运动员心脏最高机能水平方面有较好的效果。在进行 12 min 跑练习时,要求运动员在 12 min 内达到 2 800~3 000 m 距离,随着训练水平的提高,逐步增加距离。

2. 变速跑

变速跑在提高心脏对高频变化强度运动的适应能力上具有较好的效果。在进行变速跑练习时,可采用先快跑 20~40 m,接着进入 40~60 m 的慢跑,如此重复 6~10 次,完成 2~3 组,组间充分休息或不充分恢复。

3. 模拟比赛的练习

通过模拟跆拳道每局比赛的时间特征、运动强度变化特征和运动形式特征,将攻防动作组合成不同类型的动作组合,以空击、踢击脚靶或护具靶等为主要形式进行反复的练习,以促进机体对跆拳道比赛供能机制和运动强度等特定条件的适应能力的提高。在一般情况下,模拟比赛练习的持续时间为 3~5 min,重复 3~4 组,间歇 1~3 min。也可以采用车轮战的形式,由一人轮战几人进行条件实战或实战比赛,在对抗中发展运动员的比赛所需的体力。

4. 极限强度的重复训练法

在跆拳道比赛中,技战术动作都是在短时间内完成的,每次攻击持续时间短、爆发力强、攻防转换很快。因此,在进行训练时,要采用等同甚至超过比赛时的要求,才能最大限度地动员机体的生理和心理能量。例如,三种腿法形成固定的组合动作,以最快的速度在规定的时间内完成最多的练习次数。练习时间 10~15 s/组,组数为 3~5 组,间歇时间要充分,以保证下一组的练习。

四、耐力训练的要求

1. 遵循能量代谢系统规律

不同耐力素质其供能形式是不同的,要提高短时耐力水平,就必须提高人体的无氧代谢能力;要提高中时耐力水平,就必须提高有氧、无氧混合供能的能力;要提高长时耐力,就必须提高糖元的释能水平,尤其是游离脂肪酸的有氧分解释能水平。

2. 中时耐力的能量供应方式呈多元化

在供能方式上,中时耐力比较复杂,涉及中时耐力的运动项目也非常多,因此,中时耐力的训练方法也非常多,在具体训练时,应仔细分析、认真规划、科学安排负荷。

3. 高度结合技术训练

从跆拳道运动的特点来看,其负荷强度、运动形式以及能量供应方式并没有一定的规律,因此,在进行耐力训练时,应在有氧耐力的基础上进行无氧耐力训练,在练习中随机安排练习的负荷强度,并与技术练习高度结合起来进行练习。通过这种训练方式,既可以提高专项耐力水平,又确保技术动作在长时间的操作过程中具有稳定性。

4. 以发展有氧耐力为基础

在进行耐力训练时,应以发展有氧耐力为基础,并在此基础上发展混合代谢供能能力和无氧代谢能力。同时,在确定训练的重点时,应充分考虑到负荷时间与能量消耗的关系。

五、跆拳道耐力训练的具体方法

(一)有氧耐力的训练方法

有氧耐力可采用持续训练法及间歇训练法。在采用持续训练法时,宜选用运动强度较小的练习,心率控制在 145~170 次/min。间断性练习又分为间歇训练和重复训练。其中,间歇训练法与跆拳道的运动特点最为契合。"渐进的极限负荷"原则是发展有氧耐力时应遵循的原则,也就是说,要想获得更大的耐力,就应根据训练水平的提高来增加身体负荷。需要注意的是,在训练中不可盲目地选择高强度的运动,否则必然会事倍功半。运动强度与持续时间之间是此消彼长的关系,运动强度较低,能持续的时间越长,但又不能充分发挥人体的呼吸—循环机能,也就必然会影响有氧代谢系统的发展;运动强度过高,虽然其持续的时间变短了,但有可能改变人体的供能特点,且没有凭据证明无氧过程有助于发展有氧耐力。因此,在进行有氧耐力训练时应选择合理的训练强度。心率可用来作为表明适合训练负荷的一种标准。在运用间歇训练法时,通常选择心率维持在最高心率上下 10 次范围内的运动强度,每周安排 3~5 次,每次练习 3~5 min,其中组间间歇为 3~5 min 或少于 3 min。

1. 越野跑

在自然环境中进行越野跑,运动中控制心率在 150 次/min,符合时间为 30~60 min。

2. 台阶跑

选取连续长台阶,每组进行 15~20 min,共做 2~3 组,组间休息 3~5 min。

3. 跳绳训练

采取匀速方法跳绳。保持频率不变,可变换跳动方式,每组进行 10~15 min,共做 2~3 组,组间休息 3~5 min。

4. 空击及脚靶训练

采用多种进攻和防守技术动作进行练习,要求动作快速、连贯、协调、间歇时间短。每组时间为 2~3 min,每次训练做 5~8 组,间歇时间为 1 min。

5. 三对一或四对一车轮战

练习者一人连续不间断地与体力充沛的队员进行实战,通常应连续进行 3~5 局,每局 2~3 min。每局间歇 1 min。

(二)无氧耐力的训练方法

在进行无氧耐力训练时,通常会选择负荷时间短、练习密度大、间歇时间短的练习方法。无氧耐力训练强度应在 80%~90%。一次训练持续时间为 1~2 min,训练的组数应确保运动员最后一组练习也能以规定的负荷强度完成训练,训练中心率应在 170 次/min 以上。

1. 60~100 m、100~400 m 间歇跑

此方法在提高非乳酸能和乳酸能系统混合供能能力和速度耐力中运用较多。

2. 间歇法专项技术训练

第一,提高提膝训练。

第二,快速连续双飞。

第三,左右横踢50次。

第四,左两次、右两次横踢30次。

第五,单腿横踢(50次、40次、30次、20次、10次)递减法。

第六,跳踢(50次、40次、30次、20次、10次)递减法。负荷时间为15~60 s。

3.脚靶训练

三人一组脚靶练习。

第一,横踢前后腿中高位横踢各10次。

第二,劈腿前后各30次。

第三,后踢20次。

第四,后旋踢20次。

第五,旋风踢20次。

第六,双飞踢20次。负荷时间为1~2 min,每次训练做3~6 s。

4.模拟实战

第一,移动脚靶4 min为一次,进行4组,间歇40 s,第二次重复前面的两次,间歇20 min,共做2~4次。

第二,1 min为一次,进行4组,两人循环无间歇;40 s 4组,两人循环无间歇。

第三,车轮战,采用实战或条件实战,由练习者一人连续与不同的同伴进行对局,连续打3~5局,局间歇1 min。

第四节 柔韧素质训练

柔韧素质是指人体各关节活动范围的大小、肢体运动的幅度和肌肉、肌腱、韧带等软组织的伸展能力。柔韧素质分为一般柔韧素质和专门柔韧素质。

跆拳道运动是一种对抗性很强的项目,动作转换迅捷,击打动作幅度大、速度快,因此,对运动员的四肢、腰、肘等部位和关节的柔韧素质要求很高。如果运动员的柔韧素质不高,那么必然会防碍练习者跆拳道技能的发挥,同时还极易造成运动损伤,因此,在跆拳道运动中,柔韧素质训练非常重要。

一、柔韧训练的练习强度与量的安排

1.练习强度

运动员拉伸肌肉、韧带时用力的程度和负重量的大小是体现柔韧性好坏的主要方面。在跆拳道训练中,运动员通常以自我感觉来控制拉伸肌肉。当肌肉感到胀痛时可稍加用力或保持用力的程度,当肌肉感到酸时可减少用力的程度,当肌肉感觉麻时则应停止练习。

2.练习时间与组数

在进行柔韧素质训练时,应根据练习者的性别、年龄、关节特点以及技术动作的性质和速度来决定练习的重复次数、组数及持续时间。

通常情况下,在一堂训练课中,每组练习重复 10~12 次,摆动动作每组练习的持续时间为 15 s 左右,被动训练的静力性拉伸视情可持续 2~3 min。如果练习者是少年,则其运动量应为成年运动员的 25%~50%。

3. 动作的练习速度

在做柔韧训练的拉伸练习时,速度可急可缓,急速的拉伸则体现了跆拳道专项的特点和竞赛特点。慢速的拉伸有利于对抗肌的放松,较少引起牵张反射,因而其训练效果较好。在跆拳道柔韧训练中,应有机结合慢速和急速,以提高柔韧素质的质量,满足训练比赛对柔韧性的要求。

4. 间歇时间

在进行柔韧素质训练时,所确定的间歇时间应能保证练习者得到完全恢复。间歇中应安排肌肉放松练习,使有关关节得以充分放松。

跆拳道运动员的体能训练非常复杂,要想通过训练使练习者的各种身体素质都能得到发展,相互促进、形成合力非常难。因此,在对跆拳道运动员进行训练时,应当清楚各种素质训练之间的关系和各自的目的,要运用正确的训练方法。

二、柔韧训练的方法

1. 静力拉伸法

静力拉伸法是指通过缓慢的技术动作,将肌肉,韧带等软组织拉长到某一限度时,暂时保持动作静止,使软组织处于拉长状态的练习方法。通过静力拉伸法训练,能使软组织的伸展性获得较好的锻炼,进而促进身体一般柔韧素质的提高。

2. 动力性拉伸法

动力性拉伸法是指有节奏地通过多次重复同一技术动作的练习使软组织逐渐地被拉长的练习方法。人体肌肉张力变化的高峰值在主动性拉伸时是静力拉伸的两倍。动力性拉伸法能够最大限度地发展柔韧素质,扩大动作伸展幅度。

无论是动力拉伸法还是静力拉伸法,都可以分为主动训练和被动训练两种方式。主动训练是运动员依靠自己的力量完成拉伸练习,例如自我进行劈叉、横叉、各种压腿等维持最大幅度拉伸的静力练习等。被动静力拉伸是借助外力,如队友帮助,进行压腿、劈叉、横叉的练习等。在进行柔韧性训练时,通常将动力拉伸与静力拉伸、主动训练与被动训练结合起来进行,使拉伸练习有动有静和动静结合;有主动有被动,主动与被动结合,提高柔韧训练的质量。

三、柔韧训练的要求

1. 适当结合力量训练

将柔韧训练与力量训练相结合,不但可以保证两者素质同时增长,而且还可以避免或消除两者之间的不良转移。此外,在进行柔韧性训练后,不可使肌肉长时间地处于紧张状态,而应适当地将肌肉放松,这样才能有效地发展肌肉柔韧性。

2. 以专项要求为准则

对跆拳道运动员来说,不宜过分地追求柔韧素质的发展,只要发展到能够满足专项技术的需要即可,如果过度发展,那么就会使肌肉失去弹性,导致击打缺少力度。

3. 持之以恒、坚持不懈

柔韧性的发展见效快,需要持之以恒,否则容易消退。因此,柔韧素质训练要经常进行,尤其是专门柔韧素质训练更需要如此。

四、跆拳道柔韧训练的具体方法

1. 正压腿

正压腿在发展腿部后侧肌肉的柔韧性方面具有较好的效果。

具体方法:面对横木或一定高度的物体站立,将一腿提起,把脚跟放在横木上,脚尖勾紧;两手扶按在膝关节上,将两腿伸直,腰背挺直髋关节摆正,上体前屈并向前、向下做压振动作。两腿交替进行。

动作要点:两腿都要伸直;上体向前、向下压振时腰背要直。压振时幅度由小到大,直到能够触及脚尖。

2. 侧压腿

侧压腿在发展腿部内侧肌肉的柔韧性方面效果较好。

具体方法:侧对横木或有一定高度的物体,一脚支撑,另一脚抬起,腿跟放在横木上,脚尖勾紧;将两腿伸直,腰背保持直立,髋关节对前方,然后上体向放在横木的腿侧倾倒压振。左右腿交替进行。

动作要点:将上体保持直立,向侧、向下压振;压振幅度逐渐加大,髋关节一直正对前方。

3. 后压腿

后压腿在发展腿部前侧肌肉的柔韧性方面具有较好的效果。

具体方法:背对横木或有一定高度的物体,一腿支撑,另一腿后举起,脚背放在横木上,腿和脚背都要伸直,将上体直立、髋关节正对前方,上体向后仰并做压振动作,左右腿交替进行。

动作要点:两腿挺膝,支撑腿直立且全脚着地站稳;挺胸、展髋、腰后屈,后压振幅度逐渐加大。

4. 盘腿前俯

盘腿前俯在发展腿部后侧肌肉和髋关节的柔韧性方面效果较好。

具体方法:两腿屈膝盘坐,两脚掌相对,两手握住两脚,上体前俯用力下压,感觉大腿内侧韧带拉伸至最大幅度时还原,还原后再次重复,交替进行。

动作要点:脚掌要相对,尽量把髋关节打开至最大幅度。

5. 仆步压腿

仆步压腿在发展大腿内侧和髋关节柔韧性方面效果较好。

具体方法:将两脚左右开立,左腿屈膝全蹲,全脚着地;右腿挺膝伸直,脚尖内扣,尽量远伸。然后,上体不起来;将身体重心从左脚移至右脚,成另一侧的仆步。可一手扶,另一手按另一膝,向下压振。亦可两手分别抓住左右脚,做向下压振和左右移换身体重心的动作。

动作要点:挺胸塌腰,下振时逐渐用力,左右移动时要低稳缓慢。开胯沉髋,挺胸下压,使臀部和腿内侧尽量贴近地面移动。

6. 竖叉

竖叉在发展大腿前后侧和髋部柔韧性方面效果较好。

具体方法:将两腿前后分开成一条直线,前腿的脚后跟、小腿腓肠肌和大腿后肌群压紧地面,脚尖勾紧上翘,正对上方;后腿的脚背、膝盖和股四头肌压紧地面,脚尖指向正后方;髋关节摆正与两腿垂直,臀部压紧地面。上体正直。可做上体前俯,压紧前面腿的前俯压振动作;亦可做上体后屈的向后压振动作,增大动作难度和拉伸幅度,动作幅度由小到大,逐渐用力。

动作要点:挺腰直背,沉髋挺膝;前俯勾脚,后屈伸踝。

7. 横叉

横叉在发展大腿内后侧和胯关节柔韧性方面效果较好。

具体方法:将两腿左右一字伸开,两手可辅助支撑;两腿的小腿后侧着地,压紧地面,两脚的脚跟着地,两脚尖向左右侧伸展或勾紧,胯充分打开,成一字形。可上体前俯拉长腿后侧肌肉并充分开胯;亦叫上体向左右侧倒,可以拉长大腿内后侧肌肉并增大胯的活动幅度。

动作要点:挺腰立背,开胯沉髋;挺膝勾脚,前俯倾倒。

第五节 灵敏素质训练

灵敏素质是指在各种突然变换的条件下,运动员能迅速、准确、协调、灵活地改变身体运动的空间位置和运动方向,以适应变化着的外环境的能力。在跆拳道运动中,灵敏素质综合体现了运动员的反应速度和动作速度。具有高度的灵活性是跆拳道运动员完成高难度动作或组合动作的保证,因此,发展灵敏素质具有非常重要的意义。

一、影响因素

1. 生理因素

(1)神经过程的灵敏性。灵敏素质的高低与大脑皮质综合分析能力有着直接的关系。通过对技术动作的反复练习,不但可以使技术动作更为熟练,而且还能提高大脑神经过程兴奋和抑制的转化能力,进而大脑神经过程的灵活性得到有效的提高,使运动员无论在何种环境中都能熟练地表现技术动作。

(2)条件反射形成后的强化。灵敏素质的巩固和提高,需要不断地对动作进行练习和强化,使之形成"动力定型"。如果在动作掌握之后不予强化,就无法长时间地保持神经联系,不但条件反射会逐渐消退,灵活性也会随之降低。

(3)前庭器官的机能。前庭器官分布在人的内耳中,如椭圆囊、球囊和半规管等,前庭器官的作用在于感受直线加速和减速运动的刺激,以及旋转运动开始和终止时的刺激。因此,练习一些特定动作有助于灵敏素质的发展。

2. 年龄、性别

(1) 年龄。在人的不同年龄阶段,身体各器官的发展是不同的。例如,在 0 到 7 岁之间,主要是平衡器官获得发展;在 7 岁到 12 岁之间,灵敏素质获得稳定提高。在这一年龄段中,动作频率、反应速度及单个动作速度都能通过体育锻炼获得提高;在 13 岁到 15 岁之间,人体身高增长较快,灵敏素质相对有所下降,但以后随年龄增长又稳定提高,直至成人。

(2) 性别。同一身体素质在同一年龄段的不同性别之间也存在一定的差别。例如,在儿童期,男孩和女孩的灵活性只有细微的差别;而在青春期,男孩比女孩稍灵活些;在青春期以后,男子的灵敏素质比女子要高。女子进入青春期,其灵敏素质会随着体重增加、有氧能力下降、内分泌系统变化等生理原因而下降。因此,对女子来说,在青春期以前进行灵敏素质训练就显得尤为重要。

3. 疲劳程度

人体中枢神经系统的灵活性以及机体的活动能力会随着疲劳的出现而下降。当出现疲劳时,大脑皮质所获得的能源就会减少,从而产生保持性抑制,在这种情况下,就会出现肌肉力量不能发挥、反应迟钝、速度下降、动作不协调等情况,灵敏性会显著降低。

4. 情绪

人的情绪波动对人的灵敏性有着直接的影响。在情绪高涨时,人的灵敏度会非常高;而在情绪低落时,人的灵敏性就会降低。人的情绪受诸多因素的影响,如比赛因素、生理、心理等,在这些因素变化时,人的情绪也会发生变化,从而可能会出现过度兴奋,使中枢神经的兴奋扩散不能集中,造成身体失控;也可能出现过度抑制、精神不振,导致动作无力和不协调。

5. 运动经验

实践证明,灵敏素质会随着掌握基本技术的增多和熟练而提高。因此,应不断增加运动员的实践经验,增加身体素质和技战术动作"储备"以促进运动员灵敏素质的提高。

二、提高跆拳道运动员灵敏素质练习的主要手段

(1) 根据老师或教练发出的信号或手势做急跑、急停、各种步法练习及结合标志筒、栏架、踏板等道具进行的相关灵敏练习。

(2) 做各种变化方向的追逐性游戏,如贴膏药、转圈抢球、十字变向跑等。

(3) 通过有针对性的腰、骨盆、髋部的核心力量训练,提高运动员的运动平衡能力、调节动作的控制能力,这样不但能有效提高跆拳道运动员的灵敏素质,而且还能有效预防运动损伤。

(4) 技术组合练习。将不同的技术动作组合在一起,高低结合、纵横结合进行练习,提高练习者的协调及灵敏能力,如横踢+下劈+后踢、双飞+侧踢+拳击打等。

(5) 软梯训练。通过软梯训练可以使运动员的神经肌肉的兴奋性获得快递提高,从而降低肌肉粘滞性,提高肌肉温度和弹性,有效提高运动员的灵敏性、协调性、速度能力。

三、跆拳道灵敏素质训练的具体方法

(一)一般灵敏素质练习

(1)15 m 往返跑 1 min,间歇 1 min,重复练习 8～10 组,发展蹬腿发力的动作速度、步法移动变换能力。

(2)翻滚 30 s,间歇 30 s,重复练习 4～6 组,发展背肌、腰腹部肌肉的协调能力和遭重击后身体抗击打平衡能力。

(3)跳背钻裆 1 min,间歇 1 min,重复练习 4～6 组,发展上肢关节、腰腹部肌肉、膝关节抵抗目标的反作用力。

(4)十字蹦跳 1 min,间歇 1 min,重复练习 2～4 组,发展下肢耐力、脚踝膝关节小肌群力量,以及步法移动变换能力。

(5)5 m 三向折返跑 1 min,间歇 1 min,重复练习 6～8 组,发展运动员连续蹬腿、转腰出腿等身体屈伸动作时肌肉群的协调能力。

(二)专项灵敏素质练习

1. 盯人与摆脱练习

两人面对面站立,相距 1～2 m,摆脱者向前跑,盯人者后退跑,前者在跑动中要通过做各种假动作来想办法越过对手,后者则要尽力盯住对手,练习要尽全力。

2. 蛇形绕杆跑

杆数在 15～20 根左右,杆距 1 m,要求在规定时间内跑到终点。在结合专项练习时,可以将杆子换成拿脚靶的队员,5 个运动员左右交叉拿 5 种不同跆拳道腿法的脚靶分两列站开,前后左右相隔 1 m,其他运动员在最短时间内有效完成这 5 种腿法并迅速回到起点。

3. 灵敏循环练习

跆拳道的比赛区一般为 8 m×8 m 的正方形蓝色垫子,在比赛区域外均铺有至少一块红色或黄色的垫子。教练员选择四个运动员,每人拿两个脚靶依次站在最外侧红色或黄色垫子的四个角落处的垫子上,随机选择一个角落作为起点,要求运动员顺时针或逆时针以最快速度完成起点的脚靶腿法,然后再去完成第二个脚靶腿法之前在垫子上先完成教练员的规定动作,例如前滚翻、匍匐前进、蛙跳、鸭子步等,以此类推直至回到起点。当运动员可顺利完成此项训练时可加大难度,要求规定时间内完成。或把四个角的固定脚靶改为随机变换脚靶以增强运动员的反应速度及灵敏素质。

4. 软梯训练法

软梯训练能够有效地提高运动员的灵敏素质。在进行软梯训练时,通常选择中等或中等偏上的运动强度,持续时间为 10～20 min,1～2 次、2～3 组,每组之间有充分的间歇时间,使运动员得到完全恢复要求心率达到 150～180 次/min,动作完成既轻松又协调。具体可采用以下几种方法进行训练。

(1)直线方向训练法。直线方向训练方法有小步跑、高抬腿、快速垫步前(后)跑、垫步抬腿、两腿伸直跳、内胯步向前交叉腿、内胯步向后跳、两腿前交叉向前(向后)跳、左右碎步往

前(向后)跑、刹车跑、剪刀式向前(向后)跳、框内外向前(向后)小步跑、单腿蹬跳、转髋跳、后交叉步单脚前(后)移等。

(2)水平方向训练法。水平方向训练法有交叉分腿平移、平行侧移高抬腿、平行前后侧移步、快速小步平移跑、两腿内外跳平移、框里框外并步侧移、侧向单脚换两脚跳、快速踏框分腿平移、侧向前后跳、臀部扭转侧移跳、侧向跨步跑左(右)腿、卡里奥克舞、分腿垫步横向跑、左腿前交叉垫步跳、侧向前后并步分腿跳、单腿侧向跳、单腿侧向前后跳等。

(3)直线方向和水平方向结合训练法。常用的有并腿向前跳、并腿向右后跳、宽跨步后踢腿向前(后)跳、前交叉向前(后)跑、左右跨步向前(后)跑、Z型单腿后踢往前(后)跳、单腿前(后)跳等。

四、跆拳道运动员灵敏素质训练的注意事项

(1)注重质量而不是数量。跆拳道灵敏素质训练对质量有很高的要求,因此,在训练的过程中要严格按照练习的要求进行,注重训练的质量。

(2)负荷量、强度和间歇时间。跆拳道灵敏素质训练的强度和速度较大,因此,在具体的训练过程中,不宜盲目地贪多,且应适宜地控制训练时间。同时,应依据个人特点和所处训练阶段的不同来选择适当的训练强度,并且在训练时要合理安排间歇时间,既要使运动员得到完全恢复,有能保持神经的兴奋性,通常练习与休息的时间比可安排为1∶3。

(3)准备活动要充分。灵敏素质训练宜在课的前半部分或在充分的准备活动后进行,在这两个时候,运动员的神经兴奋性高,肌肉未疲劳,能有效地保障练习强度和训练质量。

(4)抓住灵敏训练的敏感期。在进行跆拳道灵敏训练时,对训练比重的安排应根据不同年龄段的灵敏素质发展规律进行,6~12岁左右提高平稳;11~12岁是最适宜发展灵敏素质的时期,在青春期后要注意对灵敏素质的保持和进一步发展。

(5)在进行灵敏训练的过程不能长时间地使肌肉处于紧张状态,要适宜地使肌肉放松,只有这样才能使身体在运动过程中保持良好的动态平衡,运动员的动作则会更加放松、协调和准确。

(6)重视力量训练。力量是灵敏训练的重要基础,在训练的开始阶段要先发展强大的力量和爆发力,通过使力量和爆发力提高,能使灵敏素质训练获得更好的训练效果,同时又能有效地预防损伤。

总而言之,灵敏素质对跆拳道运动员来说非常重要,其对多种运动技能和身体素质在运动中的综合表现有着直接的影响,与其他素质共同决定了人体运动的能力。

第七章　跆拳道技术训练

第一节　跆拳道进攻技术训练

一、前踢与横踢

(一)前踢

在跆拳道运动中,前踢是学习横踢的基础,在品势中经常使用。

1. 技术分析

(1)右架站立,身体的重心转移到左腿(见图7-1①)。

(2)提起右大腿的同时髋部略向左转,膝盖朝前,脚面稍微绷直,双手握拳自然垂放在身体的两侧(见图7-1②)。

(3)继续将髋关节前送,右大腿向前抬提,当大腿抬至水平或者稍高时,将小腿向前弹出,用脚面击打目标(见图7-1③)。

(4)直接向右转髋使右小腿折叠快收回到原来的位置(见图7-1④),之后右腿后撤,还原成右架的准备动作(见图7-1⑤)。

图7-1　前踢

2. 学练方法

(1)动作要领:

1)提起右腿时,两大腿内侧之间的距离应该尽可能小,即右腿尽可能直线出腿。

2)为了保持身体的重心,躯干可以稍微向后倾,尽可能将髋部向前送出,如果是高前踢,髋部则应该尽可能向上向前送。

3)击打时脚面应该绷直。

4)小腿弹出之后,在弹直的一瞬间,应该有一个制动的过程,从而使脚产生鞭打的效果。

5)脚尖的方向向前上方。

6)用前踢主要攻击对方的面部以及下颚。

(2)易犯错误纠正:

1)身体的髋部没有向前送。

2)击打时脚面没有绷直。

3)提膝时没有直线出腿。

4)支撑腿没有配合髋部的转动。

5)小腿弹出之后,在弹直的一瞬间没有一个制动的过程,即没有快打快收的折叠小腿的一个过程。

(二)横踢

横踢是跆拳道比赛中最为常用的一种动作,同时也是运动员得分的重要技术之一。

1.技术分析

(1)右架站立,身体的重心转移到左腿(见图7-2①)。

(2)提起右大腿的同时髋部略向左转,膝盖朝前,大小腿折叠,脚面绷直(见图7-2②)。

(3)继续将右大腿向前提高,左脚向外侧转动,右腿快速鞭打踢出小腿,膝盖朝向左侧(见图7-2③④)。

(4)用脚面击打对方胸腹部、面部及身体的两肋(或者是所有被护具包围的部位)。

(5)击打之后,右脚自然落下成左架(见图7-2⑤),之后后撤右脚,还原成右架的准备动作(见图7-2⑥)。

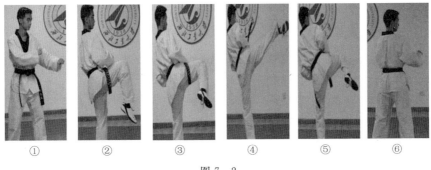

图7-2

2.学练方法

(1)动作要领:

1)横踢与前踢相似,不同之处在于横踢腿的膝盖方向在击打的一瞬间是瞬时转髋朝向对方的腹部,而前踢腿的膝盖方向是向前上方。

2)提起右腿时,两大腿内侧之间的距离应该尽可能小,即右腿尽可能直线踢出。

3)为了保持身体的重心,躯干稍微向左后倾从而配合快速转髋。

4)击打时脚面稍微绷直,但是踝关节要保持放松。

5)小腿弹出后,在弹直的一瞬间应该有一个制动的过程,使脚面产生鞭打的效果。

6)提膝应该尽可能随着转髋同时进行,不能完全转髋之后再提膝,这样会导致膝盖过早偏向左侧。

7)左脚应该配合髋部的转动,转动时可以稍微有一些跐起。

8)用横踢主要攻击对方胸腹部、面部以及身体的两肋。

(2)易犯错误纠正:

1)右腿上提时,没有直线向前上方提膝。

2)躯干没有稍微向后倾,上体前压,导致腿的长度没有被充分利用。

3)大小腿折叠回收不到位,击打力度不够。

4)击打时脚面没有绷直。

5)小腿弹出之后,在弹直的一瞬间没有制动的过程。

6)先转髋再提膝,从而导致膝盖过早偏向右侧。

7)左脚没有积极配合髋部的转动,或者是在身体向前移动时,支撑腿没有配合向前移动。

(三)反击横踢

1.技术分析

反击横踢就是按照横踢的要领来完成动作,不同之处就是支撑腿随着身体重心的移动轨迹向后或者向斜后方移动。当对方发起进攻时,自己要迅速向后移动重心,并通过反击横踢得点。

2.学练方法

1)先进行前踢的练习,等动作熟练之后再进行横踢的动作练习。

2)提后腿(提膝)的同时转髋。

3)弹出小腿。

4)熟练之后可以进行横踢击打头部(高横踢)的练习(见图7-3)。

5)左右架进行交替练习,让两腿都可以熟练横踢。

6)脚靶配合进行练习(见图7-4)。

图7-3 反击横踢之一

图7-4 反击横踢之二

7)高横踢击打脚靶。

8)两人为一组,交替进行横踢的护具练习。

9)结合步法移动进行横踢的动作练习。

10)进行反击横踢的练习。

二、后踢与劈腿

(一)后踢

后踢是跆拳道比赛中比较常用的一种动作,同时也是运动者反击对方进攻的主要技术。

1.技术分析

(1)右架站立,身体的重心移到左腿(见图7-5①)。

(2)以左脚尖为轴,左脚跟外旋,身体向右后方转动(见图7-5),同时右大腿提起,使大小腿几乎成折叠,然后脚尖勾起,头部稍微向右后方转动(见图7-5③)。

① ② ③ ④ ⑤

图7-5 后踢

(3)右腿向后平伸后蹬,在蹬直前膝盖稍外翻(向右侧)(见图7-5④)。

(4)用脚跟部位击打对方的腹部与胸部。

(5)击打之后,右脚落下成左架,之后右脚向后撤,还原成右架的准备姿势(见图7-5⑤)。

2.学练方法

(1)动作要领:

1)当身体进行右后方向转动时,应该快速提起右膝。

2)身体转到背朝对方时要制动,右脚同时向后蹬;这时身体不应再有转动,此时膝盖的方向应该与左腿膝盖方向保持一致。

3)当右腿提起时,两大腿内侧之间的距离应该尽可能小,也就是右腿要"擦"着左腿起腿。

4)头部在身体转动时也应该配合向同向转动。

5)为了保持身体的重心,躯干在向下弯曲的同时应该稍微挺胸。

6)动作熟练之后转身与后蹬的动作应该同时进行。

7)最后练习后踢击头(高后踢)的动作。

8)左脚应该配合髋部的转动,同时调整好身体的重心。

9)由于对方通常采取的是侧向进攻,因此后踢的方向应该在正前方稍偏向右侧。

10)后踢进攻主要是攻击对方的胸腹部、头部以及身体的两肋。

(2)易犯错误纠正:

1)身体转到背朝对方时没有制动而是继续转动,腿没有直线向后踢出。

2)提右腿时没有"擦"着左腿起腿。

3)头部在身体转动时应该配合进行同向转动,但是肩部与上体不应该跟着转动,这样很容易让对方反击得手。

4)转身与后蹬没有同时进行,动作不连贯。

5)左脚没有与髋部的转动相配合。

(二)反击后踢

1.技术分析

反击后踢是按照后踢的动作要领完成动作,只是支撑腿向前跳。当对方进攻时,自己应该快速向前移动身体,采用反击横后踢得点。其目的在于与对方保持一定的距离,实际是后跃步加后踢。

2.学练方法

(1)开始练习时可以用手扶支撑物,从而更好地体会后蹬的感觉。

(2)转身的同时要提膝。

(3)平伸后蹬。

(4)进行完整的后踢动作练习,用固定靶进行练习。

(5)在熟练掌握动作之后可以进行后踢击打头部(高后踢)的练习(见图7-6)。

(6)左架右架可同时进行练习。

(7)练习反击后踢。

(8)以沙袋为道具进行后踢的动作练习。

(9)同伴手持脚靶来进行反应靶练习(图7-7)。

(10)同伴穿护具进行反应护具的练习。

图7-6 反击后踢之一　　　　图7-7 反击后踢之二

(三)劈腿

劈腿也称为"下劈",是跆拳道运动的一种常用动作,同时也是进攻与反击对方进攻的重要技术。

1. 技术分析

(1)右架站立,身体的重心先移到左腿(见图7-8①)。

(2)右大腿提起,同时略转髋向左并向上送髋,使右腿膝盖与胸部尽可能贴近,身体的重心向上(见图7-8②)。

(3)右脚高举过头,右腿伸直贴紧上体,上体保持正直或者稍微向前倾,身体的重心向上(见图7-8③)。

(4)右脚脚面稍微绷直,右腿迅速下压(像刀劈木块一样),用脚掌或者脚后跟砸对方的头部,身体的重心前移到右腿上,身体应该稍微向后仰来控制身体的重心。

(5)击打之后,右脚自然下落成左架,之后后撤右脚,还原成右架的准备姿势(图7-8④)。

① ② ③ ④

图7-8 劈腿

2. 学练方法

(1)动作要领:

1)劈腿与我国传统武术中的正踢腿相似,不同之处在于劈腿动作稍微有一点转髋,且提腿向上时应该向上积极送髋,大小腿之间可有一定的弯曲度。

2)下劈过程中,身体的重心应该向前移。

3)上提右腿时,右脚脚面无需绷直,应该保持放松,而下劈腿时应该稍微绷直。

4)也可以直接用前腿(左腿)劈腿,右脚跟步(即随着身体的重心向前移动而向前跳动)。

5)左脚应该配合身体的向前移动,对身体的重心进行调整。

6)练习过程中多采用如武术当中的外摆腿与里合腿的劈腿方法,只是在下落时是向前方劈下。

7)在跆拳道的比赛中,运用劈腿时,对方常常会头部向后移动来进行躲避,此时经验丰富的运动者常常会在下劈时距离对方面部很近时有一个向前的蹬踏动作,从而使对方来不及躲闪而被击中面部。这要求运动者应该具备较好的身体柔韧性与控制能力。

8)劈腿主要是攻击对手的面部。

(2)易犯错误纠正:

1)起腿的高度不够。

2)支撑腿没有协调配合身体向上与向前的移动。

3)下劈时没有控制好身体的重心而使重心前压过多。

4)上身后仰过度以致下劈的力量不足。

(四)腾空劈腿

1.技术分析

左架准备姿势站立,先把身体的重心移到左腿,右腿提膝向上,身体向上跃起的同时左脚蹬地起跳腾空,左腿用劈腿向前击打对方的面部。

2.学练方法

(1)动作要领。腾空劈腿通常是在与对方处于中远距离时使用,动作要求两臂有力上摆,配合右腿上提与左腿蹬地而使自己的身体迅速腾空。腾空劈腿主要是进攻对手的面部。

(2)易犯错误纠正。上体在进行提膝腾空时过于后仰或举腿高度不够,从而导致劈腿时下劈力量不够。

(3)练习步骤:

1)开始练习时可以扶物进行提腿提膝与上举腿的练习。

2)练习下劈腿的动作。

3)对劈腿动作进行完整练习。

4)对外摆腿与内摆腿的劈腿动作进行练习。

5)左架右架可以同时进行练习。

6)进行腾空劈腿的练习。

7)用脚靶进行劈腿的固定靶与反应靶的练习(见图7-9)。

图7-9 腾空劈腿

三、后旋踢与侧踢

(一)后旋踢

后旋踢是跆拳道比赛中的一种常用动作,同时也是运动员反击对方进攻的一项重要技术。

1.技术分析

(1)右架站立,以左脚尖为轴,左脚跟外旋,身体的重心转移到左腿(见图7-10①)。

(2)身体向右后方转动,右大腿同时提起向斜后方向40°左右蹬伸,头部向右后方转动(见图7-10②③④)。

(3)继续旋转身体,右腿借助旋转的力量,向后划一个半圆形的水平弧线,快速屈膝同时用脚掌击打对方的头部(见图7-10⑤)。

(4)击打之后,身体的重心仍然在左腿上,右脚自然下落,然后还原成行架的准备动作(见图7-10⑥)。

2.学练方法

(1)动作要领:

1)右腿不要抢圆了去划弧,而是在开始时有一个向斜后方向蹬伸的动作。

2)在身体向右后方向转动时,同时还应该将右腿快速提起。
3)头部在身体转动过程中应该配合进行同向的转动。

① ② ③ ④ ⑤ ⑥
图 7-10 后旋踢

4)小腿在开始时保持自然放松,在接触对方头部前再瞬间绷紧脚面,用脚掌呈水平弧线进行鞭打。
5)在动作熟练之后,转身与后蹬接摆动的动作应该是同时进行的。
6)左脚应该积极配合髋部的转动,在完成整个动作之前,身体的重心一直落在左脚掌的前半部分。
7)用后旋踢主要是攻击对方面部。

(2)易犯错误纠正:
1)右腿抡圆去划弧,开始时没有一个向斜后方向蹬伸的动作。
2)身体向右后方向转动的时候,右腿提起的速度太慢。
3)头部没有在身体转动的过程中配合同向转动。
4)小腿部位在开始时没有保持放松。
5)左脚没有配合髋部的转动。
6)右脚鞭打对方头部后,身体没有继续进行旋转,右腿直接斜下方向落地,不能用脚掌呈水平弧线进行鞭打,导致过早翻转身体而使身体的重心过于偏后。

(3)练习步骤:
1)支撑脚前脚掌着地转动,转身同时向后蹬伸腿。
2)右腿向后摆动。
3)先进行身体原地转动360°的练习,右腿开始摆动时不要追求高度,熟练之后再慢慢升高摆动高度。

图 7-11 后旋踢练习

4)进行完整的后旋踢动作练习。
5)熟练之后可以进行左架的后旋踢练习。
6)用脚靶练习后旋踢固定靶与反应靶(见图 7-11)。

(二)侧踢

侧踢主要用以阻挡对方的进攻,它并不是主要的得分动作。

1.技术分析

(1)右架准备姿势站立,将身体的重心转移到左腿,同时以左脚前掌为轴脚跟内旋(见图

7-12①)。

(2)右大腿直线提起,弯曲小腿的同时向左转髋,身体右侧侧对对方(见图7-12②③)。

(3)膝盖方向朝内,勾脚面,展髋,走直线平蹬出右腿,用脚掌外侧攻击对方(见图7-12④)。

(4)右腿自然落下,并撤回到原来的位置(见图7-12⑤)。

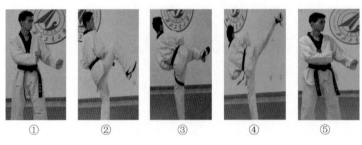

图7-12 侧踢

2.学练方法

(1)动作要领:

1)侧踢大致等同于武术散手中的侧踹。

2)也可以用前腿(左腿)直接侧踢对方。

3)左脚应该配合向前进行移动。

4)用侧踢主要攻击对方身体的两肋以及胸腹部。

(2)易犯错误纠正:

1)进行击打时,髋部没有充分展开,从而导致击打力度不够。

2)大小腿折叠不到位,或者蹬出的速度太慢。

(3)练习步骤:

1)先进行提腿转髋的练习。

2)再进行平蹬腿的练习。

3)进行侧踢的完整练习。

4)进行前腿的侧踢练习。

5)进行侧踢击头的动作练习。

6)用护具或者沙袋进行侧踢的练习(见图7-13)。

图7-13 踢练习

四、双飞踢与鞭踢

(一)双飞踢

双飞踢在跆拳道比赛中比较常用,它同时也是运动员得分的主要技术。

1.技术分析

(1)右架站立,身体的重心转移到左腿(见图7-14①)。

(2)右大腿提起用横踢(见图7-14②),之后在右脚未落下时马上提左腿使用横踢(见图7-14③④⑤),即连续使用两个横踢。

(3)击打之后,两脚自然落下,然后还原成右架的准备动作。

   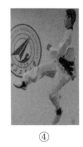 

① ② ③ ④ ⑤

图7-14 双飞踢

2.学练方法

(1)动作要领:

1)一般情况下,在中远距离时是使用双飞踢的好时机。双飞踢中的第一个横踢往往是为了找到合适的距离或者破坏对方的进攻,从而有助于第二个横踢。

2)击打第一个横踢时,身体可以稍微向后倾,从而有助于进行第二个横踢。

3)两腿交换之间,髋部应该进行快速的扭转。

4)小腿弹出之后,在弹直的一瞬间,应该有一个制动的过程,从而使脚产生鞭打的效果。

5)用双飞踢主要是攻击对方的胸腹部、面部以及身体的两肋。

(2)易犯错误纠正:

1)第一个横踢没有完全做出,只是前踢了一下。

2)两腿交换之间,髋部的扭转太慢。

3)身体后仰过多。

(3)练习步骤:

1)熟悉左架横踢与右架横踢的技术动作。

2)利用交叉脚靶对双飞踢动作进行完整的学习(见图7-15)。

图7-15 双飞踢练习

3)利用护具练习双飞踢,配合者应该原地进行快速换位。熟练双飞踢之后可以练习三飞踢(连续三个横踢,前两个横踢是赶距离,主要还是第三个横踢击打得点)。

4)熟练双飞踢之后还可以练习第二个横踢击打头部(高横踢)。

(二)鞭踢

鞭踢主要是用前腿进行击打,在跆拳道比赛中并不经常使用。

1. 技术分析

(1)右架站立,身体的重心转移到左腿,以左脚前脚掌为轴脚跟内旋(见图 7-16①)。

(2)身体向左方转动,同时提起右大腿向前,头部向左方转动(见图 7-16②)。

(3)右腿膝盖朝左内扣,右小腿由外向内有一定弧度的摆动并伸小腿,身体也随之侧倾(见图 7-16③④)。

(4)突然屈膝,用脚掌向右横着鞭打对方的面部(见图 7-16⑤)。

(5)击打之后,右脚自然落下,还原成右架的准备动作(见图 7-16⑥)。

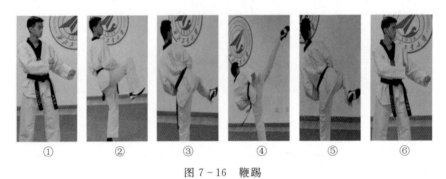

图 7-16 鞭踢

2. 学练方法

(1)动作要领:

1)为了增加击打的力度,右腿应该先从外向内有一定弧度地摆动,之后再突然向右方鞭打。

2)击打过程中,小腿与足尽可能横着鞭打。

3)身体转动时,头部应该配合同向转动。

4)在开始时,小腿要自然放松,在接触对方头部前再瞬时绷紧脚面,用脚掌击打。

5)左脚要配合髋部的转动,同时调整好身体的重心。

6)用鞭踢主要是击打对方的面部。

(2)易犯错误纠正:

1)右腿直着伸出而没有一定弧度的摆动。

2)在开始时,小腿过于紧张,没有自然放松,小腿与脚掌没有横着鞭打。

3)头部在身体转动时没有配合同向的转动。

(3)练习步骤:

1)开始练习时可手扶支撑物,体会向前蹬腿的感觉。

2)练后用小腿鞭打。

3)进行完整的鞭踢动作练习。

4)可同时进行左架右架的练习。

5)两人用脚靶配合练习,开始先固定靶,之后进行反应靶练习(见图 7-17)。

图 7-17 鞭踢练习

五、前横踢与旋风踢

(一)前横踢

前横踢是跆拳道比赛中一种非常常用的动作,同时也是跆拳道运动员得分的主要技术。

1. 技术分析

(1)左架站立,左脚向前垫步,并将身体的重心转移到左腿上(见图7-18①)。

(2)右腿提起并向前送髋,大小腿稍微折叠(见图7-18②)。

(3)绷紧脚面,右膝向内并快速弹出小腿(见图7-18③)。

(4)右腿自然落下,两脚同时向后撤一步,之后还原成左架的准备动作。

① ② ③

图7-18 前横踢

2. 学练方法

(1)动作要领:

1)前横踢与横踢类似,由于使用前腿进行击打,距离对方比较近,因此动作比较隐蔽,对方不容易察觉。其缺点是击打力度相对较小。

2)后脚要配合积极向前移动。

3)左腿的小腿应该快速弹出,尽可能增加鞭打的力量。

4)在击打的同时,膝盖的方向朝向对方的腹部。

5)小腿弹出后,在弹直的一瞬间,应该有一个制动的过程,从而使脚达到鞭打的效果。

6)用前横踢主要攻击对方的胸腹部、面部以及身体的两肋。

(2)易犯错误纠正:

1)小腿不要直接伸直接触对方,这样会导致击打力度不足。

2)垫步的动作幅度不要过大,应该增加动作的隐蔽性。

3)髋部没有前送,从而导致腿的长度没有充分利用。

(3)练习步骤:

1)侧平举起右腿,大小腿折叠,只进行弹出小腿的练习。

2)进行垫步的练习。

3)完整进行前横踢的练习。

4)右架动作熟悉之后进行左架动作的练习。

5)熟悉之后进行前横踢击头的练习(见图7-19)。

6）练习前横踢击腹后右腿不落地而直接使用前横踢击打对方面部。

7）用脚靶进行固定靶与反应靶的练习(见图7-20)。

8）同伴穿护具练习反应护具。

图7-19 前横踢练习之一

图7-20 前横踢练习二

(二)旋风踢

旋风踢也称为"后转体横踢",是跆拳道比赛中常用的动作之一。

1.技术分析

(1)甲乙双方闭式站立,甲右架站立,以左前脚掌为轴脚后跟外旋,身体的重心转移到左腿(见图7-21①)。

(2)身体右后转约360°,右腿同时随着向后进行转动(见图7-21②)。

(3)身体稍微向后仰,右腿下落的同时左脚蹬地使用左腿横踢技术(见图7-21③④)。

(4)击打之后,两脚自然落下成右架。

①

②

③

④

图7-21 旋风踢

2.学练方法

(1)动作要领：

1）旋风踢主要是在中远距离情况下使用。

2）提起右腿向后转动时,右腿围绕着左腿转动,两大腿内侧之间的距离不要太大。

3）要保持身体的重心,身体的躯干应该稍微向后倾。

4）击打时左脚脚面应该稍微绷直,同时保持踝关节的放松。

5）左小腿弹出之后,在弹直的一瞬间,应该有一个制动的过程,从而使脚产生鞭打的效果。

6)左脚要配合身体的转动,以左脚前掌为轴进行转动。

7)用横踢主要攻击对方胸腹部、面部以及身体的两肋。

(2)易犯错误纠正:

1)身体的躯干没有稍后倾,上体前压,从而导致腿的长度没有被充分利用。

2)左腿大小腿折叠不到位,击打的力度不到,小腿弹出之后,在弹直的一瞬间,没有一个制动的过程。

3)左脚击打脚面时没有绷直。

4)左脚没有配合身体的转动。

(3)练习步骤:

1)先练横踢,熟练之后再进行旋风踢的练习。

2)进行原地转身的练习,右腿应该主动配合转动。

3)完整练习旋风踢。

4)右架旋风踢熟练之后再进行左架旋风踢的练习。

图 7-22 旋风踢练习

5)左右架交替进行练习,两个动作之间应该向前上一步,从而使左右旋风踢能够连接起来。

6)脚靶配合旋风踢的动作练习(见图 7-22)。

7)结合步法移动(前进、后撤以及侧向移动)进行旋风踢的练习。

8)使用沙袋练习旋风踢。

六、拳进攻

拳进攻是跆拳道比赛中比较常用的一种技术动作。拳进攻比较难得点,因此并不是运动员得分的主要技术,它主要是用来进行防守以及配合腿的进攻。

运动员右架站立,左手拳就是前手拳,右手拳就是后手拳。

1. 技术分析

(1)右架站立,右脚向后蹬地,身体的腰部和上体快速有力地向左前方扭转,从而增加出拳的速度与力量(见图 7-23)。

(2)在右脚蹬地的同时,右臂迅速向前伸,肘关节抬起,前臂内旋,拳心向下方转动,使拳面、前臂、肘关节与肩成一条直线并处在一个水平面上(见图 7-24)。

图 7-23 拳进攻之一　　　　图 7-24 拳进攻之二

(3)同时身体重心移至左腿上,用拳击打对方胸腹部。

(4)在击打中目标后,有一个制动的过程,然后手臂迅速放松,并借左腿的支撑力量将手臂收回,恢复成右架准备姿势。

2.学练方法

(1)动作要领:

1)用拳击打上对方护具的一瞬间,腕关节要保持紧张,将拳握紧的同时憋气,从而增加出拳的力量。

2)拳进攻主要是在双方距离比较近的情况下使用,击打时应该准备立即起腿进攻或者反击。

3)也可用前手拳进行击打,这样通常是为了在距离比较近的情况下,出拳击打后使两人之间的距离拉大,并抓住时机使用腿攻技术,如使用劈腿或者横踢等。

(2)易犯错误纠正:

1)拳击打时腕关节过于放松。

2)出拳时没有同时用力蹬腿以及快速转腰,导致出拳的力量不足。

第二节　跆拳道防守技术训练

在跆拳道的技术体系当中,防守技术不可或缺,从得分与不失分的角度来讲,它与进攻技术同等重要。在跆拳道的比赛实战中,如果得分多而失分更多,最终还是会输;而如果在得分的同时又能有效地防守住对方的进攻并能抓住时机进行反击,最终获胜的把握就会更大。因此在学习跆拳道技术时,应该把防守技术作为一项重要的内容来学习和把握。

跆拳道主要的防守方法有三种:一是通过采用闪躲、贴近等方法,配合合理的脚步移动来有效阻止对方的进攻;二是通过手臂的格挡来阻截对方的进攻;三是以攻对攻,用进攻的方式来应对对方的进攻。

一、利用闪躲、贴近等方法进行防守

闪躲指面对对方的进攻时,通过脚步的移动向左右两侧或者向后进行闪躲,从而阻止对方的进攻。而贴近指当对方进攻时快速上步与对方靠贴在一起,导致对方由于距离过近而无法进行有效的进攻。例如,当乙方采取后腿劈腿的技术向甲方发起进攻时,甲方向左侧或者右侧移动自己的身体,以此来躲避乙方的劈腿进攻。又如,当乙方采取前横踢的进攻方式时,甲方可以迅速后撤一步或者是马上上前一步,贴近乙方使其不能以规则所允许的踝关节以下身体部位击打而得分。

在跆拳道的比赛中,采取向后撤的方法通常是在比赛双方都没有开始进攻时,由于这时双方之间的距离相对比较远,采取后撤的方式就很容易阻止对方所发起的进攻,在后撤的同时还可以用横踢、后踢、后旋踢或者劈腿的方式进行反击;采用向两侧移动的方法主要是在成功阻止对方进攻的同时,让自己位于合适的位置上进行快速有效的反击而得分;采取贴近的方法主要是在双方距离相对较近时,特别是在第一次击打之后,一方试图以距离近、对方需要进行身体重心的调整而迅速起腿进攻得分,而另一方则应该即刻上步贴近对方。

二、利用格挡的方法进行防守

根据防守方向的不同,格挡的方法可以分为向上、向(左右)斜下、向(左右)斜上防守三种。通常而言,跆拳道运动员采取格挡方法的主要原因包括:一是对方的进攻速度相对较快,自己来不及进行闪躲或者贴近而下意识地采取格挡防守;二是自己对对方所要采取的技术已经有所预判,从而采取有针对性的格挡来进行有效反击,将格挡转化成攻防的连接技术来争取比赛的得分。

需要注意的是,防守者最好不要将手臂贴放于自己身上的得分部位上。这样虽然可以一定程度上减轻对方的击打力度与进攻的效果,但是存在不良的后果,主要表现在:如果对方的击打力量很大,自己就没有缓冲的余地,这样就很容易导致自己的手臂或者身体内部的受伤,同时也不利于进行迅速的反击。

(一)向上格挡

1.技术分析

右架准备姿势。左手握拳从下至上,以左前臂上架格挡(见图7-25),或是右手握拳,以右前臂上架格挡,手臂上架的同时肘部向内侧移动,也就是应该有一个向上并向外横拨的动作。一般情况下,运动者右架站立时,采用左前臂进行格挡,这样有助于后腿(右腿)进攻,进攻的动作包括横踢、劈腿等;如果运动员采用右前臂进行格挡,就有助于前腿(左腿)的进攻,进攻动作包括前横踢、侧踢以及劈腿等。

2.学练方法

(1)动作要领:

1)抬臂动作应该迅速,前臂弯曲上架,头部尽可能向后仰,不要与上架的臂处于同一个垂直面上,从而在对方下劈力量太大而自己的前臂不能进行有效的格挡时,面部不至于被对方击中。

2)如果只是单纯的上架,对方就会在借力保持身体的重心同时迅速收腿来衔接下一个动作,这样会使自己处于不利位置。正确的方法应该是,向上格挡时手臂要有一个向上并向外横拨的动作,让对方借不到力从而不能够迅速调整好身体的重心。

图7-25 向上格挡

3)快速向上格挡的同时就开始准备反击动作,应该抢在对手之前调整好自己身体的重心或者在对于连接下一个动作之前进行反击。

(2)易犯错误纠正:

1)向上格挡的同时没有向外横拨。

2)只单纯上架而没有进行立即反击。

3)上架时,手臂与头部处于同一个垂直面上,如果对方的下劈力量太大,自己的面部就会被对方击中。

(二)向(左右)斜下格挡

1.技术分析

右架准备姿势。左手握拳从上至下,以左前臂向左斜下方格挡,或者是右手握拳,以右前臂向右斜下方格挡(见图7-26)。通常来讲,运动者用左前臂进行格挡有助于后腿(右腿)的进攻,进攻动作可以采取横踢击腹或击头、劈腿等;如果运动者采取右前臂格挡的方式,则有助于前腿(左腿)的进攻,进攻动作包括前横踢、横踢、侧踢以及劈腿等。

2.学练方法

(1)动作要领:

1)向左(右)斜下格挡时,动作应该有力而短促,格挡幅度不要太大,手臂在格挡之后不要再有一个向外撩的动作。

2)在左(右)前臂格挡的同时,身体要有一个向格挡的反方向移动的动作,与对方踢过来的腿应该保持一定的距离,避免当对方腿击打的力量较大时自己的手臂、护具一起被击打。

图7-26 向斜下格挡

3)向左(右)斜下格挡的时候也是自己迅速作出反击动作的最佳时机。

4)格挡对方的部位是其腿的胫骨以下的部位。

5)在向(左右)斜下格挡的同时,应该防止对方借力使用高前横踢击头动作。

(2)易犯错误纠正:

1)向左(右)斜下格挡时,格挡幅度不要太大,手臂在格挡之后还有一个向外撩的动作,这样使对方有时间进行身体重心的调整。

2)在左(右)前臂格挡的同时,身体没有向格挡的反方向移动,在对方腿击打的力量较大时,连同手臂、护具一起被击打。

3)向左(右)斜下格挡同时,自己没有及时作出相应的反击动作,从而错过了得点的最佳时机。

(三)向(左右)斜上格挡

1.技术分析

右架准备姿势。左手握拳从下到上,用左前臂向左斜上方进行格挡,或者是右手握拳,用右前臂向右斜上方格挡(见图7-27)。通常来讲,运动者用左前臂进行格挡有助于后腿(右腿)进攻,进攻动作包括横踢击腹或者击头、劈腿等;如果运动员用右前臂进行格挡就有助于前腿(左腿)的进攻,进攻动作包括前横踢、横踢、侧踢以及劈腿等。

2.学练方法

(1)动作要领:

1)向左(右)斜上格挡时,动作应该短促而有力,格挡幅度不要太大,格挡之后手臂不要附带一个向外撩的动作。

2)在左(右)前臂格挡的同时,身体(尤其是头部)要有一个向格挡的反方向或者向后移动的动作,与对方攻来的腿保持一定的距离,即格挡的前臂不要与头部处于同一平面上,否则如果对方腿击打力量比较大,很容易导致自己的手臂与头部一起被击打。

3)向左(右)斜上格挡的时候,同时也是自己作出反击动作的最佳时机。

4)格挡对方的部位是其腿的胫骨以下的部位。

图 7-27 向斜上格挡

5)在向(左右)斜下格挡的同时,应该防止对方借力使用侧踢的阻击动作。

(2)易犯错误纠正:

1)向左(右)斜上格挡时,格挡幅度过大,格挡后手臂还有一个向外撩的动作,这样会使对方有时间进行身体重心的调整。

2)在左(右)前臂格挡的同时,身体或者头部没有向格挡的反方向移动,或者头部没有向后移动,在对方腿击打的力量较大时会连同手臂、头部一起被击打。

3)向左(右)斜上格挡同时,如果自己没有快速作出反击动作就会错过得点时机。

第八章　跆拳道战术训练

第一节　跆拳道战术的基本形式

一、跆拳道战术的形式

(一)直接式进攻战术

所谓直接式进攻,主要是指在比赛中充分发挥自身的技术特长,使用自身最为擅长、最有把握的技术直接展开攻击。使用这一战术时,应主动创造战术使用的条件,抓住转瞬即逝的机会使用特长技术。另外,在被动防守的情况下,应一边进行退后防守,一边等待时机、创造条件。使用这一战术时,要求自身的动作要迅速,同时,为了保证特长战术的实施,应合理安排相应的防守与反攻策略,避免急功近利,反而受制于对方。

一般而言,当出现下列条件时,可抓住时机运用该战术。

(1)当对方的速度没有自己快时。

(2)当对方的攻防动作掌握不熟练,不能灵活运用时。

(3)在运动比赛一段时间后,对方的体力下降,运动能力不足时。

(4)在运动比赛中,当对方出现注意力不集中,或防守出现空隙时。

(5)当对方在自身能够进行有效进攻的距离内时。

(二)压迫式强攻战术

在运动比赛中,可使用压迫式强攻战术,即在比赛的开始阶段,当对方精神还没有高度集中,还没有做好充分的准备时,就发起猛烈的、连续的进攻。这种先发制人的战术能够有效扰乱和破坏对方的战术准备,使得对方忙于防守而疲于应对。这种战术能够在短时间内取得场上的主动权。在采用该战术时,若自身在技术、体力和经验等方面要优于对方,自己具有获胜的把握,可使得对方在开始就处于被动局面。

需要注意的是,该战术具有一定的缺点,那就是其对自身体力的消耗较大,并且在进攻时,也容易暴露出自身的破绽,从而给对方以进攻的机会。在比赛过程中,如果对手的经验较丰富,则采用该战术时容易被对手抓住机会反攻,或采用以逸待劳的方法来应付。

运用该战术时,较好的使用时机主要有以下几种:

(1)自身的技术不如对方,但是身体素质相对较好,尤其是力量、速度和耐力等方面较好。

（2）自身的身体素质较好，并且技术也较为全面，但是经验相对不足时，也可采用该战术。

（3）在比赛过程中，发现对方的近战能力比较差时可采用该战术。

（4）对方的耐力比较差时，也可采用该战术。

（5）如果对方心理素质不高，也可采用该战术。

（三）引诱式进攻战术

随着跆拳道运动的不断发展，运动员的技术水平普遍提高，并且身体素质也随着体能训练的发展而得到了显著的提高。在这一发展驱使下，直接的进攻很容易被对方防守住，并借此展开相应的反击。因此，为了在比赛中占据主动，就需要采用相应的假动作来使得对方上当。经验丰富的运动员在比赛中经常会采用"声东击西""指上打下"的战术，通过各种方位的假动作来达到克敌制胜的目的。通过运用引诱式进攻战术，有意露出"破绽"，给对方造成进攻的假象，在对方采取相应的动作进行应对时，我方就抓住机会进行进攻。这种战术旨在通过假动作来转移和分散对方的注意力，使其对假动作有所反应，我方则利用其反应动作，找出其防守的弱点和不足，然后展开进攻。

这一战术在跆拳道比赛中较为常用，是一种最为基本的战术。在运动过程中，通过假动作与真动作的结合，能够起到出其不意的进攻效果。例如，当使用后旋踢攻击对方头部时，可先用横踢假进攻，然后立即后撤，待对方追击时我方则使用后旋踢动作。在跆拳道训练中，应注重该战术的练习，上下结合、左右结合、前后结合，充分发挥该战术的作用。

当对手的身体素质相对较好，但是技术不太全面，并且进攻技战术变化较少时，则可针对对手的弱点采用该战术。运用这一战术时，动作要快，在对方未能反应之前下手，否则很难成功。

（四）防守式躲闪和反击战术

当对方的正面进攻猛烈时，可采用向前、后、左、右的移动躲闪，这样不仅可以避其锋芒，还能够创造进攻的机会。另外，在进攻过程中，由于注意力集中到进攻上，其防守可能会出现相应的漏洞，因此在对方进攻时，可在防守时进行反击。如果对方身高腿长占优势，在其使用横踢时，我方的反击动作很难有效，则可向前与对方贴在一起打近身战。在移动时，应注意抓住对方的防守反击的时机，步法应灵活多变。当对手性情急躁、喜欢猛攻，并且缺乏比赛经验时，则可以反击战术为主，以主动进攻为辅。通过主动进攻来掩盖自身的反击战术的意图，并刺激对方发动进攻，从而更好地进行反击。

（五）克制对方长处的战术

每一个运动员都有其擅长的技术，因此，在运动比赛时，应认真观察和分析对方擅长的技术，然后积极调整自身的应对策略，限制对方长处的发挥。采用这一战术时，主要有以下几种方法：

（1）如果对手善于进行贴身战，则应注意与其拉开距离，并采用侧踢蹬击等技术。

（2）在对付善于远距离进攻的对手时，应使用躲闪战术，与对方贴在一起再采用相应的进攻技术；或在第一回合击打后，趁双方距离比较近时打第二回合的近攻。

(3)克制擅长主动进攻的对手,可采用自己先进攻,迫使对方防守的战术。

(4)克制擅长防守反击的对手,可引诱对方主动进攻,自己进攻时使用不易被反击的技术。

(5)克制擅长使用某种技术的对手,如对手擅长使用高横踢击头或擅长劈腿、后踢等,则在比赛中采用相对应的克制技术,使对方擅长的技术发挥不出。

(六)集中打击对方短处的战术

几乎每个运动员都有自己的弱点和短处,有的防守能力差,有的不能很好地防守后旋踢,还有的耐力差,等等。通常可以在赛前分析对手以往比赛的录像,或是观察对手同其他选手比赛时的战术动作来发现对方的短处在哪。而更重要的是在比赛中进行观察,通过第一局中的多次试探性进攻,对对手的弱点迅速作出判断,及时调整自己的战术手段,集中精力专门攻击对手的弱点。同时,自己也要不断地变换方法,以免对方察觉自己的战术意图后故意引诱自己进攻。

(七)利用对方习惯性动作的进攻战术

针对对手自然产生的习惯动作,可采用有效的进攻方法。许多运动员在比赛中都存在着一些无意识的习惯性动作。如在即将进攻前,习惯身体晃动几次;或是要后踢反击前,先向前进一步再后撤一步,等等。运动员要善于观察和及时捕捉这些战机,准备好,一旦对方出现习惯动作,则立即发动进攻。

(八)边线进攻和防守战术

这是利用跆拳道竞赛规则的要求,逼迫对手出界的战术手段。一种方法是利用主动进攻,有目的地将对方逼迫到边线,造成对方的心理恐慌,使其担心被罚而动作失调,或是多次将对方逼迫出界。如果自己被对方逼迫到边线,要及时用贴身转动,使对方来不及调整而被迫出界。

(九)体力战术

这是通过合理地分配体力以取得比赛胜利的战术方法。一场跆拳道比赛共3局,每局3 min,运动员体力消耗较大。采用体力战术,就是合理地分配体力,每一局用多少体力要根据对手的情况来定。如果对手技术较弱,可以保持体力以技术取胜;如果对手技术好,可以采用消耗对手体力的打法取胜;如果双方实力相当,还应有打持久战的准备。如果知道对手的耐力较差,应打体力消耗战,连续进攻,不给对手喘息的机会,迫使对手体力迅速下降,以此取胜。

各种战术是互相矛盾、相互克制的,正如每个进攻方法都有反攻方法一样。由于跆拳道比赛过程情况复杂、变化多端,对手多种多样,因此运动员应根据比赛中随时变化的情况,灵活机动地运用一种或综合的多种战术,从而达到预定的比赛目的。

(十)心理战术

心理战术是通过某些手段给对手造成心理方面压力的一种方法,它能够在一定程度上破坏对手的心理平衡,从而在比赛中占据主动,并赢得比赛的胜利。心理战术有很多种,如可在比赛之前隐瞒自身的实力,从而达到麻痹对方的目的;在比赛中故意显示实力,对对手施加心理方面的影响;在比赛中故意漏出虚假的破绽,从而使对方上当;如果对方比较急躁,则应通过一些方法来激怒对方，使其丧失理智。通过心理战术的应用能够使得对方产生退缩、犹豫、畏惧、焦虑等各方面的状况，从而影响其技术的应用。

(十一)第二次进攻

第二次进攻(也称为第二回合)，是指运动员在第一回合后实施的第二次进攻。所谓的第一回合是指一方运动员从准备姿势开始实施进攻或双方运动员同时进攻的阶段，如甲方使用横踢进攻乙方，乙方后撤一步躲闪，这一阶段就称为第一回合；如果乙方后撤一步后再立即使用劈腿反击甲方，则就是属于第二回合。在跆拳道比赛中，从攻防角度来看，进攻时的第一回合一般包括以下形式：运动员或是进攻，如直接使用横踢得点或劈腿攻击对方的面部；或是防守，如对方进攻时，自己后撤一两步，躲闪开对方的攻击；或是防守反击，如对方进攻横踢，自己使用反击横踢反击对方。

1.需要具备的条件

一般来说，从准备姿势开始，双方运动员之间的距离较远，此时主动进攻者直接进攻并且能够得分，一般要具备下列条件之一。

第一，速度快于对手。

第二，身高腿长占优势。

第三，利用步法的移动运用战术击打第一点，否则就很容易被对手反击。

对于水平接近的运动员来说，第一回合击打的成功率并不是很高。而第一回合的结束也是第二回合的开始，在第一回合一方或双方为了击打对方而得点，往往会通过步法移动来接近对方，这就为一方运动员在第二回合中有效击打对方创造了有利条件。由于第一回合中双方都有一个移动身体重心的过程，在第二回合开始时双方都需要快速调整重心，另外，双方的距离比较近，任何一方的快于对方的起腿击打都有可能形成有效击打而得点。因此运动员必须重视第二次进攻的训练。

2.应注意的问题

(1)通过实例和各种途径使运动员认识到必须重视第二次进攻的重要性，努力培养其第二次进攻的意识。

(2)要将第二次进攻训练与战术训练、组合技术训练有机地结合起来。

(3)要掌握具体的第二次进攻的手段和方法，根据能够发挥自身特点和优势的原则来选择自己第二次进攻的技术动作。

二、跆拳道战术制定和实施的注意事项

制定和实施跆拳道战术时要注意如下事项。

1.按照攻防兼备的原理制定和实施战术

在比赛中，有些运动员一味讲究进攻，不顾防守；有的则单纯防守，不肯进攻，结果使攻防失调，顾此失彼。因此，制定和实施跆拳道战术时要遵循"攻防兼顾"的原则，攻中有防，防中有攻。

2.与熟悉的对手对抗时应事先制定战术

在与较为熟悉的对手对抗时，在比赛前就应制定好比赛的战术，针对对手的基本打法、技战术运用特点、主要弱点、精神状态、心理素质、身体状况等制定出自己切实可行的作战方案,真正做到有的放矢。如对手擅长防守反击,自己上场就要稳扎稳打,引诱对方主动出击,自己进攻时使用有把握不失分的动作,使对手心情烦躁,失去耐心,这样自己就占据了主动。

3.要充分地掌握对手的基本情况

当对对手的情况不太了解时,只能通过观察对手比赛情况和对手赛前准备活动来了解对手的实力,如观察对手的击靶速度、习惯的技术动作、身材的高低等,然后制定初步的战术计划。在比赛开始后的一分钟时间内,利用事先准备好的战术试探对手的虚实,借以了解对手的基本情况,如对手是防守反击型,还是主动进攻型等。要充分发挥自己的特长,限制对手的特长,即要避实就虚,先夺其长,掌握主动权。

4.按照灵活多变的原理制定和实施战术

比赛中的任何战术都不是万能的,采用固定不变的战术,容易被对方摸到规律,使自己陷于困境。如在比赛前对对手有一定的了解,并已制订了战术计划,但由于对手经过一段时间的训练,可能在一些方面发生了改变,如原来擅长主动进攻,现在却以防守反击为主,这就要求根据场上的情况变化,因势利导,随机应变,灵活运用和变换各种攻防战术,虚实结合,真假相济,使对方防不胜防。

5.结合技术和身体素质优势选择战术

如果自己在技术、力量、速度、耐力等某方面占有优势,则可制定和实施能够发挥自身优势的战术。

6.结合自己的打法和风格选择战术

如有的运动员擅长主动进攻,有的善于防守反击等。比赛时就要根据自己和对方的特点和不足,发挥自己的长处,抓住对方的弱点,以我为主,积极进攻,自始至终掌握比赛的主动权,争取比赛的胜利。

7.实施战术要勇猛顽强,敢打敢拼

具体实施战术时要有果断大胆、勇猛顽强、敢打敢拼的精神,在瞬息万变的激烈对抗中,临危不惧、临战不乱,保持攻防的合理节奏。一般来讲,面对强手应加强防守,防中有攻,以防守反击为主;面对弱手应积极进攻,攻中有防,以主动进攻为主,此时不能保守,要继续大胆运用战术;彼此水平相当时,要攻防兼备,做到有序进攻,稳妥防守,抓住战机,猛烈攻击。

第二节 跆拳道战术的训练方法

一、跆拳道战术训练概述

在跆拳道比赛中,应根据自己和对手的情况,充分发挥己方特长,限制对方特长,为战胜对手而采取有效的计策和方法。

跆拳道战术的实质就在于运动员能在跆拳道比赛中依据各种可能发生的情况,运用自己平时训练中所练就的各项技能,最有效地发挥自己的优势去战胜对手。

在运用战术过程中,要树立正确的战术思想,体现以我为主、快速灵活的方针;要遵循跆拳道的技术发展变化规律,使战术训练有明确的目的性。

二、进行战术训练的要求

1. 注重理论和意识的训练

在平时训练中要注重培养运动员的战术意识,要加强专业理论知识的学习和研究,提高运动员对跆拳道运动现状、发展趋向以及比赛规律的了解与认识,不断提高技战术的运用能力。

2. 积极进行总结

在跆拳道训练中,在加强基本技术训练的前提下,要多打和多看比赛,要善于积累经验和总结经验教训,从比赛的胜利和失败中增长知识,努力培养运动员善于处理临场各种情况的能力。

3. 按照实战要求进行训练

在战术训练中,不仅要求运动员全面地掌握战术的使用方法,还要严格按照比赛的要求去训练,要求战术训练具有较高的质量。

4. 精选强化个别战术

在掌握多种战术的基础上,精选几种战术进行进一步的强化,并且要与组合技术的训练结合起来。

5. 多种训练有机结合

战术是在一定的身体条件、技术水平和心理、智能基础上形成的,并与比赛规则有着密切联系。因此,要把战术训练与身体、技术、心理、智能训练有机地结合起来。要求在掌握了基本技术后,在进行这项技术的复习时与战术结合起来,如复习横踢时,可以设想对手主动进攻,练习者可先使用劈腿阻击后再进行横踢。

三、跆拳道战术训练的基本任务

1. 丰富战术知识

战术知识包括战术理论和战术实践。理论对实践具有指导作用,实践则是对理论的检验和丰富。跆拳道战术训练丰富战术知识的任务,就是通过理论学习和实践运用,使运动员尽可能地认识、理解和掌握跆拳道运动的战术规律,其中包括战术运用的原则、各种具体战术形式的作用、运用的条件、行动方案,等等。跆拳道战术知识的丰富必须依靠战术实践的体验来积累,从实践中获得的感性知识上升到理论知识以后,再用理论知识进一步指导实践的深入。

2. 培养战术意识

具有良好的战术意识才能够在比赛中自觉、主动、有预见性地使用各种战术,掌握攻防的主动性,并能够灵活运用各种战术。运动员在学习战术知识的过程中,需要对战术的相关内容进行认真的思考。培养运动员的战术意识就是要提高运动员在复杂的环境中,根据实际情况来合理、有效实施战术的自觉性。战术意识的培养是一个长期的过程,在平时训练时,应注重结合战术知识进行传授,并对战术进行比较分析。

3. 熟练战术行动

战术知识和战术意识的培养最终就是要落到战术行动上,在训练过程中,应培养运动员熟练地掌握和运用各种战术形式。战术形式的运用和技法动作运用的原理相似,运动员对战术形式必须熟练掌握并达到自动化,这样才能够在比赛中熟练运用各种战术。运动员必须在全面熟练掌握各种战术形式的基础上,将各种战术融会贯通,做到灵活运用。

四、跆拳道战术训练的方法

1. 理论讲授法

跆拳道运动者要想使用相应的跆拳道战术必须对该战术有一定的了解,在此基础上才能够正确地运用。战术的使用具有较高的要求,需要其熟练掌握各种基本技术,并且能够对实战具有感性的认识。通过语言进行理论方面的讲授,能够使运动者对跆拳道战术的概念、特点、作用和表现形式等具有良好的认识。如果其具备了相应的战术训练的条件,则通过相应的理论讲授,运动者就能够初步地掌握各种战术。

2. 战术分解法

战术分解法是对完整的战术形式进行的分解练习,按照一定的先后次序对各组成部分进行分别练习,从而达到快速、准确掌握相应的战术的目的。战术分解法适用于由多种技法动作组成的战术。例如,在练习佯攻战术时,可先练习调动法,在初步掌握之后,再与相应的技术进行连接,从而最终掌握完整的战术形式。

3. 假设性空击训练

运动员应假设是与对手在实战中,设想各种情况进行想象空击,也可面对沙袋、树干、假人等目标,采用猛攻猛打、佯攻巧打或躲闪进攻等战术来击中目标。这种想练结合的方法,主要目的是培养运动员的战术意识和使其掌握各种战术的具体用法。

4. 战例分析训练

从比赛录像中选择一些反映战术特点的应用战术较典型的片段,组织运动员观看,或筛选出一个完整的战术进行反复的研究。典型片段可选择那些战术运用好的,也可选择战术运用不当而导致失败的。通过教练员的提问、分析、讲解,使运动员经过讨论找出正确的答案,加深印象。为使分析全面,看完片段后还应把全场比赛连起来看,从局部与全局的观念出发,防止孤立、静止地看问题。

5. 模拟训练

模拟训练是由教练员或同伴根据不同对手情况进行模仿的一种针对性专门练习,用以提高运动员的战术适应能力和运用能力。如模拟对手是主动进攻型或防守反击型,然后运用能克敌制胜的战术,以不断提高练习者的适应能力和战术运用能力。

6. 按照比赛的要求进行实战

按照竞赛规则的要求和规定,在比赛的条件下训练和培养运动员运用战术的能力,丰富临场比赛经验;也可根据从难、从严、从实战需要出发,安排有特定条件的比赛。如不同体重级别、不同技术水平的对手进行比赛,或一人每局轮战一个对手。

实战比赛是训练和检验运动员战术运用效果和能力的重要途径,在运动比赛之后,应进行及时总结,并对战术的运用进行提高和改进,促进自身战术能力的提高。

第三节 跆拳道战术的实战能力训练

一、横踢战术

1. 在对方原地换位的一刹那进攻横踢

在比赛过程中,运动者会不断变换自身的准备姿势,以便更好地发动进攻。在对方换位的一刹那进攻横踢,是重要的进攻方法。例如,甲乙双方穿护具右架闭式站立(双方同是右架或同是左架站立则称为闭式站立,一方是左架,另一方是右架,则为开式站立,下同),乙方原地换位的一刹那,甲方立即使用后腿横踢(见图8-1)。

图8-1 横踢战术

2. 在对方上步时使用横踢战术

甲乙双方穿护具开式站立。当乙方双脚一起向前跳一步,准备进攻时,甲方立即使用后腿横踢。

3. 用身体晃动调动对方,在对方后撤一步时使用横踢

甲乙双方穿护具右架闭式站立,甲用身体晃动的假动作调动乙,使乙以为甲要进攻向后撤一步。甲立即进攻横踢。

4. 在对方劈腿时反击横踢

甲乙双方穿护具开式站立,乙方用前腿使用劈腿,甲方向一侧跳的同时使用横踢反击。

5. 连续两个横踢

甲方使用左腿(后腿)横踢进攻乙方,乙方后撤,甲方继续用右腿横踢击中乙方。

6. 用横踢反击横踢

甲方右架,双方穿护具开式站立,乙方用右腿横踢进攻甲方,甲方换位后撤一步的同时使用右腿横踢反击乙方。

二、后踢战术

1. 在对方横踢时用后踢反击

甲乙右架闭式站立,乙方使用横踢进攻甲方,甲方立即转身使用后踢反击乙方。

2. 在对方使用前横踢时用后踢反击

甲乙双方右架闭式站立,乙方使用前横踢进攻甲方,甲方立即快速转身使用后踢反击乙方。

3. 用假横踢调动对方,在其进攻横踢时使用后踢反击

甲乙双方右架闭式站立。甲方使用后腿横踢假进攻乙方,乙方后撤一步然后用横踢进攻甲方时,甲方趁势使用后踢反击乙方(见图8-2)。

图8-2 后踢战术

4. 在对方使用双飞踢时用后踢反击

甲乙双方右架闭式站立,乙方使用双飞踢进攻甲方,甲方立即转身使用后踢反击乙方。

三、下劈战术

1. 对方横踢时用劈腿反击

甲乙双方右架闭式,乙方用横踢进攻甲方,甲方立即使用劈腿反击乙方头部。

2. 在分开时使用劈腿

比赛中双方在一个回合交战后贴在了一起,在即将分开的一刹那用劈腿技术攻击对方(见图8-3)。

图 8-3 下劈战术

3.用横踢调动对方,再用劈腿攻击

甲乙双方右架闭式站立,甲方先使用横踢假进攻调动乙方,乙方后撤步使用横踢反击甲方,甲方则立即用劈腿攻击乙方的头部。

四、后旋踢战术

1.对方横踢进攻时用后旋踢反击

甲乙双方右架闭式站立,乙方用横踢进攻甲方,甲方立即使用后旋踢反击乙方头部(见图 8-4)。

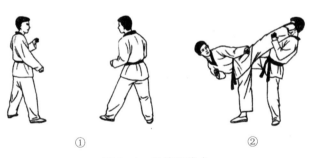

图 8-4 后旋踢战术

2.对方劈腿进攻时用后旋踢反击

甲乙双方右架闭式站立,乙方用劈腿进攻甲方,甲方立即使用后旋踢反击乙方头部。

3.对方前横踢进攻时用后旋踢反击

甲乙方右架闭式站立,乙方用前横踢进攻甲方,甲方立即使用后旋踢反击乙方头部。

五、侧踢战术

(1)乙方用横踢时,甲用侧踢阻击,如图 8-5 所示。

(2)甲方先用前横踢击打对方,乙方后撤后反击,甲方立即用前腿侧踢阻击。

(3)甲方用劈腿进攻对方,乙方后撤后反击,甲方立即用前腿侧踢阻击。

(4)甲方先用横踢进攻对方,乙方后撤后反击,甲方立即用前腿侧踢阻击。

图 8-5　侧踢战术

六、双飞踢战术

(1)甲乙双方右架闭式站立,甲方先用假横踢迫使乙方后撤,甲方再用双飞踢进攻(图8-6)。

(2)甲乙双方右架闭式站立,甲方先用假劈腿迫使乙方后撤,甲方再用双飞踢进攻。

(3)甲乙双方右架闭式站立,乙方原地换位的一刹那,甲方立即使用双飞踢。

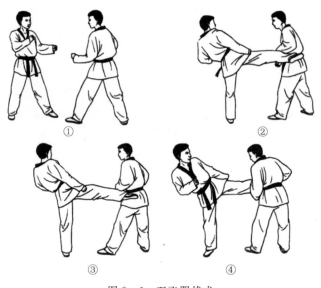

图 8-6　双飞踢战术

七、鞭踢战术

(1)甲乙双方右架闭式站立,乙方用前横踢进攻,甲方使用前腿的鞭踢反击对方面部(见图 8-7)。

(2)甲乙双方开式站立,甲方先用侧踢迫使乙方后撤,乙方后撤后立即使用横踢进攻,甲方则使用鞭踢反击。

图 8-7 鞭踢战术

八、前横踢战术

（1）甲乙双方闭式站位，乙方原地换位时，甲立即使用前横踢击打对方胸腹部或头部（见图 8-8）。

图 8-8 前横踢战术

（2）甲乙双方闭式站位，乙方前跃步准备进攻的一刹那，甲方立即使用前横踢。
（3）甲乙双方闭式站位，乙方横踢进攻，甲方快速后撤一步，立即使用前横踢反击乙方。

九、旋风踢战术

1. 在对方原地换位的一刹那使用旋风踢

甲乙双方开式站立，乙方为了防止甲方后腿横踢而原地换位，在此一刹那，甲方立即使用旋风踢（见图 8-9）。

2. 身体晃动调动对方，在对方后撤一步时使用旋风踢

甲乙双方右架闭式站立，甲方用身体晃动的假动作调动乙方，使乙方以为甲方要进攻向后撤一步，甲方立即使用旋风踢。

3. 连续两个旋风踢

甲方使用左架旋风踢进攻乙方，乙方后撤，甲方快速上一步，使用左架旋风踢击中乙方。

图 8-9 旋风踢战术

第九章　跆拳道品势训练

第一节　跆拳道品势教学

跆拳道品势(又称之为型)是以技击动作的攻防进退为素材,通过特定运动的规律变化而编排的整套练习形式;是进行跆拳道格斗对抗训练的基本训练形式和基础。它类似于中国武术运动中的套路练习形式,即将一定数量的动作串连编排起来而形成固定模式的套路。

跆拳道品势内容丰富而形式多样,基本品势有基本一式、基本二式、太极的一至八章和八卦的一至八式;高段品势(黑带品势)有高丽、金刚、太白、平原、十进、地跆、天拳、汉水、一如。通过品势练习,促进学生身体各部位的全面发展,达到强身健体、磨炼意志的目的,为将来的实战比赛打下良好的格斗对抗基础。

一、跆拳道品势教学的基本特点

1. 注重基本功的练习

跆拳道品势的基本内容丰富多彩、形式多样,基本功和基本技术动作一般包含有手型、手法、步型、步法、腿法、拳法、肘法、脚法、跳跃等技术动作,正是由它们形成了多姿多彩、多种形式的品势套路。通过品势练习,能有效提高学生的力量、速度、灵敏、柔韧、平衡等身体素质,同时也是培养学生坚强的自信心、顽强的意志品质和健康的心理素质的有效途径与手段。

跆拳道的品势是学习跆拳道的方法之一,在安排教学内容时,要根据学生的具体情况以及教学任务,尽可能地做到系统化、多元化;遵循运动技能形成的规律,循序渐进,由简到繁,由易到难,要根据品势的内容和技术特点,在教学中不断强化基本功、基本技术动作的练习,使学生更好地掌握正确的基本功和基本技术动作。扎实的基本功能增强各关节及韧带的柔韧性和灵活性、提高肌肉的控制能力和保持必要的弹性,这一点对提高动作质量、预防受伤及延长运动寿命有着十分重要的作用。同时,扎实的基本功能够使学生在整套品势练习和比赛实战中熟练掌握、运用各种技术动作。因此,将基本功、基本技术动作的练习贯穿于品势教学的全过程,是品势教学在内容选择与安排上的特点之一。

2. 直观教学为主,首重动作规格

跆拳道品势的内容繁多、技术动作复杂,但路线方向相对变化较简单,多以直线转折为主,所有演示路线类似中国的九宫八卦图。它外形要求全身协调配合,内重精神与意识、呼吸与劲力相统一,并伴有发声来振奋精神,以气催力。因此,在教学中必须依据人类认识事物的规律来组织、实施教学。品势教学首重动作规范,教师准确、连贯地示范,会给学生留下非常深刻的第一印象,对建立正确的动力定型极其重要。品势不同的时候,动作的规格要求也不同,所以教学重点也不一样。以单个动作为例,首先要强调该动作姿势的准确;其次要强调该动作方法的正确;最后是力度、速度及演示路线的准确。

3. 突出特点,抓住重点

攻防技击是跆拳道运动的显著特点,品势则是跆拳道运动在漫长的历史发展演变过程中对技击动作精华的浓缩。因此,在品势教学中应紧紧抓住技击这个特点,来对动作进行分析,逐个剖析技术动作的攻防含义和劲力的使用方法,强调动作的速度、力度及节奏,使学生明确每个动作的作用及用法,加深对动作攻防技击内涵的理解。每一个品势,每一个动作,都有其区别于其他品势、动作的技术特点,在演练中会表现出不同的风格与技巧,抓住其特点,将之作为重点来进行教学,就能使学生清晰地认识动作的精髓而牢固地掌握它。

4. 内外合一,形神兼修

在品势教学中,提高演练技巧是其重要特点之一。品势的观赏价值较高,给人以刚劲有力的阳刚之美,并通过品势演练展示出跆拳道深厚的文化内涵和礼仪礼节。内外合一,形神兼备,将其身心和谐之美通过演练来体现,这都需要有扎实的基本技术和高超的演练技巧来支撑。因此,品势演练并不是单个动作的简单重复,而是外在动作的精细规范、劲力顺达、力点准确和内在的精神、意识、气质的高度协调一致,共同来演绎出跆拳道所包含的全部文化内涵和价值。

二、跆拳道品势教学的方法

教学方法是完成教学任务的手段与途径,科学地运用方法对于完成教学任务和提高学生积极性,提高教学的效果有着重要的意义。教学方法的运用要以教学任务、品势特点、学生实际、教学条件等具体情况为依据。力求做到以任务为目标、以方法为途径,采用行之有效的方法与手段来确保教学任务的完成。跆拳道品势教学中通常采用的方法有直观教学法、完整教学法与分解教学法、语言法、预防与纠正错误法、练习法、比赛法等。

(一)直观教学法

1. 动作示范

动作示范是品势教学中最常用,也是最基本的一种方法。它是以标准的技术动作为范例,使学生通过直观来了解动作的形象、结构、要领和方法。它的特点在于不仅使学生从感性认识来获得正确动作的全貌,而且可以激发学生学习的兴趣和自觉性。

2. 示范的位置

教师在做示范技术动作时,应让所有学生能够清楚看到正确的示范技术动作,因此在各个方位都做一次或多次示范,比如在队伍的正前方和学生(横队)成等边三角形,教师站在三角形的顶点;或者教师站中间,学生围成圆形;或前排学生蹲下等。

3. 示范面的运用

示范面的正确使用,能使学生更快更好地学会动作和掌握要领。应根据动作的不同前进方向或面部所朝方向来选择不同的示范面。一般有侧面示范、镜面示范、背面示范等。

4. 领做示范

领做示范一般在学习新的动作时运用,教师应注意示范的位置和示范的速度。要根据动作的路线方向来选择示范的位置,尽可能使学生看到教师示范的动作,以便模仿、掌握动作的运动路线、方法与姿势。当改变运动方向时,教师应变换示范位置。领做速度应由慢到快,待学生逐渐熟练后,再过渡到正常领做速度。

5. 示范与讲解法相结合

在学习新技术动作时,较多采用示范结合讲解来进行。其目的在于使学生在获得感知动作形象的同时,通过形象生动的讲解,来强化技术动作形象的效果。它比较容易使学生通过示范动作了解动作的全部过程而直观地去模仿动作,同时也通过语言的讲解让学生进一步明确动作要领,体脑并用,提高教学效果。不同的学生有着不同的教学方法,水平较高的学生以讲解为主,示范为辅,水平较低的学生以示范为主,讲解为辅。

6. 多媒体课件教学

现代信息技术的飞速发展和在广阔领域的普及、推广与运用,在某种意义上给我们的教学带来了一场革命,极大地丰富了教学的方法与手段,运用多媒体进行教学,对提高教学质量,具有十分重大的促进作用。多媒体教学是一种以交互方式将文本、图形、图像、音频、视频等多重媒体信息,经过计算机设备的获取、操作、编辑、存储等综合处理后,以单独或合成的形态表现出来的技术和方法。它是现代教学训练的手段之一,有助于学生建立正确的动作概念,能充分显示动作的结构、过程、关键、要领与细节,特别是对结构复杂、腾空技术和难度较大(跳踢、旋踢)的动作,能提供生动而形象的直观方式且演示的速度可以随心所欲地加以掌控,以便详尽地观摩动作的细微变化;同时还可以加深学生对教材的理解和分析动作要领,领会单个技术动作乃至全套动作的演练特点、劲力、方向、角度等,多媒体教学运用得当,可丰富教学内容,调节学生的学习兴趣,提高教学效率。可以说,多媒体教学将以多种形式出现在未来的讲台和训练场,为我们的教学训练插上科技的翅膀而腾飞。

(二)完整教学法与分解教学法

品势是由单个技术动作和不同的演练路线所组成,每个技术动作又因品势的不同而难度各异,因此品势教学常用分解教学法与完整教学法。

1. 完整教学法

完整教学法可以使学生了解单个技术动作的全貌,形成完整的概念,是主要的教学法之一,它适用于难度不大、结构相对简单、路线相对单一技术动作的教学,对专业基础较好的学生也可以采用完整教学法。其缺点是对复杂且难度较大的技术动作进行教学时,学生因难以掌握技术动作的细微环节而达不到教学的要求。

2. 分解教学法

分解教学法是将一个动作分解成若干个技术动作环节进行教学的方法。品势教学中经常运用分解教学法来加强学生对动作细微环节的掌握,使之更好更快地达到技术动作的要求。当动作的结构、方向、路线较复杂烦琐且节奏变化多时,运用分解教学法会取得较好的教学结果。但是在运用分解教学法时,不宜将技术动作分解得支离破碎而影响动作的完整性,应尽快地过渡到完整的动作练习。

教学过程中应遵循完整—分解—再完整的顺序,将分解与完整教学有机地结合起来,相互补充,使学生既能尽快掌握技术动作细节,又能了解技术动作的全貌而学会单个动作直至全套品势。

(三)语言教学法

正确运用语言教学法,有助于学生正确理解技术技术动作,加快掌握技术要领,培养学生分析问题与解决问题的能力。正确的讲解、启发和提示,能够使学生了解学习任务,端正学习态度,积极思维,确保教学任务的完成。

1. 讲解

讲解是语言教学法中主要的一种教学形式与方法。讲解时应注意目的明确,通俗易懂,简明扼要,且注意讲解的时机和保证效果。讲解的内容根据动作的重点不同而有所侧重,通常是讲解动作的规格与要求、讲解技术动作的基本规律、讲解技术动作的易犯错误、讲解技术动作的重点与关键环节、讲解技术动作的攻防含义及使用方法、讲解技术动作劲力的运用方式与方法等。

讲解方法一般采用以下几种:

(1)形象化讲解。将品势动作的形态比喻成身边常见的物体或景象,有利于提高学生的兴趣,使学生产生联想。

(2)术语化讲解。品势中的术语是指专业用语,具有简洁易懂的特点,常用术语进行课堂讲解既有利于规范要求,又可以减少讲解时间,把理论知识和实践结合起来。

(3)口诀化讲解。将品势的某个动作进行高度概括,采用口诀化的形式来讲解,即对将要进行讲解的动作的语言总结成简明扼要具有专业特点的词句,既有利于调动学生积极性,活跃课堂气氛,又能促进学生尽快理解与掌握技术动作。

2. 口令

口令是组织学生、指挥学生的重要手段,在跆拳道品势教学中,每个品势的口令速度基本一样,但次数有所不同。根据练习方式的不同及学生不同的熟练程度,运用口令的轻重缓急也不同。如分解练习时,口令短促而有力;连贯练习时,口令柔和而缓慢;也可以将动作规格要求带入口令中,启发和提示学生应该注意的问题或动作的路线、方向、速度、劲力等。运用口令时要声音洪亮、干脆利落,富于节奏感。

(四)预防与纠正错误法

学生在学习和掌握每个技术动作的过程中会出现各种错误,对此教师应及时发现错误并指出正确的动作要领和提出解决问题的方法。

由于学生的水平不同,因接受能力与协调能力欠缺出现错误时,教师一般采用分解动作、放慢示范速度、多次领做等方法进行纠正;学生出现身体能力差而不能完成技术动作时,教师应耐心地采用降低难度等方法,不能挫伤学生的学习情绪;出现学生记忆能力较弱,品势动作和顺序出现错误时,教师应反复领做,反复示范、讲解技术动作内容,将动作前后相关联的动作特征提出来,着重讲解、示范,反复练习,强化记忆。教师在纠正错误动作时,要善于发现共性问题,一旦出现共性问题,要组织学生共同讨论、分析问题的因果关系,找出解决问题的方法,借此来启发学生思维,培养和提高学生分析问题、解决问题的能力。

(五)练习法

跆拳道的品势教学中,采用练习法可以迅速提高学生掌握动作的速度和准确性。教师根据每个品势的教学任务,有针对性地安排任务和选择练习法,在反复的练习过程中,使学生逐步消除错误技术动作,掌握正确的技术动作要领,巩固提高所学的知识,使技术动作形成正确的动力定型。常用的练习法有以下几种。

1. 重复练习法

重复练习法是指在品势教学过程中,将单个技术动作、分段技术动作、整套技术动作重复练习的方法。在练习中练习目的要明确,不同的教学阶段、不同任务的难易程度及学生的不同特点,都会对练习的次数、强度、密度及间歇时间提出不同的要求。在练习中要注意错误动作的出现,一旦发现要及时予以纠正。

2. 变换练习法

变换练习法是指在变换条件的情况下进行练习的方法。所谓条件是指运动负荷、场地、环境及训练器械等。变换条件主要在于使练习更加符合学生的实际情况及满足教学任务的需要。例如,因动作难度大而放慢动作速度与节奏;因学生疲劳而降低运动负荷;因动作不到位而借助辅助练习来纠正、补充;因比赛需要而改变训练环境,营造比赛气氛;等等。

3. 综合练习法

综合练习法是指综合地运用某些练习法的特点而组成的练习方法。要根据教学任务的要求,强调练习手段、练习数量与强度、组间间歇及练习程序的科学合理的安排。其练习形式一般有个人练习、分组练习和集体练习,不同的练习形式能促进学生正确掌握技术动作,提高学生练习兴趣和训练的质量与效果,并能使课堂形式多样而生动活泼。

(六)比赛法

根据教学的任务和要求,在不同阶段,视情况制定出比赛的内容、要求及评分标准,通过这种教学比赛来加强学生的心理训练,使学生能够在紧张和竞争的情况下正确而顺畅地完成动作演练,全面均衡地发展学生的身体机能水平,提高品势的演练水平和适应比赛的能力。采用的形式多种多样,既可以是个人的一对一比赛、组与组的对抗赛,也可以是不同年级、不同性别组成的代表队间的集体比赛,比赛可由教师评判,也可由学生推选代表来评判,或由两者相结合来评判。

三、教学步骤

跆拳道品势约有二十多套组成,每个品势的技术动作、路线不同,所表达的意义也不同,每个动作都包含着多个要素,如结构架势、方向路线、劲力方法、节奏起伏及内在的精神、意识、气质等。教学中应根据运动技能形成的规律和跆拳道品势教学的特点,通过一定的步骤使学生逐步掌握动作。跆拳道品势教学一般可分为以下几个步骤：

第一步的主要任务是使学生掌握技术动作的运动方向路线。

通过教师的正确示范和简介要领，使学生弄清楚每个技术动作的方向路线。对于技术动作的姿势可作一般的要求，反之容易引起学生的疲劳，分散学生对方向路线的注意力，从而降低学生学习的效率，影响教学任务的完成。

第二步的主要任务是使学生形成正确的技术动作姿势和工整的架势。

在学生掌握了动作的方向路线后，教师示范正确的技术动作，并组织学生反复练习，在练习中不断纠正错误技术动作，严格要求，强调技术动作的节奏、姿势和细节，消除技术动作的僵硬、身体不协调等不良反应，使学生初步形成正确的技术动作定型。

第三步的主要任务是使学生能够完整准确地演练整套品势。

教师要根据每个品势的不同技术动作进行完整的示范，使学生了解并学会动作之间衔接的技巧与方法，重点强调动作协调、连贯完整、劲力顺达。

第四步的主要任务是使学生理解和掌握品势技术动作的特点、内涵及不同品势的不同演练风格。

教师通过对每个品势的性质、意义进行的深入仔细的分析，进一步完善跆拳道品势的精神、意识与身体技术动作的结合，体验跆拳道品势刚劲有力的演练风格。使学生的演练真正做到"神形兼备""内外合一""以气催力"，充分展示跆拳道品势技术的风格特点。

第五步的主要任务是通过训练来继续提高与巩固动作质量。

要求教师认真组织学生训练，强化动作规格，提高演练水平，使学生在练习中不断纠正错误的同时，进一步巩固正确的动力定型。

第二节 跆拳道品势的基本功

一、基本步型与手法

(一)步型

跆拳道的步型是指在跆拳道练习或实战中，站立位置的姿势和脚步的形状。步型是和步法紧密联系的，特别是品势练习的基础。

1. 并步

两脚并拢，两脚内侧贴紧，身体直立，目视前方。

2. 并排步两脚左右开立

距离与肩同宽，两脚尖向外，身体放松，目视前方。

3. 预备势

两脚左右开立，相对，拳心向内。

4. 弓步

弓步也称为屈立步，两脚前后开立，距离大约为本人脚长的3.5倍，前腿屈膝半蹲，后腿蹬直。左脚在前时称为左弓步,右脚在前时称为右弓步。

5. 走步

走步也称为高前屈立或探步,动作方法是两脚前后开立,姿态与平时走路相似,两膝微内扣,两腿之间的距离约为本人脚长的1~1.5倍,重心置于两腿之间。左脚在前时称为左走步,右脚在前时称为右走步。

6. 马步

两腿左右开立距离略大于肩宽,两脚尖向前,重心落于两腿之间。

7. 三七步

其动作方法是两脚左右开立,距离为本人脚长的3.5~4倍,后脚脚尖外展约90°,两膝微屈,前脚脚尖向前,身体重心70%在后腿,30%在前腿,左脚在前称为左三七步,右脚在前称为右三七步。

8. 虎步

两脚前后开立,两膝微屈,前脚脚尖虚点地面,身体重心置于后腿。左脚在前称为左虎步,右脚在前称为右虎步。

9. 鹤立步

一腿提起,另一腿支撑体重。

10. 交叉步

交叉步也称为十字步,一脚向另一脚的后面插步,脚掌着地,两膝关节交叉称为后交叉步。

(二) 手法

1. 冲拳

动作方法:两脚左右开立成马步,距离与肩同宽,两膝微屈并向内收,两拳抱于腰间,拳心向上,随即右手以拳面为力点向前冲出,冲拳的高度约与肩平,左手握拳置于腰间。冲拳左右动作方法相同,但方向相反。

动作要点:力达拳面部位,用力要顺达。

易犯错误:过于向外送肩,造成重心不稳。

纠正方法:冲拳时要保持肩平,上体正直不要过于前送。

实战作用:用于击打对方头部或躯干。

2. 劈拳(也称为锤拳)

动作方法:两脚左右开立,双手握拳于腹前成品势预备姿势站立,左手握拳由腹前经右上方向左下抡臂劈击,右手握拳置于腰间。劈拳左右动作方法相同,但方向相反。

动作要点:力达拳轮部位,用力要顺达。

易犯错误:动作过于僵硬或幅度过大。

纠正方法:身体放松的情况下由慢至快反复练习。

实战作用:可用于攻击对手头部、颈部和锁骨。

3. 抄拳

动作方法：两脚左右开立，双手握拳于腹前成品势预备姿势站立，左脚向前成弓步；同时，左手前伸抓住对方的衣襟，右手握拳收于腰间，步型不变，重心前移，身体左转，成左弓步；同时，左手回拉，右拳从腰间由下向上抄起，用拳面击打对方的下颌部。抄拳左右动作方法相同，但方向相反。

动作要点：力达拳面部位，用力要顺达。

易犯错误：动作过于僵硬或幅度过大。

纠正方法：身体放松的情况下由慢至快反复练习。

实战作用：可用于攻击对手下颌或腹部。

4. 弹拳

动作方法：两脚左右开立，双手握拳于腹前成品势预备姿势站立，右脚向前上步，左脚经右腿后侧上步脚尖着地成叉步站立；同时，右拳内旋由内向外、向下弹击，左拳置于腰间。弹拳左右动作方法相同，但方向相反。

动作要点：力达拳背部位，用力要顺达。

易犯错误：动作过于僵硬或幅度过大。

纠正方法：身体放松的情况下由慢至快反复练习。

实战作用：可用于攻击对手面部或锁骨。

(三) 掌法

掌法在传统跆拳道及品势练习中也是比较常见的，具有代表性的掌法有以下几种。

1. 砍掌

砍掌也称为手刀砍，按动作方法可分为仰掌砍击和俯掌砍击两种。

动作方法：两脚左右开立，双手握拳于腹前成品势预备姿势站立，左脚向前成左弓步，右手由拳变掌上举至右前方与头同高位置，随即右臂前伸由外向内以右手刀向左前方平砍，掌心向上。砍掌左右动作方法相同，但方向相反。

动作要点：力达手刀部位，动作要连贯。

易犯错误：动作幅度过大没有控制。

纠正方法：面对镜子或在同伴的帮助下，由慢至快反复练习。

实战作用：可用于攻击对手颈动脉、锁骨和两肋。

2. 插掌

插掌也称为掼手，按其方法可分为立插掌和横插掌两种。

动作方法：两脚左右开立，双手握拳于腹前成品势预备姿势站立，左脚向前上步成左弓步；同时，左拳由腰间变掌向前伸臂插出。插掌左右动作方法相同，但方向相反。

动作要点：力达指尖，动作要连贯。

易犯错误：动作不规范。

纠正方法：要体会腰、腿、肩、臂的协调用力。

实战作用：可用于攻击对手心口、面部和两肋。

3.抵掌掐击

动作方法：两脚左右开立，双手握拳于腹前成品势预备姿势站立，左脚向前成左弓步；同时，右拳由腰间变抵掌向前伸臂掐击，左手握拳于腰间。抵掌掐击，左右动作方法相同，但方向相反。

动作要点：力达指尖，动作要连贯。

易犯错误：掐击动作不明显。

纠正方法：要体会抵掌的动作方法，重点是利用大拇指和其余四指掐击对方咽喉。

实战作用：可用于攻击对手咽喉。

4.掌根推击（也称为熊掌推击）

动作方法：两脚左右开立，双手握拳于腹前成品势预备姿势站立，左脚向前上步成左弓步；同时，右拳由腰间变掌，以掌根为力点向前伸臂推击，左手握拳于腰间。掌根推击左右动作方法相同，但方向相反。

动作要点：力达掌根，动作要连贯。

易犯错误：力点错误。

纠正方法：要体会掌根的推击方法，然后再练习。

实战作用：可用于攻击对手的面部、胸部和腹部。

二、基本格挡技术

格挡主要指接触性的防守技术，这里重点介绍跆拳道品势中的基本格挡方法。实际练习时也可以结合步法进行，如马步格挡、弓步格挡等。

（一）上格挡（上段防守）

动作方法：两脚左右开立，双手握拳于腹前成品势预备姿势站立，随即左手在上右手在下内收于腹前，左手沿身体中线挥臂上提，拳心向前以前臂外侧向上格挡，右手握拳于腰间。左右动作方法相同，但方向相反。

动作要点：力达前臂外侧，上格有力。

易犯错误：力点错误。

纠正方法：反复体会发力和接触对手的部位，然后由慢到快反复练习。

实战作用：可用于格挡对手对我头部上面的攻击。

（二）下格挡（下段防守）

动作方法：两脚左右开立，双手握拳于腹前成品势预备姿势站立，随即右手伸直，左手握拳上提置于右肩前，左手以前臂外侧为力点沿右手臂向下格挡，右手握拳于腰间，左右动作方法相同，但方向相反。

动作要点：力达前臂外侧，下格有力。

易犯错误：力点错误。

纠正方法：反复体会发力和接触对手的部位，然后由慢到快反复练习。

实战作用：可用于格挡对方对我躯干正面及由下向上的攻击。

(三)中格挡

中格挡可分为内中格挡和外中格挡两种。

1. 内中格挡

动作方法:两脚左右开立,双手握拳于腹前成品势预备姿势站立,右手向右侧平举至耳部,随即右手向右侧平举至耳部,随即右手由腰带臂由右向左格挡,左手收于腰间。左右动作方法相同,但方向相反。

动作要点:力达前臂外侧,向内格挡有力。

易犯错误:动作幅度过大,没有制动体现的力道。

纠正方法:格挡时右拳高度在鼻子和下颌之间,肘关节的角度为90°～110°。

实战作用:可用于格挡对方对我躯干的攻击。

2. 外中格挡

动作方法:两脚左右开立,双手握拳于腹前成品势预备姿势站立,左脚向前上步成三七步,双手上提至腹前,右手在上左手在下,随即左手前臂外旋以腰带臂向外格挡,右手收于腰间。左右动作方法相同,但方向相反。

动作要点:力达前臂内侧,向外格挡有力。

易犯错误:动作幅度过大。

纠正方法:格挡时,右拳高度在鼻子和下颌之间,肘关节的角度为90°～110°。

实战作用:可用于格挡对方对我躯干的攻击。

(四)十字格挡

十字格挡可分为高十字格挡和低十字格挡两种。

1. 高十字格挡

动作方法:两脚左右开立,双手握拳于腹前成品势预备姿势站立,左脚向前上步成三七步,双手握拳上举至颈部时双手交叉成十字,肘关节用力举过头顶向上格挡。

动作要点:力达双手前臂外侧,上格有力。

易犯错误:上举高度不够。

纠正方法:面对镜子由慢到快逐渐体会保护头部的意识。

实战作用:可用于格挡对手对我面部及头部的攻击。

2. 低十字格挡

动作方法:两脚左右开立,双手握拳于腹前成品势预备姿势站立,左脚向前上步成弓步,双手握拳交叉成十字用力向下格挡。

动作要点:力达双手前臂外侧,下格有力。

易犯错误:双臂于腹前的距离过大。

纠正方法:双臂距腹前的距离应是20～30 cm。

实战作用:可用于格挡对手对我裆部及腹部的攻击。

(五)手刀格挡

动作方法:两脚左右开立,双手握拳于腹前成品势预备姿势站立,左脚向前上步成三七步,双手由拳变手刀上举至右侧上方,上臂与肩平,随即上体微向左转以腰带臂,左手经体前由右向左外侧格挡,格挡时掌心向前,右手置于腹前。左右动作方法相同,但方向相反。

动作要点:力达双手前臂外侧。

易犯错误:左臂夹角过大或过小造成格挡发力不充分。

纠正方法:左臂夹角应在130°左右。

实战作用:可用于格挡对手对我躯干的攻击。

三、基本肘法与膝法

(一)肘法

肘关节是人体关节中硬度最大的关节之一,尤其是贴身近战时,运用得当会给对手重创。

1. 顶肘

动作方法:两脚左右开立,双手握拳于腹前成品势预备姿势站立,左脚向前上步成左弓步;同时,左右臂屈肘上提至胸前,右拳变掌抵住左拳拳面,以左肩关节为轴,向前顶击,力达肘尖。顶肘的左右动作方法相同,但方向相反。

动作要点:力达肘尖,动作要连贯。

易犯错误:力点错误。

纠正方法:要注意动作方向,应向前顶击而不是向左右。

实战作用:可用于攻击对手的面部、胸部和腹部。

2. 挑肘

动作方法:两脚左右开立,双手握拳于腹前成品势预备姿势站立,左脚向前上步成左弓步;同时,右手自腰间上举,肘关节夹紧,肘尖由下向上挑起。顶肘的左右动作方法相同,但方向相反。

动作要点:挑肘时要拧腰顺肩以增加挑肘的力量。

易犯错误:力点错误。

纠正方法:要注意动作方向,增加肘关节的灵活性。

实战作用:可用于攻击对手的下颌、胸部和腹部。

3. 摆肘

动作方法:两脚左右开立,双手握拳于腹前成品势预备姿势站立,右手以肩关节为轴,将肘关节夹紧抬平,由外向内或由内向外用力摆击,左手变掌压住右臂配合摆动。摆肘的左右动作方法相同,但方向相反。由外向内摆击时称为内摆肘,由内向外摆击时称为外摆肘。

动作要点:摆肘时要拧腰顺肩以增加摆肘的力量。

易犯错误:力点错误。

纠正方法:要注意动作方向,增加肘关节的灵活性。

实战作用:可用于攻击对手的下颌及胸部。

(二)膝法

膝关节也是人体硬度较大的关节之一。膝法动作简单、杀伤力大,在品势练习和实用技术中主要使用顶膝。

动作方法:两脚左右开立,双手握拳于腹前成品势预备姿势站立,左脚向前上步成左弓步;同时,双手自腰间向前举,右膝迅速向前顶击。顶膝左右动作方法相同,但方向相反。

动作要点:力达膝关节部位,动作要连贯。

易犯错误:动作幅度过大没有控制。

纠正方法:面对镜子或在同伴的帮助下由慢至快反复练习。

实战作用:可用于攻击对手裆部、面部和腹部。

四、腿法

腿法技术是跆拳道的重点技术,跆拳道比赛中的基本技术也是跆拳道品势练习中腿法的基本技术。

跆拳道以其变幻莫测、优美潇洒的腿法著称于世,被誉为"踢的艺术"。在比赛中,交战双方采用踢、劈、旋、摆、踹、蹬等各种腿的技法,你来我往,常常有出人意料的精彩动作出现,极具观赏性,充分展示了跆拳道的艺术美,给人以美的启迪和享受,是跆拳道有别于其他搏击类项目的显著特点。

以下示例均以左势实战姿势为起始动作。

(一)前踢

在实战姿势的基础上,左腿支撑,右脚蹬地屈膝提起,髋前送,小腿快速由屈到伸向前弹击,力达脚背,迅速落下成原姿势。

1. 身体形态

头:目视对手,向上顶。

躯干:面对对手或略向侧转,上体保持正直或略向后倾。

支撑腿:微屈(膝关节),脚尖略外转,击打接触对手的一瞬间蹬伸膝关节,以利整体发力。

上肢:两手臂自然置于体侧。

击打腿:向前提膝过腰,由屈至伸向前击打,高度为对手下颌处。

2. 讲解与示范顺序

实战姿势—头躯干—手臂—支撑腿—击打腿落下。

前踢是跆拳道腿法中最简单的基础腿法。在练习中,要注意膝关节夹紧不外翻;髋要前送,增加击打距离;击打时小腿放松,富有弹性,快打快收。易出现的问题是大小腿折叠不够,弹击时有直腿抛出的感觉,无力量。在不破坏动作结构的前提下,加强分解动作的练习,提高动作质量。

3. 重点

在竞技比赛中前踢使用率不高,以前脚背为击打点;在品势中较为常见,属基础性腿法,以前脚掌为击打点。其动作连贯、流畅、快速。

前踢的击打部位是下颌,对手弯腰时也可击打胸腹部。

(二)横踢

在实战姿势的基础上,右腿蹬地,屈膝向前提起,同时左脚以脚前掌为轴主动向左拧转约180°,右腿膝关节结合拧髋动作抬至击打高度时向左侧内扣,小腿由屈到伸快速向左侧踢出,同时拧腰转髋,增加力度,击打目标后自然放松,收回小腿迅速落下成原姿势。

1. 身体形态

头:目视对手,向上顶。

躯干:侧向左90°,上体略后倾40°左右。

支撑腿:微屈(膝关节),动作完成过程中支撑腿脚尖主动拧转,击打接触对手的一瞬间蹬伸膝关节,以利整体发力。

上肢:两手臂自然置于体侧。

击打腿:向前提膝过腰,由屈至伸的过程中,膝关节扣向内侧,击打时,膝关节完成伸直抽打动作。

2. 讲解与示范顺序

实战姿势—头—躯干—手臂—支撑腿—髋关节(腰部)—击打腿—落下。

在横踢练习中要注意夹紧膝关节,面向对手屈膝提起,髋关节微向前送,击打的一瞬间,肩、髋、膝、踝各关节形成一条直线。更为重要的是支撑脚的拧转与拧髋扣膝要同时进行,不可分解。击打的力量点应在正脚背。

易犯的错误主要表现在踢击时腿的外摆幅度太大,大小腿折叠不够,给人一种直摆的感觉,从而影响击打力量和准确性。当出现这些问题时,可以采取贴墙壁进行练习的方法,逐步克服错误动作。同时,在练习中减少分解练习,不可对动作分解太细,以免影响动作的完整性。应有目的、有计划地对横踢的不同踢击高度进行交替训练,提高动作的准确性。

3. 重点

击打腿蹬地、支撑腿外旋、拧髋扣膝这三个动作要同时启动、同时完成,更为重要的是完成这三个动作时的整体性、主动性。

分解练习时,可将动作分成两部分,第一步完成击打准备动作,肩、髋、膝成一直线,髋、膝、踝成一平面。这就是"三点成一线、三点成一平面",它既是教师观察学生动作是否规范到位的标志,也是学生镜面训练或同伴相互纠错的标准。

注意击打腿在击打发力时膝关节的伸直动作,一是确保击打位置的准确性,二是防止完成动作过程中过度拧转。

支撑腿在外旋拧转的过程中易出现拧转过度的现象,因此,在拧转到位时可利用放下脚跟的动作来实现"刹车"。避免因过度拧转造成的动作变形,进而影响动作质量和击打效果。

横踢击打的部位是头部、胸腹部及两肋。

(三)后踢

在实战姿势的基础上,左脚以脚前掌为轴向内旋转约120°(背对或侧对对手),上体旋转时重心移至左腿,同时右腿屈膝抬起,脚靠于左膝内侧,用力向后直线蹬出,力达脚跟,迅速落下成原姿势。

1. 身体形态

头：头正，目视对手，随动作旋转而旋转。

躯干：启动时，垂直向后旋转；击打时，躯干略向前俯，双肩转向不可过度。

支撑腿：重心在支撑腿，启动时支撑腿外旋 135°左右时，脚跟制动，击打时发力支撑腿膝关节有伸直的过程，以利全身发力。

击打腿：身体向外旋时，击打腿勾小腿，脚跟经过腘窝（支撑腿）由屈到伸后蹬出，膝关节有伸直的瞬间过程。

2. 讲解与示范顺序

头—躯干—支撑腿—击打腿。

在后踢练习时，与对手成直线面对，以支撑腿为准星瞄准对手的击打部位，攻击腿的膝盖向下与地面垂直来控制击打方向，上体与大小腿折叠成一团，击打时攻击腿沿支撑腿所瞄准的方向迅速向后蹬出，身体与攻击腿形成一条直线，快打快收。后踢动作由于需要转体来完成，故所需时间较长，因此，转体、抬腿、出腿等动作应一次性连贯完成，不可停顿。

易出现的问题是腿在蹬出时膝关节外展，击打路线成弧线而旋转发力，同时上体跟着旋转，这样极易造成击打不准、攻击力量减弱和给对手以反击之机。上体的前后倾斜或重心的左右摇摆，也是初学者易犯的错误之一。出现这类问题可以由同伴拉住右（左）手进行专门的分解练习，也可以在练习中有意将右（左）手或右（左）肩向出腿的反方向牵拉，体会正确动作的感觉，保持身体适度的倾斜，直至纠正动作错误为止。

3. 重点

转体、移动重心、击打腿的勾小腿，三个动作同时启动、同时完成，尽量减少中间环节，压缩完成动作的时间。

以支撑腿为准星击打腿在完成击打动作时要顺着支撑腿直线击打（练习初期可以体会大腿之间的摩擦或贴近的感觉），确保击打的准确性。

为防止身体过度旋转而影响击打准确性，首先支撑腿旋转时脚跟要有"刹车"制动（旋转到位时脚后跟着地）；其次是肩部的牵拉控制作用（双肩与对手平行而非垂直状态）；最后是练习初期双眼尽可能地不要去观望对手。

击打成一直线、击打成一点：击打成一线是过程，击打成一点是击打部位和效果。当击打未完成时，不可转髋。只有保证了击打一条线，才能保证击打一个点。当后踢技术动作达到自动化时，对线的要求主要表现在速度与个人习惯上，对点的要求则主要表现在准确性上。只要点的击打是快速的、准确的、有效的，可以放宽对线的要求。

当基本技术动作形成并动力定型后，应以强调击打腿的出腿速度来倒逼前面动作完成的速度，进而提高整体动作的速度。

后踢的击打部位是头部、胸腹部及两肋。

(四) 下劈

在实战姿势的基础上，重心移至左腿，右脚蹬地，大腿尽量上举至对手头部上方（出腿方向在对手头部的左或右侧约 10 cm 处），由上向前下方用力劈下，上体略后仰，同时向左侧拧髋前送，快速以脚掌击打目标，迅速落下成原姿势。

1. 身体形态

头:向上顶,略后仰,目视对手。

躯干:启动时,正面对手,微后仰;发力时躯干向外侧拧转,配合拧髋发力,同时躯干向后仰,保持重心。

支撑腿:脚跟提起,膝关节伸直,配合头、躯干向上顶起,发力时配合躯干、髋部的拧转动作,脚尖向外旋转。

击打腿:屈膝上提,大腿尽量贴近胸部,小腿放松,脚部自然放松,随大腿的上提向上抛出,直至最高。

2. 讲解与示范顺序

身形(头、躯干、支撑腿)—击打腿(提膝、上举、抛小腿)—发力击打—收回。

下劈是由上向下快速"砸"击的腿法,因此要求在练习、运用过程中,尽量抬高身体重心,攻击腿尽量上举(以脚略超过对手头部为准),大腿与上体贴紧,以提高腿的高度,增加击打距离。起腿要快速、果断;落地时可选择贴靠对手或后撤分开。

常见易犯的错误有:起腿不高;出腿太慢;直腿下劈时,出腿的方向在正前方,这样会出现两个问题,一是因对手身体的阻挡使腿无法提起,二是即使腿能够提起,击打距离过远和时间较长,对手可轻易防守或反击;屈腿下劈时,小腿没有抛至最高点,无法完成动作。针对这些问题,首先应加强身体的柔韧性练习,提高腿部的伸展能力;其次可采用橡皮筋等工具辅助练习来提高动作速度;最后可利用墙壁等障碍物进行屈膝高举大腿、抛小腿的练习,逐步缩短人与障碍物之间的距离,使运动员能在近距离内完成屈腿高举的动作。

3. 重点

提倡屈腿下劈动作,它相对直腿下劈具有快速、短距、易控的优势,且在启动过程中兼具防守功能。

下劈的击打高度因对手不同而显现差异,应以略高于对手的头部为基准,在击打腿上举的过程中,用双眼观察到击打腿的脚部略高于或平行于对手的头部时,可以发力完成击打动作。

当击打时,应结合下劈动作完成拧髋动作,一是加大击打力量,二是增加击打面积。

劈腿的击打部位是头部和胸部。

(五)双飞踢

在实战姿势的基础上,先由右腿踢出一个横踢动作,当右横踢尚未完成时,左腿迅速再踢出一个横踢动作,迅速落下成原姿势。

1. 身体形态

头:目视对手。

躯干:完成动作过程中,躯干略向后仰。

支撑腿与击打腿:快速交换完成横踢动作(拧髋是重点),后腿追前腿。

2. 讲解与示范顺序

后腿横踢—躯干—前腿横踢。

双飞踢的要求基本同横踢一样（主要指腿的动作），唯上体略后仰，身体重心应随腿的击打向前平行推移；当前一腿完成动作一半时，后一腿迅速跟进踢出，衔接紧凑，快速果断。在此我们特别强调：当双腿在交换踢出时，髋与腰的左右拧转非常重要，它们拧转速度越快，两腿交换就越快。在比赛中我们常常可以看到，双方运动员会运用更多的组合动作如"三飞""四飞"等来完成进攻，其实，他们的目的不在于使用了多少动作，而是在于打乱了对手的阵脚，当对手手忙脚乱之际，才会打出真正的一击。因此，我们可以将前面的动作看作假动作，是扰敌之计。

双飞踢经常出现的问题是两腿交替踢出时出现脱节和腾空过高的现象，极大地影响了击打速度和动作的连续性、完整性。针对这种现象，在训练中可采取以下方法来予以解决：一是原地或行进间的低姿双飞踢的反复练习，重点是体会左右拧髋动作。二是原地先出一腿悬空（高度由低向高逐步过渡），另一腿迅速完成横踢动作，重点是加快两腿交换的速度。

3. 重点

双飞踢的关键环节是双腿交替时转换的快慢，它不仅决定动作完成的质量，更是击打效果的保证。因此在双飞踢训练中一定要强调、贯彻、落实"后腿追前腿"练习理念，即当前腿接近完成动作时后腿迅速跟上。

为确保双飞踢动作的速度，在双腿交替击打中，左右拧髋的动作应是一个整体，左右交替拧髋动作中间绝对不能出现停滞现象。

在使用多飞动作时最后一击的时机要掌控到位，要确保最后一击的实效性（前面的动作可视为干扰对手思维判断、打乱对手防守阵脚的诱惑性动作）。

双飞踢的击打部位是头部、胸腹及两肋部。

（七）后旋踢

在实战姿势的基础上，重心移至左腿，左脚以前掌为轴内旋，身体旋转360°，同时右腿屈膝提起，向对手头部右侧踹出，在脚接近对手头部右侧的瞬间，用力向右侧屈膝勾小腿，以脚掌击打对手头部，迅速落下成原姿势。

1. 身体形态

头：目视对手，头部沿纵轴做水平旋转，转动迅速。

躯干：重心移至支撑腿，随头部沿纵轴做水平旋转，启动、击打时略向后仰。

支撑腿：膝关节微屈，脚后跟提起，以前脚掌为支点做360°旋转。

击打腿：随身体的旋转提膝屈腿，旋转至180°时，向目标右侧踢，接近目标时勾小腿以脚掌击打目标。

2. 讲解与示范顺序

头—躯干—支撑腿—旋转启动—击打腿击打—旋转完成。

后旋踢实质就是转体的勾踢，与其他旋转性腿法一样，要求转体、出腿快速果断，连贯流畅，一气呵成。旋转的速度，重心的稳定，直接影响后旋踢动作的准确性、实效性。因此，在训练中一定要加强旋转能力的培养，把握好旋转中的身体重心，提高动作速度，保证动作的完整性和连贯性。

3.重点

旋转时以头部的转动来带动身体的转动。

后旋踢的关键是旋转,而旋转的稳定性与身体纵轴相关。因此,保持旋转中身体纵轴的垂直至关重要。

衔接流畅是快速完成后旋踢的保证,因此在整个动作的运行过程中要一气呵成,不可出现停滞现象。

严格掌控勾小腿击打的时机,过早或过晚均会影响击打的实际效果,甚至无法击中目标。

后旋踢的击打部位是头部。

(八)侧踢

在实战姿势的基础上,重心移至左腿,右腿屈膝提起,膝向左侧内扣,勾脚尖,快速向前方直线踹出,力达脚跟,快打快收,迅速落下成原姿势。

1.身体形态

头:目视对手,向上顶。

躯干:侧向左转90°,上体略后倾。

支撑腿:微屈(膝关节),动作完成过程中支撑腿脚尖主动拧转,击打接触对手的一瞬间蹬伸膝关节,以利整体发力。

上肢:两手臂自然置于体侧。

击打腿:向前提膝过腰,由屈至伸的过程中,膝关节扣向内侧;大小腿折叠夹紧,勾脚尖;击打时,膝关节完成伸直击打动作。

2.讲解与示范顺序

实战姿势—头—躯干—支撑腿—击打腿—落下。

踢动作力量大,攻击距离远,可攻可守,封堵对手作用明显。它要求提膝后大小腿完全折叠,收束成一团,踝、膝、髋三关节尽量保持在同一水平面,击打时这三关节应成一条直线,力达脚跟,快打快收。易出现的问题是击打时髋关节伸展不充分,发力不完整,影响动作效果;在练习中提醒运动员击打的同时右脚蹬地使支撑腿挺立,使身体各部位充分伸展,将全身之力汇集到一点——脚跟。

3.重点

击打腿屈腿提膝时,髋、膝、踝成一平面。击打腿蹬地、支撑腿旋转、屈腿提膝这三个动作要同时启动、同时完成。屈腿提膝时要尽量收缩身体,抱成"一团",大小腿夹紧,形成合力。

侧踢时一定要勾脚尖,以脚后跟击打。

侧踢的击打部位是头部、胸腹及两肋部。

第十章　跆拳道竞赛规则

一、电子护具

(一)品牌与标准

品牌:使用世跆联认证的"大道 Daedo"品牌电子护具。

尺码和感应标准:按照世跆联统一标准的电子护具尺码和得分力度值执行。

(二)使用规定

运动员只允许使用竞赛竞委会提供的电子护具参赛,不得自备电子护具,运动员自备指定品牌的电子脚套。严禁故意损坏、破坏电子护具的行为或人为操纵计分系统的企图。一旦在比赛期间发现此类行为,经电子护具工程师认定及技术代表确定,主裁判员可以判罚其"犯规败"。

(三)技术人员、技术故障与比赛中断的处理办法

技术操作人员组成:每块比赛场地的电子护具控制台由电子护具工程师 1 人、记录台志愿者 1 人(备 1)共同负责操作,所有操作将由计算机保留信息并进行全程录像存档和备查。

比赛过程中出现电子护具故障,临场裁判员均可示意,由主裁判员暂停比赛,由技术人员对电子护具系统进行重新激活、更换并测试后,根据实际情况,将比赛恢复到故障发生时的比赛时间和得分,继续比赛。

(四)激活与检查

根据体重级别,参赛运动员凭注册证件领取相应号码的电子护具;电子护具工程师激活双方运动员电子护具、检查电子护具穿戴情况并确定电子护具电池全新或电量满值;双方运动员按照先青后红的顺序踢击对手躯干护具和电子头盔进行电子护具测试;双方运动员左、右脚均须测试,确认电子护具正常运行之后,进入检查台;在检查台接受裁判员对其身体、服装、电子头盔、电子护具、电子脚套及护具用品的检查后,进入候场区。

(五)得分无效、得分显示

(1)主裁判员发出"开始""继续"口令前或"Kal‑yeo(分开)""结束"等口令后的被电子护具感应的得分无效。

(2)"犯规"行为后的得分无效。

(3)非正常情况下的得分无效。不符合电子护具记分原理的技术动作被感应记分时,例如拳的击打被电子护具感应记分,而非边裁判员有效记分时,主裁判员应暂停比赛,取消该得分。

(4)有效记分应立刻在记分屏幕上显示得分。但在比赛结束前的瞬间出现有效得分技术,如边裁判员对拳的技术记分有延时,在比赛结束时,将在边裁判员合议拳的技术有效后进行录像审议程序确认技术动作接触得分部位与比赛时间结束先后来确定是否为有效得分。

二、竞赛技术指导

(一)拳的技术

拳的技术符合得分要求,由边裁判员记1分。为保护运动员的人身安全,拳的技术只允许击打对方运动员锁骨以下电子护具包裹的部位。用拳击打对方运动员锁骨以上部位,将视为犯规行为;拳的技术得分部位为躯干护具红色或蓝色包裹部位。

(二)得分分值

(1)使用有效拳的技术击打躯干得分部位得1分;
(2)使用有效踢击技术击打躯干部位得2分;
(3)使用有效旋转踢技术击打躯干部位得4分;
(4)使用有效踢击技术击打头部得3分;
(5)使用有效旋转踢技术击打头部得5分;
(6)被判罚1个"扣分"则给对方运动员加1分。

(三)犯规行为与判罚

(1)越出边界线。运动员越出边界线,被判罚"扣分"。由于对方运动员的行为造成出界时,判罚犯规运动员;单脚越出边界线为出界脚的任意部位接触界外地面,如前脚掌踩在界外,脚跟离地,仍视同出界;出界后的得分均无效,主裁判员给出扣分判罚并抹去得分,如因对方运动员犯规造成的出界,判罚犯规运动员,但不抹分。界内运动员击打界外运动员得分,得分技术在主裁判员"Kal-yeo(分开)"口令前,得分有效。

(2)倒地。除双脚以外身体任一部位触及地面;由于对方运动员的犯规行为造成倒地时,判罚犯规运动员;双方运动员因对撞或使用技术动作,在主裁判员发出"Kal-yeo(分开)"口令前均倒地,双方都不判罚"扣分",但主裁判员作做出"不判罚"的手势,并抹去倒地后的得分(如有且非恶意攻击倒地运动员);若一方运动员被另一方运动员抓住带倒,判罚抓人一方运动员"抓人";双方运动员同时使用技术或对撞,在主裁判员发出"Kal-yeo(分开)"口令前红方倒在界内,青方倒在界外,判罚红方倒地,青方出界;被主裁判员绊倒,不判罚,主裁判员做"不判罚"的手势;运动员被正确技术重击,并在主裁判员发出"Kal-yeo(分开)"口令前倒地,读秒至"8"能继续比赛,主裁判员判罚"倒地",读秒至"10"比赛结束不用判罚倒地。运动员倒地时,主裁判员发出"stand up(起立)"口令并作出起立手势,每次口令间隔3 s,第三次口令时,如运动员仍不愿意站立继续比赛,主裁判员可以宣布对方运动员获胜,获胜方式为RSC(主裁判员终止比赛胜)。

(3)故意回避或拖延比赛：

1)此行为包括没有进攻意图拖延比赛。持续表现出不在进攻状态的运动员,被判罚"扣分"。如果双方运动员持续5s对峙不攻,主裁判员给出"fight(进攻)"口令,5s后如双方仍对峙不攻,则判罚双方"扣分",或消极后撤的一方运动员"扣分";比赛时间还剩5s时,可以不用发出"fight(进攻)"口令,直接判罚"扣分",5s内任何一方运动员使用技术动作(接触或没有接触)时,重新计时5s。

2)为逃避进攻,背对对方运动员的行为被认为缺乏公平竞赛精神并有可能导致严重伤害,所以,为逃避对方运动员进攻故意背向对手(不包含正常使用后踢技术动作时),被判罚"扣分"。

3)在比赛对抗中后撤三步(往后、左、右)、为躲避对方运动员进攻或者有拖延比赛时间明显的消极行为的一方运动员被判罚"扣分"。

(4)抬腿阻碍,或对方运动员腿部以阻挡其进行腿部进攻,或抬腿空中踢击超过3s以阻碍对方运动员的进攻动作,或瞄准对方运动员护具下沿以下部位攻击：

1)一方运动员先使用技术动作后另一方运动员提腿或提腿变向阻挡导致碰撞,提腿阻挡被判罚"扣分";

2)脚部未高于对方运动员护具下沿的提腿或踢击,且落地后没有后续技术时,判罚"扣分",如有后续紧跟高于对方运动员护具下沿的腿或拳的技术动作时,不判罚;

3)抬腿后脚部没有后续高于对方运动员护具下沿的踢击动作或拳的技术时、绕"8"字、支撑腿颠两下后再踢击对方运动员护具下沿以上或颠两下后落地,判罚"扣分";

4)高于对方运动员护具下沿的空中踢击超过3秒,判罚"扣分";

5)故意瞄准对方运动员护具下沿以下的意图踢击(未接触),判罚"扣分";

6)被对方运动员的假动作诱导提腿,且脚的高度在对方运动员膝盖与脚踝之间中部高度以下,且没有反复出现,不判罚"扣分"。

(四)分差胜

(1)第二局比赛结束时和第三局比赛任何时候,双方比分分差达到20分时,主裁判员停止比赛,并判领先一方运动员为该局获胜方。

(2)半决赛、铜牌赛以及决赛不使用分差胜。

(五)犯规败

(1)一方运动员累计被判罚十个(10)"扣分",对方运动员为获胜方。

(2)因一方运动员犯规行为造成的受伤,计时1 min(根据医生判断,可以追加1 min)后,受伤运动员不能继续比赛,则判犯规运动员"犯规败"。如不确定是否受伤,主裁判员可以发起录像审议,确定是否为"伪装受伤"的行为。

(3)运动员不服从主裁判员3次"stand up"指令,主裁判员可直接判其"犯规败"。

(4)运动员或教练员拒绝服从主裁判员指令,或拒绝执行比赛规则,或有包括不恰当抗议行为在内的严重不良言行时,主裁判员可判其"犯规败"。

(六)金赛局和优势判定

(1)3局比赛结束后双方比分相同,则进行第四局金赛局,时间为1 min。

(2)进入金赛局,运动员前三局的得分清零,先获得 2 分及以上分数的运动员为获胜方,或者一方运动员被判罚两个"扣分"时,对方运动员获胜。

(3)金赛局结束时,双方均未能得到 2 分,根据如下优势标准顺序判定获胜方:

1)金赛局中使用拳得 1 分运动员获胜。

2)金赛局中没有运动员使用拳得 1 分,或者双方均使用拳得 1 分时,金赛局比赛中,电子护具感应到但未达到得分力度的击打次数(点数)更多的运动员获胜。

3)前三局比赛中获胜局数更多的运动员获胜。

4)所有四局比赛中被判罚"扣分"更少的运动员获胜。

5)优势判定:临场主裁判员和边裁判员根据金赛局双方运动员的表现(主动进攻性,使用更多的技术动作,使用难度更高更复杂的技术,更好的比赛礼仪)进行优势判定。如果优势判定决定为 2 比 2,则由主裁判员的判定来决定获胜方。

6)宣判后,主裁判员将优势判定卡交给 TA 核对无误后,本场裁判员方可离开比赛场地。

(七)合议

"合议"是比赛的一种即时纠错机制。根据跆拳道竞赛规则,比赛过程中出现如下情况时,由边裁判员发起合议:

(1)针对旋转技术加减分以及拳的技术计分,由边裁判员举手,简单加分情况原地站立示意主裁判员,复杂情况示意主裁判员召集合议。

(2)主裁判员判罚犯规行为后忘记抹去犯规行为后得分,或录像审议后抹去犯规行为但忘记加回之前被抹去的得分,边裁判员举手召集合议提示主裁判员。

(3)一名边裁判员站立举手要求合议,另外两名边裁判员必须站立举手;合议与录像审议同时发生时,先进行合议程序。

(4)第三局比赛最后 10 s 钟,教练员没有审议配额时,边裁判员可以提出针对增加或减去旋转技术漏加分的录像审议要求。

(5)比赛结束后,由主裁判员填写裁判员合议单并由临场 4 名裁判员签字确认。

(6)技术代表或裁判长发现明显错误时,可暂停比赛,要求主裁判员召集合议或发起录像审议。同一场次比赛中,裁判员如连续出现重大错误,技术代表可启动纠错机制。

(7)仲裁委员根据裁判员场上执裁情况及相关数据,对裁判员赛会期间执裁表现进行评估。

参 考 文 献

[1] 范春来,杨香坤,刘超.跆拳道教程[M].哈尔滨:东北林业大学出版社,2020.
[2] 叶星理.武术文化与跆拳道[M].北京:人民体育出版社,2020.
[3] 李照艺.跟冠军学跆拳道[M].北京:人民邮电出版社,2020.
[4] 李照艺.青少年跆拳道运动从入门到精通[M].北京:人民邮电出版社,2020.
[5] 牛继超.跆拳道教学与研究[M].北京:航空工业出版社,2019.
[6] 卓岩.公共体育课之跆拳道课程[M].成都:西南交通大学出版社,2019.
[7] 钟宏,窦正毅.现代跆拳道品势教程[M].北京:现代教育出版社,2019.
[8] 张龙.传统跆拳道系统入门手册[M].北京:清华大学出版社,2019.
[9] 杨小芳.跆拳道训练理论与实践研究[M].北京:北京工业大学出版社,2019.
[10] 兰涛.跆拳道训练与体育文化[M].北京:中国政法大学出版社,2018.
[11] 刘少辉.跆拳道训练与实战能力提高研究[M].北京:中国书籍出版社,2018.
[12] 潘瑞成.跆拳道运动文化与技能教学研究[M].北京:中国书籍出版社,2018.
[13] 曾庆国,张玉妹.跆拳道运动实践研究[M].北京:九州出版社,2018.
[14] 朱百锋.跆拳道竞技品势训练教程[M].北京:北京工业大学出版社,2018.
[15] 刘丽.跆拳道运动教学理论与实践应用研究[M].北京:新华出版社,2018.
[16] 李艳.跆拳道运动科学发展与训练体系研究[M].成都:电子科技大学出版社,2018.
[17] 赵红卫.跆拳道运动与体育文化[M].天津:天津科学技术出版社,2018.
[18] 王慧.跆拳道训练原理与技巧研究[M].长春:吉林大学出版社,2018.
[19] 张岩.跆拳道实战技战术研究[M].长春:吉林文史出版社,2018.
[20] 刘卫华.我国大众跆拳道发展的社会学研究[M].长春:东北师范大学出版社,2018.
[21] 颜红伟.跆拳道竞技技战术及其体系研究[M].北京:北京体育大学出版社,2018.
[22] 王飞,黄毅,窦少文.太极拳、跆拳道、长拳[M].北京:北京邮电大学出版社,2017.
[23] 何芸.跆拳道的教学方法[M].长春:吉林人民出版社,2017.
[24] 赵岩.跆拳道初级教程[M].沈阳:万卷出版公司,2017.
[25] 刘静.静观其道:跆拳道是一条修行之路[M].沈阳:辽宁大学出版社,2017.
[26] 鲁维安.跆拳道[M].北京:北京体育大学出版社,2017.
[27] 郑雪燕.竞技跆拳道[M].北京:中央编译出版社,2017.
[28] 申旭.竞技跆拳道训练研究[M].北京:九州出版社,2017.
[29] 饶英.跆拳道理论与实践研究[M].北京:人民日报出版社,2017.
[30] 何芸.跆拳道专项技术教学研究与分析[M].北京:世界图书出版公司,2017.